法文化(歴史・比較・情報)叢書⑭

再帰する法文化

岩谷十郎 編

国際書院

Law and Culture Series ⑭

Legal Culture in Reflectivity

by

Juro Iwatani (ed.)

Copyright © 2016 by Society for the Study of Legal Culture

ISBN4-87791-279-6 C3032 Printed in Japan

叢書刊行にあたって

法文化学会理事長　真　田　芳　憲

　世紀末の現在から20世紀紀全体を振り返ってみますと、世界が大きく変わりつつある、という印象を強く受けます。20世紀は、自律的で自己完結的な国家、主権を絶対視する西欧的国民国家主導の時代でした。列強は、それぞれ政治、経済の分野で勢力を競い合い、結局、自らの生存をかけて二度にわたる大規模な戦争をおこしました。法もまた、当然のように、それぞれの国で完全に完結した体系とみなされました。学問的にもそれを自明とする解釈学が主流で、法を歴史的、文化的に理解しようとする試みですら、その完結した体系に連なる、一国の法や法文化の歴史に限定されがちでした。

　しかし、21世紀をむかえるいま、国民国家は国際社会という枠組みに強く拘束され、諸国家は協調と相互依存への道を歩んでいます。経済や政治のグローバル化とEUの成立は、その動きをさらに強めているようです。しかも、その一方で、ベルリンの壁とソ連の崩壊は、資本主義と社会主義という冷戦構造を解体し、その対立のなかで抑えこまれていた、民族紛争や宗教的対立を顕在化させることになりました。国家はもはや、民族と信仰の上にたって、内部対立を越える高い価値を体現するものではなくなりました。少なくとも、なくなりつつあります。むしろ、民族や信仰が国家の枠を越えた広いつながりをもち、文化や文明という概念に大きな意味を与え始めています。その動きを強く意識して、「文明の衝突」への危惧の念が語られたのもつい最近のことです。

　いま、19・20世紀型国民国家の完結性と普遍性への信仰は大きく揺るぎ、その信仰と固く結びついた西欧中心主義的な歴史観は反省を迫られています。すべてが国民国家に流れ込むという立場、すべてを国民国家から理解す

るというこれまでの思考形態では、この現代と未来を捉えることはもはや不可能ではないでしょうか。21世紀を前にして、私たちは、政治的な国家という単位や枠組みでは捉え切れない、民族と宗教、文明と文化、地域と世界、そしてそれらの法・文化・経済的な交流と対立に視座を据えた研究に向かわなければなりません。

　このことが、法システムとその認識形態である法観念に関しても適合することはいうまでもありません。国民国家的法システムと法観念を歴史的にも地域的にも相対化し、過去と現在と未来、欧米とアジアと日本、イスラム世界やアフリカなどの非欧米地域の法とそのあり方、諸地域や諸文化、諸文明の法と法観念の対立と交流を総合的に考察することは、21世紀の研究にとって不可欠の課題と思われます。この作業は、対象の広がりからみても、非常に大掛かりなものとならざるをえません。一人一人の研究者が個別的に試みるだけではとうてい十分ではないでしょう。問題関心を共有する人々が集い、多角的に議論、検討し、その成果を発表することが必要です。いま求められているのは、そのための場なのです。

　そのような思いから、法を国家的実定法の狭い枠にとどめず、法文化という、地域や集団の歴史的過去や文化構造を含み込む概念を基軸とした研究交流の場として設立されたのが、法文化学会です。

　私たちが目指している法文化研究の基礎視角は、一言でいえば、「法のクロノトポス（時空）」的研究です。それは、各時代・各地域の時空に視点を据えて、法文化の時間的、空間的個性に注目するものです。この時空的研究は、歴史的かつ比較的に行われますが、言葉や態度の表現や意味、交流や通信という情報的視点からのアプローチも重視します。また、この研究は、未来に開かれた現代という時空において展開される、たとえば環境問題や企業法務などの実務的分野が直面している先端的な法文化現象も考察と議論の対象とします。この意味において、法文化学会は、学術的であると同時に実務にとっても有益な、法文化の総合的研究を目的とします。

法文化学会は、この「法文化の総合的研究」の成果を、叢書『法文化―歴史・比較・情報』によって発信することにしました。これは、学会誌ですが学術雑誌ではなく、あくまで特定のテーマを主題とする研究書です。学会の共通テーマに関する成果を叢書のなかの一冊として発表していく、というのが本叢書の趣旨です。編者もまた、そのテーマごとに最もそれにふさわしい研究者に委ねることにしました。テーマは学会員から公募します。私たちは、このような形をとることによって、本叢書が 21 世紀の幕開けにふさわしいものになることを願い、かつ確信しております。

　最後に、非常に厳しい出版事情のもとにありながら、このような企画に全面的に協力してくださることになった国際書院社長の石井彰氏にお礼を申し上げます。

1999 年 9 月 14 日

再帰する法文化

目　次

序　再帰する法文化……………………………………岩谷　十郎　9

第1章　近世ロンドンの高等海事裁判所の活動……………周　　圓　21
　　　　──ジェンティーリ『スペイン擁護論』を素材に

第2章　近代東アジア比較法史の枠組みについての一試論
　　　　………………………………………………西田　真之　45

第3章　「近代国家成立において『中間団体』として消去された
　　　　status familiae の復活可能性」について…………中野　雅紀　63

第4章　人足寄場をめぐる言説空間………………………児玉　圭司　93

第5章　平野義太郎「大アジア主義」の成立………………坂井　大輔　123
　　　　──変転する「科学」と「日本」

第6章　「日本法理」における固有と普遍…………………出口　雄一　143
　　　　──小野清一郎の言説を中心として

第7章　ある「法文化」の生成………………………………高橋　裕　175
　　　　──誰が裁判嫌いの「神話」を生んだのか

編者・執筆者一覧……………………………………………………………207

索引………………………………………………………………………………211

序　再帰する法文化

岩 谷 十 郎

1　2014 年 11 月に北陸大学で開催された法文化学会研究大会のテーマ「再帰する法文化」の成果を法文化叢書の一冊としてここに刊行する運びとなった。寄稿者の多くは報告者として当日演壇に立たれた方々だが、本書にはそれにとどまらず、会場の議論に触発されて新稿を起こされた方も含まれている。まずは編者として、ここに本書刊行の喜びを表し、併せて寄稿者に対する執筆の御礼を心より申し上げたい。

　ところで、ポストモダン論を展開する社会学理論上の「再帰的近代化論」はギデンズらの名と共に周知されているが[1]、そもそも「再帰性（reflexivity）」をテーマとした法（学）の語りはどのようなものとなるのか。

　ごく一般的な観点から、「再帰性」という概念は、回帰、回想、反射、反省といった言葉に置き換えて理解することができよう。もともとは、生物が保持する特徴——すなわち、自己と環境との絶え間ない相互作用において、常に自己を産出し続けながら自らの境界を設定してゆく自律的な組織性——に関わる概念とされる。とりわけ人間では、その言語的相互作用、社会的関係における〈私〉のアイデンティティーの生成に不可欠な、「反省的思考（reflection）」として把握される[2]。

　そして、この生物の「自己創出（＝オートポイエーシス）」[3]の特徴を、さらに社会システム論に敷衍適用したのがルーマンであった。彼によれば、（近代）法は、"法は法である"とのトートロジカルな自律したシステムとして成立し、その規範としての自己確証・創出の作動は、環境（事実）との間

での循環的、回帰的、そして再帰的な構造化の過程として観察される[4]。

　つまり「再帰的」であるということは、生物においても社会においてもそのシステムの同一性がダイナミックに維持されるための前提であるわけだが、これを本学会の進める法文化の「クロノトポス（時空）研究」[5]において、より含みのあるキーコンセプトとして再定義できないか、という試みが本書の趣旨なのである。

2　国家・社会を統御する技術知としての法は、古来より異なる文化や歴史を背景に持つ地域や国々を越境して伝播されてきた[6]。その一方で文化価値としての法は、"固有なるもの"とも結びつき、国家・社会を統合するシンボルとしても機能している。この法をめぐる普遍的要素と固有的（＝特殊的）要素との拮抗・対立・分離の、あるいは親和・並存・融合のそれぞれの局面において、いわば法のアイデンティティーを紡ぐために、古来よりいかなる多様な言説が現れ、その機能をどのように果たしてきたのか——ここに「再帰性」を問うひとつの契機があるように思える。

　たとえば、「近世ロンドンの高等海事裁判所の活動」において周圓氏は、同裁判所を「イングランドの司法システムの中では特異な存在」とする。その理由は、コモン・ローが優位しそれをエクイティが補ってきたはずのイングランド実定法の歴史の中で、14世紀半ばに成立した同裁判所においてはローマ法が適用されてきたからである。そしてその強大な管轄権を誇った黄金期とされるチューダー朝期からスチュアート朝期にかけての高等海事裁判所の実務状況を、中部イタリア出身の法学者にして後にオックスフォード大学ローマ法欽定講座教授に就任した、ジェンティーリの事績を記録した『スペイン擁護論』等を手掛かりに周氏は細かく描写するのである。

　ジェンティーリはスペイン公使の法律顧問として、1584年のメンドーサ事件で示した法学者としての敏腕を買われ、80年戦争のさなかにあったオランダとスペインの海事事件について、ロンドンの高等海事裁判所を舞台に

して、スペインの利益代弁者として名を上げたのである。かつてバルトルスやバルドゥスも活躍したペルージヤ大学出身のこのローマ法学者の活躍を通して、高等海事裁判所におけるローマ法素材の援用はもはや疑う余地のない事実ではあったが、周氏は、同裁判所における事案には、実はコモン・ローに依拠したもの、さらにはローマ法かコモン・ローかその法源性が明確ではない判決も存在すると指摘する。周氏のこの指摘によって、なるほど法適用の現場の法律家は自らのローマ法ないしはコモン・ローの素養に立ち返らざるを得なかったものの、ローマ法かコモン・ローかの二者択一的な「再帰的」法適用ではもはや収まりきらない「新しい」局面、すなわち近世紀国際法の創出という現象が浮彫りにされたのである。

3 「アジア」という概念もまた再帰的であることを思想家の酒井直樹氏は論じた。彼は「アジアとアフリカ——後にアメリカも——は、あくまでヨーロッパに視座をおいたかぎりでその指示機能を獲得する名辞であった」と述べる[7]。アジアは大陸やある領土の固有名では本来ない。それはヨーロッパに発しながらやがてさまざまな現地語に翻訳され、ヨーロッパ人だけではなく世界中の人々に共有された認識となっていった。そして「世界の近代化」は、19 世紀末から 20 世紀にかけて、「トルコ、イランからインド、東インディ、インドシナ、中国、中央アジア、韓半島、そして日本までの土地に住む人々」が、その「押し付けられた」アジア人という名称を、自ら受容し始めてゆく「歴史的変遷」として再構成され得る。まさにこのことは「これらの地域が近代化を宿命として受け入れざるをえなかったことを表している」[8]。

　この意味で、西田真之氏の「近代東アジア比較法史の枠組みについての一試論」は、東アジア諸国における近代法化過程を大胆な構図の下に描き出した労作であろう。論考の対象とされた国々——日本、中国、タイ——は、それぞれの近代化の必然的な帰結において、「西洋法」の継受国として歩むこ

とになる。3国に同時代的に現れた法の歴史・文化現象の分析視座の形成において、明治期日本の例が先駆的位置づけを持つことは否めないにしても、そこに、ボアソナードや政尾藤吉、それにパドゥーといった「お雇い法律顧問」を介して導入されるその西洋法的な制度や価値との拮抗関係の中に、やがて固有の法文化の主張が現れてくる状況が活写されている。西田氏の論考により、本巻に収められる近代日本における法の再帰を扱う諸論考の総論的視点が提示されたと言えよう。

　酒井氏は、「自己画定（self-identification）」には再帰性は必ず同伴する事態であると述べる。この「自己画定」を「自己同一性（固有性）」の認識形成とするならば、まさに西洋法の導入過程にあった明治中期の日本において勃発した法典論争こそ、外国人立法者の制定する法典を批判するために、日本の「倫常」や「慣習」を「対峙」せしめ、日本法の「自己画定」を図ろうとした初めての政治的事件であろう。

　中野雅紀氏は「近代国家成立において『中間団体』として消去された status familiae の復活可能性」において、戦前と戦後の旧、新双方の憲法との関わりで生じた「二つの民法典論争」に注目する。明治の民法典論争――中野氏のいう「第一次民法典論争」――において法典反対派の突きつけた日本の「倫常」や「慣習」は、未だ「西洋法」に対置される「非西洋法」といった受動的な位置づけでしかない。だが論争という弁証法はやがて、西洋法が標榜する個人主義・キリスト教主義に対峙する価値理念を再帰的に日本の「伝統」の中に探し求める動きを生み出す。

　中野氏が検討する穂積八束「民法出テ、忠孝亡フ」は、非西洋的＝非キリスト教的位相として当時の日本に「祖先教」の主張を展開する。だが実はこの祖先教の家制は八束によって「我固有ノ国俗法度」とされながら、同時にギリシャ・ローマ古典期の家制と「酷相似」するものであることが強調される。そして八束はこの西欧古典期の家制――特にその「神聖」な家長権――はその後のキリスト教による「個人本位」の思想に取って代わられたと述べ

るのだが、この古典期的伝統のキリスト教的「否定」は、いうまでもなく明治中期日本で攻撃にさらされている「その」（旧）民法典として体現されている。すなわち、八束における「祖先教」の主張は、19世紀の西洋がもはや否定した古典期の価値にあえて遡りそれと同一化することによって、反・19世紀的西洋的価値の積極的な主張性を獲得してゆくのである。この「非西洋」が「反西洋」に転化される図式の中に、「固有法」を求める近代期日本法の彷徨が始まるのである。

4　徳川期に実在した人足寄場は、明治、大正、昭和戦前期にどのように語り継がれたのか。人足寄場の制度的意義やその歴史的評価をめぐって、それを語る主体と時代思潮との再帰的な関係性を当時の学説等を参照しながら丁寧に系譜的に跡付けしたのが、児玉圭司氏の「人足寄場をめぐる言説空間」である。児玉氏は、ダニエル・V・ボツマン氏によっても紹介された、人足寄場を「日本独自の『近代的自由刑』の先駆け」であったとする評価に、時代の再帰的視点を読み取る。すなわち「近代的自由刑」の西洋起源性（＝普遍性）と「日本独自」の固有性の主張とが、ここでは対立せずに「両立」している点に着眼する。

　児玉氏によれば、近代期に入り、人足寄場をいわゆる出獄人保護施設と特徴づけるか、あるいは「自由刑」の日本的起源とみるかは、論者により区々に分かれた。だが、大正期以降、社会事業・社会政策立法への関心から、無罪の無宿の収容施設としての人足寄場に注目が集まるものの、やがて「監獄の濫觴」としての位置づけも付与されていったという。そして昭和戦前期に入り、主に司法官僚の側から、西洋における新派刑法理論による教育刑主義観点からの人足寄場の新解釈が現れ始める。これにより「威嚇刑主義」を基調としていた徳川時代の刑罰が、やがて「教育刑主義」に変わっていったのだとの歴史解釈が現れる（細川亀市）。さらに自ら司法省OBでもあった辻敬助もその著『日本近世行刑史稿』にて、人足寄場を遠く王朝時代に遡る日

本の「自由刑」の「完成」であると述べ、「我国の獄制が単なる欧米模倣の一途に出づるものに非ず…我国固有の淵源を有するもの」との認識に至った。未だ西洋法的価値との歴史的接触なき過去に回帰してそこに「固有性」を見出すこの方法においても、やはり西洋を標準とした再帰性[9]の中に構造的に機制されざるを得なかったのである。

非西洋にして反西洋である――かつて比較法学者、杉山直治郎は日本法の「独自性」をその「東洋法と西洋法の連結符」たる位置づけに求めた (*Ma mission en France* 1934)。「東西両種の法律文化を打って一丸とし、泰西法律以上の法律を創造する望ある国民」たる日本国民こそ、「世界の法律思想の発達を指導し得る地位に達し得」るとの「自己画定」の方法は[10]、やがて「米英植民地隷属から解放」を叫ぶアジアの盟主としての「日本」へと拡大してゆく。

坂井大輔氏の「平野義太郎『大アジア主義』の成立」は、戦前におけるマルクス主義社会科学の泰斗平野義太郎が、投獄後に「大アジア主義」を唱え、大東亜共栄圏建設の推進者へと「転向」を余儀なくされた経緯を理論的に分析する。坂井氏は、戦前戦時期の日本の思想統制下における法学者[11]の困難な一般的な状況の中で、平野が如何にして「大アジア主義」の主張に至るのか、彼自身の法学研究の歩みを内在的に読み込む。民法学者としての『民法に於けるローマ思想とゲルマン思想』(1924 年)、マルクス主義社会科学者としての『法律における階級闘争』(1925 年) を経て、「大アジア主義論」者としての平野に至る変転ぶりを、戦後のマルクス主義への回帰を含めて、坂井氏は丁寧に描き出している。

興味深いのは、平野の「大アジア主義論」を支える、「アジア」は稲作農耕と米食を中心とした協同体的性質を有する農村郷土社会という文化圏であるという、マルクス主義的な発展史観に基づくアジア的経済の一体的構成の強調もさることながら、その一体性の中からいかにして日本の指導的地位を必然化する論理である。坂井氏はこの点に注目し、平野が「皇国」による

「八紘為宇」、すなわち世界を一家とする体制作りの根拠を、日本の養子制度に求めていることを指摘する。「異系血統」の「他民族」を日本の「異姓養子」の制度の便法で「日本を中核とする家族団体へ婿入り」なり「嫁入り」なりさせるものだという。ここで坂井氏は中国における「異姓不養」原則に比して日本の家制度の寛容性が日本の優越性の前提となっていると述べる。まさに民法学者としての平野の面目躍如といったところだが、「家族」の集団化への擬制の中にあって、そこにはあくまで「他民族」を養子——血統に非ざる少数者——として対象化しやがては異化してゆく視点が内蔵されていたのではなかったか。

5　1940（昭和 15）年に設立された日本法理研究会は、日本が大陸から南方へと戦線を拡大し戦局が悪化の一途をたどる中、法史的・法思想的素材を「国体論」のドグマや時流に適合的に解釈し、日本固有の法理を探求することを旨としていた。出口雄一氏の「『日本法理』における固有と普遍」は、末弘厳太郎と共に同会に名を連ねていた刑法学者、小野清一郎の「日本法理」への主体的なコミットメントの様相を描き出す。旧派の刑法理論家としてドイツ刑法学に依りつつすぐれた業績を重ねていた小野は、当初より西洋のキリスト教的個人主義や自由主義に対立する「日本主義」——日本国家の体制と仏教や儒教によって展開された日本精神を基調とした——を自らの信念としていた。西洋法理に通じていた小野ではあったが、その西洋法の影響は「技術的・形式的」な次元に留まるものとし、継受法（西洋法）によっては駆逐されない「民族的な法の実体」としての固有の法の存在へと関心を啓いてゆく。尤も小野における「日本法理」は客観化された歴史的内容を持たない。すなわち日本法の「道義的事理」とされる「日本法理」とは、彼によれば「自覚」により悟られてゆくものだとされる。出口氏はここに小野の「日本法理」の自己言及的な再帰的性質を見て取る。

　その自覚の過程とは、非西洋としての「日本」の位相に立ちながら、より

積極的にアジア的＝東洋的地平へと回帰するものであった[12]。「日本法理」の自覚化とは、様々な東洋思想の摂取により形成された日本の文化的精神の自覚であるのだが、小野によればそれは日本だけに留まらない「東亜」全般の「法理の闡明」につながるという。すなわち彼の言う「日本法理」の自覚とは、特殊日本的な固有法理の歴史実体的な検証ではなく、西洋には決して回帰し得ない「東洋的精神文化」を普遍の相の下に観照することであった。

　小野にとって西洋の文化への同一化は、西洋による「帝国主義的侵略と植民地化、半植民地化」の轍を日本が踏むことを意味した。したがって小野は西洋からの「東洋諸民族」の解放に日本の使命を見出し帝国日本の侵略の現実から目を背けたが、「一君万民・君民一体の国体」を「最高道義」として、その普遍性の「自覚」の手続きを「アジア（留学生）」に向けて発信するとき、小野は普遍の名の下に——すなわち特殊性を捨象されて——本質主義化された「国体」への全体化と同一化を唱導していたに他ならないのである。

　上述の日本固有法の探求、すなわち昭和年間に入っての日本法理研究とは、日本法における自己超出、つまり〝歴史〟の所与性を脱しあるべき〝理念〟へと「自覚的」に立ち上ろうとする一契機であった、とひとまず述べておこう。だがその試みも、自己の形成史における西洋的なるものとの接触を止揚することが出来ずに、破綻してしまう。この事実は、結局は、日本法の自己認識の方法自体が、常に西洋から見た自己像を形成する中で展開してきたことを我々に突きつけているのである。それは自己の同一性を作り出すための語りを持ち得なかった、日本近代の法史そのものを象徴しているように思われる。

6　以前、フランスの日本研究者から、日本の近代法史におけるリカレントな問題とは何かと問われたことがあった。私は、すぐに「法典論争」や「天皇機関説事件」、さらには「日本法理」などといった項目を並べ立てたのだが、このリカレンス（recurrence）という概念に「再帰性」を読み込んだの

が、高橋裕氏の「ある『法文化』の生成」であろう。各世代の法学者において主題化され継承されてきた問題関心や問いの枠組み、それらの成立や展開過程に注目することは、「法文化」そのものの対象化ではないものの、「法文化をめぐる議論自体が『法文化』の再帰過程にかかわっているはずだ」と高橋氏は自らの方法的視覚を明快に示す。

　これまで何が論じられてきたのか——高橋氏は「紛争行動－法文化論」という問題設定を行う。この問題設定はいくつものテーゼ（論点）から構成されており、その分析の詳細は高橋氏の論考に委ねるが、同氏によれば、「日本における民事紛争の解決の態様をめぐる議論」を「法文化に強くかかわる事柄として扱う」問題設定としてまとめられる。そしてこのトピックが、明治時代以降のいわゆる法学入門書にどのように扱われてくるかのサーベイが丹念に行われる。その結果、「紛争行動－法文化論」は1960年代に頻繁に現れてくると言う。それらの法学入門書が前駆となって、1967年秋、川島武宜氏の『日本人の法意識』が登場してくる。なるほど同書はそれ以降（特に1970年代中盤）の法学入門書における「紛争行動－法文化論」の扱いに大きな影響を与えたものの、それらの入門書は日本人の紛争行動の問題性を司法制度設計のあり方や政策のあり方から説くものが多く、むしろ「日本における紛争解決行動の特徴を『文化』と無媒介に結びつけることへの留保」すらしばしば示されていたという。では何がきっかけとなって「紛争行動・法文化論」が日本の法学者のリカレントな問題として浮かび上がってきたのか。

　高橋氏によれば、それはジョン・O・ヘイリ氏による「裁判嫌いの神話」によると結論づけられる。周知の通り、ヘイリ氏自身は「日本人の訴訟行動が非訴訟的である」との命題を文化的要因との関わりで論じることには極めて懐疑的で、「紛争行動とはむしろ自覚的ないし政策的にコントロールされうるもの」とみなしていたのであるが、その否定の文脈において彼がことのほか強調して言及した「文化」論が、著者の思いとは裏腹にかえって「再帰

的に表出することになった」。法学入門書が日本人の紛争行動を制度と「文化」との関わりにおいて論及する現象が顕著になるのは、まさにこのヘイリ氏以降のことであったと高橋氏は分析する。

　ある命題を強く否定することが否定される側に強い反発を引き起こすことはしばしばある。だがこの高橋氏の論考が示す興味深い点は、それまで少なくとも日本の法学入門書がほとんど主題化してこなかったトピックが、ヘイリ氏以降、リカレントな地位に引き揚げられてしまったという事実であろう。強い"反発"ではなかったにしても、その底流には"普遍"に対する"固有"の持続した主張がやはり隠されているのであろうか[13]。

7　この拙い序文を終えるにあたって、大木雅夫氏の『日本人の法観念』からの一節を引用することを許されたい。大木氏が「西洋」の法学者が何をもって「東洋」の法とするのか、という彼らの視点を探ることを提唱していたことを想起したいのである。

　　異国のことは、そもそも理解し難く誤解し易いものである。（中略）このように隣国（中国—岩谷註）の同文の民の間ですら、この種の誤解は免れ難いのであれば、まして西洋諸国からみて文字通り「極東」に位置する中国や日本の文化が無視または誤解の的となることは、ほとんど避け難いことであろう。そうなればこそ、ここでわれわれは、西洋の比較法学者たちの眼に、われわれの法がいかに映じているかを虚心に観察する必要があるであろう[14]。

　ここには我々日本人が「日本人」の法観念を探求するについて、まずもって西洋の法学者たちの認識を問わなくてはならないことが記されている。近代期の日本法の西洋化は彼ら西洋への強い同一化とそこからの離脱とが渦巻く過程であった。だとすれば再びそれを繰り返すことが提唱されているので

あろうか。そうではなかろう。日本法の理想的自己像が「西洋」の眼に映じた姿であったということへの痛烈な批判的精神がここにはある。彼らの鏡面に映し出される虚像[15]としての「日本法」に我々が気づくことは、常に西洋から自らがどのように見られているのか——及びそれへの反発——という再帰的な構造を内面化してきた日本法に対し、ようやくその「自己語り」[16]を促す端緒となるのではなかろうか[17]。

〈注〉

1 ギデンズ著、松尾精文・小幡正敏訳『近代とはいかなる時代か？』（而立書房、1993年）、「再帰的近代化」（山田真茂留執筆）日本社会学会編『社会学事典』（丸善、2010年）210-211頁、「再帰性［近代の］」（鈴木謙介執筆）大澤真幸他編『現代社会学事典』（弘文堂、2012年）473-474頁。

2 ウンベルト・マトゥラーナ、フランシスコ・バレーラ著、管啓次郎訳『知恵の樹——生きている世界はどのようにして生まれるのか』（筑摩書房、1997年）287頁以下。

3 同前、56頁。

4 ニクラス・ルーマン著、馬場靖雄他訳『社会の法 1』（法政大学出版局、2003年）35頁以下。

5 眞田芳憲「叢書刊行にあたって（1999年9月14日付け）」本書3-5頁。

6 沢木敬郎「法の継受」『岩波講座現代法 14 外国法と日本法』（岩波書店、1966年）は、いささか古い論考にしても、そこで唱導された古今の法の継受現象を総合的に研究する必要性は、今なおその精彩を失っていないと考える。

7 酒井直樹「東亜共同体論と普遍性をめぐって——主体的技術論序説」『「近代の超克」と京都学派——近代性・帝国・普遍性』（国際日本文化研究センター、2010年）129-130頁。

8 同前、130頁。

9 酒井前掲論文、134頁。なお酒井氏は次のようにも述べる。「日本が西洋とどんなに違っているかに固執するのも、実は他者の視座から自己をみたいという抑え切れない衝動から来るのだ。もちろん、これは西洋の視座によって日本の同一性を定立することであり、そうすることによって普遍的対照項としての西洋の中心性を確立することなのである。」『死産される日本語・日本人——『日本』の歴史-地政的配置』（講談社、2015年）60頁。

10　拙稿「日本の近代化と比較法」『比較法研究』65 号（2003 年）38 頁。

11　小野博司・出口雄一・松本尚子『戦時体制と法学者 1931〜1952』（国際書院、2016 年）。

12　酒井直樹「西洋への回帰/東洋への回帰」酒井直樹著『日本思想という問題』（岩波書店、2007 年）に所収。

13　いわゆる「日本人論」と「法文化論」の位相もまた問題となろう。船曳建夫『「日本人論」再考』（日本放送出版協会、2003 年）によれば、「日本人論」とは、「近代の中に生きる日本人のアイデンティティの不安を、日本人とは何かを説明することで取り除こうとする性格を持つ。不安を持つのは、日本が近代のなかで、特殊な歴史的存在であること、すなわち、『近代』を生み出した西洋の地域的歴史に属さない社会であった、ということに由来する」と述べている（36 頁）。拙文の趣旨に照らし傾聴すべき指摘であろう。

14　大木雅夫『日本人の法観念』（東京大学出版会、1983 年）9 頁。

15　ピエール・ルジャンドルは言う。「西洋人は他者について語っていると思いながら、実は自己自身を語っている」森元庸介訳『西洋が西洋について見ないでいること』（以文社、2004 年）12 頁。

16　ここでは、前掲拙稿、32-33 頁で引用した、ポール・リクールの「同一性」論、すなわち「帰属の同一性:idem/sameness」と「自己言及的/物語的な同一性:ipse/selfhood」とを峻別する議論を前提に、後者の同一性基準を念頭に置いている。近時、新田一郎「日本人の法意識――その歴史的背景」『岩波講座日本の思想第六巻　秩序と規範』岩波書店、2013 年）が発表された。新田氏は、同書、155 頁にて、前近代日本における裁判や法の作用についてのこれまでの法制史的な分析においていわば暗黙裡に用いられてきた「裁判の概念」――争い合う当事者とその争いを判定する第三者の存在という三極構造――の「拡張」を提案する。前近代の日本法史の解釈にあたって、ここにも「（西洋）近代法」における「裁判の概念」の再帰的援用の事実とその限界が指摘されたと見るのは、筆者（岩谷）だけであろうか。

17　なお、この「序」で編者が記す個々の論考のコメントは、あくまでも編者の興味範囲に限定された解釈に過ぎない。誤読、誤解を恐れるものであるが、読者におかれては、それぞれの論考の趣旨に十分に耳を傾けられることをお願い致したい。

第1章　近世ロンドンの高等海事裁判所の活動
──ジェンティーリ『スペイン擁護論』を
素材に

周　　圓

はじめに
──ジェンティーリとロンドンの高等海事裁判所

　1776年の大陸会議で公表され、ジョン・アダムスやトマス・ジェファソンなどにより起草された「独立宣言」は、天賦人権の思想をあらわしたことで人類の歴史に名を記した文書の一つである。その、格調高い冒頭の部分に続き、英国王になされた数々の「不正な侵害」に対する非難が長々と述べられていることも広く知られている。

　その「罪状」の中に、「われわれの同意なしに課税をする」との一文に続き、「われわれから多くの事件において、陪審による裁判を受ける利益を奪う」というものが含まれている[1]。アメリカ植民地に大変な不評を集めた印紙条令（1765年）は、それに違反した場合の訴訟を、コモン・ローの裁判所ではなく、陪審制度を用いないロンドンの高等海事裁判所で行なう旨を定めていた。それは、植民地の人々の目に、陪審すなわち民衆による審理を受ける権利に対する侵害と映っただろう。

　ロンドンの高等海事裁判所は、イングランドの司法システムの中では特異な存在である。周知のように、イングランドにおいては、大陸法系の国々が近世で経験した「ローマ法の継受」がなかったというのが通説である。その

結果、イングランドでは 12 世紀から継続的に発展してきたコモン・ロー（イングランド普通法）が優位に立ち、それを補うエクイティ（衡平法）とともに実定法の体系を構成してきた。しかし、オックスフォード大学やケンブリッジ大学などでは、ローマ法やカノン法が 12 世紀から教育・研究の対象とされており、そこでローマ法を修めた法律家たちは、教会裁判所と、そして海事裁判所で活動する場を与えられた。

　これは、こうした学識法の人材が、絶対的権力を前提とする法命題に詳しく、それがしばしば権力の集中を目指す国王に重宝されたためだといわれている。こうした性格のゆえ、ロンドンの高等海事裁判所も、植民地の人々には不正な裁判を行いかねないと見られていたのであろう。

　しかしながら、海事裁判所において、実際にどのような経緯でローマ法が適用されるようになったのか、また、ローマ法を適用された海事裁判所の判決が近代国際法の形成にどのような影響をもたらしたかについては、従来、十分に検討されてきたとは言い難い。筆者の関心もまた、これらの点に向けられている。

　なお、筆者の能力と紙幅のゆえ、本稿は考察の焦点を、近世ロンドンの高等海事裁判所の活動、ならびに、近世の国際法学者アルベリコ・ジェンティーリの活動に絞りたい。というのも、近代的国際法の形成期であるこの時代を通じて、ロンドンの高等海事裁判所は国際法の領域に含まれる多くの事項を管轄していたためである。また、近世はまさに、イングランドの国力と国際的影響力の増大期に当たる。この時代のロンドン高等海事裁判所においては、実に多くの国際事件が審理されていた。すなわち、当該海事裁判所のこの時代の活動は、近代的国際法の形成に影響をもたらした可能性が最も大きいと推測される。さらに、ジェンティーリを取り上げたことについては、彼本人のロンドンの海事裁判所での活動およびそれに関する所感をまとめた記録という第一級の資料が存在していることから、当代の海事裁判所における実務を知る最も有力な手掛かりであると筆者は考える。

1　イングランドにおける海事裁判所の成立と発展

　イングランドにおける海事裁判所（Court of Admiralty）は、海軍司令長官（Admiral）により開設され、長官または代官（Deputy）により審理が行われる裁判所を意味する。かような裁判所は、開設初期において複数存在していたが、後に一個の高等海事裁判所（High Court of Admiralty）に併合されるようになった。海事裁判所は、一般的に、英仏スロイス海戦（1340年）後に機能するようになったと思われるが[2]、その由来については不明確な部分が大きい。これまでになされた先行研究により、その初期の歴史については、以下のことが分かっている[3]。

　イングランドにおいて古くから "*custos maris*（海の管理人）" と呼ばれる、国王に任命される官職が存在していた。これと同じ言葉で "*Admirallus*" 若しくは "*Admirallitas*" の言葉も徐々に使われるようになったが、当該官職は、ついに13世紀末から一般に "Admiral" と称せられるようになった[4]。この用語自体は、アラビア語に由来し、十字軍など東西の交通に伴いジェノバや地中海におけるその他の海軍によって受け入れられ、その後フランスの南西部のガスコニー地方を経てイングランドに渡り、およそ14世紀の初めにイングランドで用いられるに至ったと推察される[5]。

　Admiral が、もともと、国王の艦隊を統帥する司令官として任命され、行政的・軍事的な権能を備えていたことは確かだが、司法的権限を有していたか否かについては疑わしい。14世紀初頭までの史料には、Admiral が訴訟の審理や裁判に当たったという記録が残されていないという[6]。それが司法的権能を発揮するように至ったのは、海賊による略奪行為が中世の海上で横行するという背景があった。当時において、海賊による略奪行為は商人や船乗りの安全と財産に害をもたらすのみならず、しばしば国際間の紛争にまで発展していた。イングランド王も、多くの沿岸地域の統治者と同様に、自国

民の海賊的行為がもたらす外交上の問題にしばしば悩まされていた。1339年、フランドル人から出された賠償請求を処理するために3人の委員が任命され、その委員の勧告にしたがって、「海事裁判所」を設立するための議会の開会が検討された。1340年におけるスロイス海戦勝利の後、ドーバー海峡の制海権を手に入れ海上における秩序維持を急務と考えたエドワード3世（在位1327-77）は、Admiralに対し、海賊その他の海事事件に対する完全な裁判権を行使するための裁判所を開廷させる命令を出した。これをもって、従来は主として軍事及び行政上のものであったAdmiralは、その管轄権を海上司法へと拡大したのであった[7]。

とはいえ、王から開廷命令がなされた直後から海事裁判所が即座に活動を始めたというわけではなかったようである。イングランドにおいてAdmiralの代官（deputy）が海事裁判権を行使した最古の記録は1347年に遡る。とあるAdmiralの代官（deputy）が、海上で強盗を働いた船舶が国王に差し押さえられた事件について承認を与えたと記されている[8]。そして、Admiralにより進行された訴訟手続きについての最初の記録が見出されるのは1357年のことである。以上のことから、イングランドの海事裁判所は、エドワード3世により海賊による略奪事件に対処する目的の元で設置されたものであり、成立した時期は、1340年から1357年の間であることが推察される。その後、Admiralの司法的権能が次第に明確になり、裁判官を任命して自己に属する裁判権を行使させる特権が認められるケースも現れた[9]。これらの、Admiralとは別に、海事裁判所において実際に裁判を司った裁判官は"Admiral's lieutenant"または"deputy"の名をもって呼ばれていたのである[10]。

なお、14世紀においては、数人のAdmiralと数か所の海事裁判所（Court of Admiralty）が並立していたが、後にはこれらを統括するHigh Admiralが置かれ、15世紀初頭には単独のLord High Admiralと一個のCourt of the Lord High Admiralに統一された。これこそが、ロンドンに設

置される高等海事裁判所の前身となった。

こうして司法権を確立した海事裁判所（Court of Admiralty）は、創設以来着々とその管轄権を拡大し、一定の海上犯罪を処罰する刑事管轄権と、船舶および商事に関する民事管轄権とを有していた。しかし、その発展は、同時に、地方商港等にあるコモン・ロー裁判所との管轄権争いが繰り広げられるという結果をもたらした。そして、この管轄権争いの中で、王権からの支持は必ずしも海事裁判所の側にあったわけではなかった。1389年には、ときの国王リチャード2世（在位1377-99）が「海軍司令長官ならびにその裁判官の関与すべき事項に関する法律」と題する王令を発布し、海事裁判所の権限を、海上で起こった事件のみに制限しようとした[11]。その後、この王令の効力を確保するために、1391年に、同じ趣旨を強調する王令がもう1通発布された[12]。さらに、1400年には、原告が、相次いで発布されたこれらの王令を無視し海上で起こった事件以外の訴訟を不法に海事裁判所で提起した場合に、被告側に2重の損害賠償請求権を認める旨の法律が制定された。それに加え、コモン・ロー裁判所も王令および制定法と呼応し、管掌禁止令状（Writ of Prohibition）や移送命令（Certiorari）、訴訟休止令状（Writ of Supersedeas）等を頻繁に発することで、ようやく海事裁判所の管轄権に対する制限に実効を伴わせたのである[13]。

上の一連の王令や制定法の中には、王権の、海事裁判所の管轄権の範囲を制限しようとする態度が明確に現れている。しかし、王権が海事裁判所の管轄権を全否定していないこともまた、注目に値する。実際に、1391年の王令において、事件発生の場所を限定しているかたわら、条件に合致する場所で起きた刑事事件に対するAdmiralの司法的管轄権を明確に支持している文言が見られる[14]。すなわち、王権は、海賊や海上における犯罪に対処し秩序を維持するという明確な目的の元で海事裁判所を設立した以上、その設立当初の機能から逸脱しないようにすることこそを督促していたのである。実際のところ初期の海事裁判所は、民事・商事事件等の審理を行うに当たり、

王権からの支持を欠けていたことにより手続処理に効率がなく、商人や船員たちは決してその機能に満足していたわけではなかった[15]。

　その状況が見直されるようになったのは15世紀末、またもや海賊の横行が目に余るものになってからのことである。海賊の問題に対処するために、強大な権威を有する機関の設立が要望される中、もともと海上における秩序維持の元で設立され、すでに一か所に統一された高等海事裁判所（High Court of Admiralty）が再び王権の目に留まった[16]。強力な絶対主義体制の建設を目論み、海事問題に著しい関心の程を示したヘンリ8世（在位1509-47）及びエリザベス1世（在位1558-1603）の治下においては、高等海事裁判所はいまだかつて享受しなかった重要な地位を占めるにいたった。他方、この時代にはイングランドの海洋への進出が著しく活発化し、対外貿易にも目覚しい発展が見られた。こうした時代の背景が大量の事件を生み出し、高等海事裁判所に力量を発揮する場を提供した。

　この時代はまさに高等海事裁判所の黄金期とも言える。高等海事裁判所の管轄権は、かつてないほど広くなった。それは、次のいくつかの分野を含むものであった。すなわち、民事管轄権、海事余禄（Admiraty Driots）の通常管轄権、刑事管轄権、ならびに、捕獲審検管轄権（Prize Jurisdiction）である。以下、それらを概観してみよう。

　まず、民事管轄権については、著しく制限されていた中世に比し、16世紀初期には、高等海事裁判所は商事ならびに海事の完全な管轄権を取得し、チューダー朝期においてさらにそれを拡大させていた。そこには、外国において締結された一切の契約、為替手形、外国駐在の代理商、備船契約、保険、海損、運送賃、積荷の不渡しまたは損害、船長・船員または水先人の過失による運航・堪航担保義務違反、備船契約に含まれた約款など、商船に関連して発生する一切の事件が含まれていた[17]。これに加えて高等海事裁判所は、海上及び公の河川で犯された様々な不法行為や、衝突、海難救助、漁船、および港湾ならびに河川、さらには外国においてなされた契約以外の法

律行為に対する管轄権をも有していたと言われている[18]。

　次に海事余禄とは、海上において発見され、もしくは、海浜に打ち揚げられた財物のことを指す。海事裁判所が開設される以前は、それらの財物の帰属はかなり不明確であったが、海事裁判所が設立された後は、Admiralが国王の特許状に基づいてこの権利を共有するようになり、14世紀末から15世紀の初期にかけて、この権利を国王との間に分かち合っていたようである。ヘンリ6世（在位1422-61, 1470-71）の治世には、この権利はすべてAdmiralの独占下に置かれたが、アン女王（在位1702-14）のときにAdmiralの俸給制が確立してから後は、その権利は国王の有するところとなっていたとされる。

　上述した2種の管轄権は、今日の観点に従うと、海事法（admiralty law, maritime law）に分類される。それは、海事の活動を規律する国内法、および、海洋で船舶を運航する私企業間の関係を規定する国際私法である。重要な分野ではあるが、本稿の関心とは異なるため、ここではこれ以上の詳細には立ち入らず、後の時代、海洋法と戦時国際法（現在では武力紛争法）ならびに国際刑事法の形成に寄与することになる刑事管轄権、及び、捕獲審検の管轄権に注目したい。

　前述したように、そもそも海事裁判所創設の動機は、海賊や掠奪を始めとする刑事事件の解決にあった。このことを考えれば、海事裁判所にとって刑事管轄権がいかに重要な意義を有するかは自明である。1361年の早きに、海上における刑事事件はコモン・ローと峻別された海法に従い、Admiralによって審理されるとする原則が確立された。それ以来、公海におけるAdmiralの刑事管轄権はコモン・ロー裁判所にはない専属的なものとして認められており、その範囲は、イングランド人はもとより、イングランド船舶の乗組員（イングランド人たると否とを問わない）、さらには、あまねく、コモン・ロー上海賊事件とされているあらゆる事件の当事者にまで及んでいたのである[19]。これは海事裁判所の有する管轄権の最も中心的な部分であ

り、先に述べたリチャード 2 世の、海事裁判所の管轄権制限を意図した王令においてすら、Admiral からこれを奪うことはできなかった。

　しかし、海事裁判所の刑事管轄権については、次第に不満の声が募ってきていた。そのローマ法的な手続きに問題があると考えられたためである。海事裁判所の訴訟手続は、初期のうちは、コモン・ローの原則を踏襲していたが、やがてローマ法的な手続きを取り入れ、陪審による裁判の先例を考慮することなく、もっぱら証人による裁判に基礎を置くようになっていた。ローマ法的な証拠法の性質上、死刑の判決を言い渡すためには、犯人が拷問やその他の苦痛を味わった末に明白にその犯罪事実を自白しているか、もしくは、衡平な証人によってその犯罪事実を現実に見たというような明瞭、かつ直接的な立証がなされなければならない。しかしながら、海上における刑事事件の中では、証人が、商人や船員の職業柄上長期的航海に出かけて裁判の場に不在であったり、あるいは犯人に不利な証言ができないようにすでに犯罪発生の場で殺害されていたりすることが少なくない。そのため、証言が聴収されず証拠も残っていない状況がしばしば発生し、犯罪者が安易に処罰から免れる事態になってしまうのが不満の原因になっていたとされている[20]。

　こうした不満を解消するために、1536 年、ヘンリ 8 世は王令を発布し、反逆罪（treason）、重罪（felony）、強盗（robbery）、謀殺（murder）、共謀（confederacy）につき、陸上における犯罪と同様に、国王任命の委員（Commissioners）によって審理裁判されるべき旨を定めた。1779 年にはこれらの特別扱いされる犯罪の範囲が全面的に拡張され、公海における全ての犯罪に適用されることとなった。これにより、海事裁判所の有していた刑事管轄権がコモン・ロー裁判所の裁判官に掌握されるという結果に至ったのである[21]。

　とはいえ、チューダー朝とスチュアート朝を通じて、海賊行為に関わる事件は高等海事裁判所にて審理されていた事実に疑いはない。そしてその判決は、上記のとおり、海洋法、戦時国際法、さらには国際刑事法の形成に際し

て参照されることになるものであった。

　本稿で注目したいもう一つの管轄権は、捕獲審検管轄権である。海事裁判所における捕獲審検の管轄は、14世紀初期の Admiral に与えられた訓練上の権限に由来しているといわれる[22]。実際に、前述した、1357年に残った、Admiral により進行された訴訟手続についての最初の記録は、まさに海上捕獲の有効性について判決を下したものだった。15世紀末になると、高等海事裁判所は、その活動の活発化に伴い、捕獲審検を司るのに相応しい裁判所であると一般的に考えられるようになった。そして、16世紀末には、海事裁判所が捕獲審検管轄を明確に設定し、1589年に、捕獲審決（condemnation）という正式な判決形式が誕生した。このように、近世の高等海事裁判所において、捕獲審検の管轄は、海事裁判所の刑事管轄権や海賊に対する管轄権とは峻別されていた[23]。これは、捕獲審検というものがその性格上、政治的考慮によって支配されることが考慮された結果であろう。捕獲審検の有効性の根拠となるものは、国王の布告（proclamation）であり、捕獲の適法性に関して問題が発生した場合には、国家政策の問題として国王と王顧問会によって処理されるのが一般的であった[24]。

　このような、政府の権威を背景として行動する船舶によってのみなすことができる捕獲審検という考え方は、後の時代に国際法の原則として吸収されている。こうして捕獲された船舶または積荷の所有権に関して発生する幾多の錯雑した問題の解決は国際法の発達を刺激した重大な課題となったのである。

2　海事裁判所における活動記録『スペイン擁護論』

　既に見てきたとおり、高等海事裁判所は歴史的な変遷のなかで、その管轄権を拡大・縮小させてきたが、それが最大に達した、黄金期とも言える時期はチューダー朝期からスチュアート朝期にかけてだったと言えよう。これも

既に述べた、この時代の国内外の事情を背景として、この時代のロンドン高等海事裁判所において、多くの国際事件が審理されていた。

この時期の高等海事裁判所については、その実務活動を知るための第一級の資料が存在している。それは、アルベリコ・ジェンティーリの手になる『スペイン擁護論（*Hispanicae advocationis libri duo*）』である[25]。

ジェンティーリ（Alberico Gentili または Albericus Gentilis, 1552-1608）は、中部イタリア出身の法学者である。彼は、中世のイタリア学風を代表するバルトルス、バルドゥスなども活躍したペルージャ大学で法学を修めたが、プロテスタントに改宗したため、教皇領に属していたふるさとから亡命せざるを得なかった。1580 年にイングランドにたどり着いた後のジェンティーリは、1584 年に当時の女王エリザベス 1 世に対する暗殺の企てが発覚した際に、外交使節の権利について論じ、陰謀に加担したスペイン公使メンドーサに死刑ではなく国外追放に付した処分に影響を及ぼしたことにより、法学者としての名声を博した。ほどなくして彼は、1587 年にオックスフォード大学ローマ法欽定講座教授に就任し、その後イングランドとスペインとの間で勃発したアルマダ海戦に触発され、代表作である『戦争法論（*De iure belli libri tres*）』（Hanau, 1598）を執筆した。しかしジェンティーリは 1600 年に講壇を離れ、グレイ法曹院に入学し、ロンドンで弁護士業を開始した。そして、1605 年には、メンドーサ事件の中で示した公正な態度が高く評価され、スペイン公使の法律顧問として雇われ、1608 年に死去するまでその職務に留まった。

彼が、スペイン公使の法律顧問を務めていた時期は、ちょうどオランダが宗主国スペインからの独立を求めて勃発した 80 年戦争の真っただ中であったため、海上においても両国の船による衝突事件が多発していた。それらの事件は、しばしば、中立な立場であるイングランドの高等海事裁判所で審理されていたのである。したがって、ジェンティーリの晩年期における最も重要な仕事は、高等海事裁判所においてスペインの利益を代弁することであっ

た。その時の彼が遺した記録は、死後、同じくローマ法学者である弟スキピオによってまとめられ、『スペイン擁護論』というタイトルで1613年に出版された。

　国際法の学説史におけるジェンティーリの貢献については、19世紀後半になり、ホランドの研究をきっかけに、高く評価されるようになっている[26]。その多くは、彼の3冊の主著である、メンドーサ事件における観点をまとめた『外交使節論』、『戦争法論』、そして『スペイン擁護論』により得られたものである。ここではそのうち『スペイン擁護論』に焦点を当て、そこに取り上げられている具体的事例を見ていくことを通じて、高等海事裁判所における彼の活動の実態とそこから得られた彼の海洋法、戦時国際法、および、現在国際刑事法の対象とされている海賊行為に関する見解を分析することにしたい。

3　ジェンティーリの観点

（1）　領海の範囲と統治国の権限

　海事法の根幹を成すともいえるジェンティーリの領海に関する理論は、『スペイン擁護論』の中で、第1巻の第5章・第6章を中心に著されている。この種類の論題は、おそらくは一般的には、それ以前の時代に既に解決がなされたとみられていたようである。具体的には、オランダ人によって拿捕された1隻のスペイン船がイギリスの近海を抜けて航行中、イングランドの当局がそれを捕獲したことが海事裁判所での審理の対象となった事例が見出される[27]。ここで議論の対象となったのは、根本的な問題であり、しばしば論争の種になっていたものであった。つまり、ある国家の権威はその海岸線を超えたところにまで及ぶのか、あるいは、もしそうだとすれば、それはどこまで及ぶのだろうか、という問題である。さらに言えば、もしもある交戦国の臣民や財産が交戦相手国の臣民によって、双方に対して友好を保っている

中立国の管轄圏内で掠奪された場合、相手国あるいは中立国は、当該臣民や財産を現状復帰させるべきなのかそうでないのか、という問題も副次的に関係してくる。

従来、管轄権が海岸線を越えて及ぶ、という原則は認識されてはいたものの、それがどこまでのものなのかについては明らかにはされていなかった。中世以降[28]、領海や海峡に対する支配権の主張が様々になされ[29]、漁業の独占がそれに論点として加わり、儀礼やその他の海事上の名誉も求められるようになり、他国の敵対的な活動を排除するための権利も行使されてきた[30]。支配権はすぐにより広い領域へと拡大され、海賊を鎮圧し、海上を警備する試みがその拡大を支えてきた。支配領域内を通行する外国船からは、航海の安全が提供される見返りに、通行税などの税金が徴収されるようになった。そしてこのような制限された管轄権の行使は、排他的な支配態勢へと発展していくこととなった。このようにして、ジェノバのリグリア海への、ヴェネツィアのアドリア海への、フランスの周辺海岸の不確定な領海への、イングランドの Narrow Seas への、デンマークのノルウェー周辺の海への、そしてスウェーデンと共同でのバルト海への所有権[31] の主張がなされるようになった。スペインとポルトガルがその大航海事業において行った極めて法外な権利主張（トルデシリャス条約）が、排除された諸国の反発を招き、ほどなくして、海の支配権に関する原則の全体が否定され始めていたのが、ジェンティーリの生きた時代であった。

これらの論題について、ジェンティーリの意見は次の通りである。海は、空気と同様に、何者に対しても本質的に自由であり、誰かの排他的な所有物にはならない[32] という一般的原則に従う。それゆえ、ジェンティーリによれば、たとえば、ヴェネツィアがアドリア海に対してなした権利主張のように、王や国民が近海や、あるいは領海に対する排他的支配権を主張することはできず、そうした主張は法的効力を持たないとされる。

しかし、それでは、「領土というものは陸地のみならず水面にも及ぶもの

である」という従来受け容れられてきた原則は何を意味するものであろうか。国家はその領海に対して、どのような権利を有しているのであろうか。この問いに対して彼は、領海に対する支配権は、監督権と司法管轄権[33]に関してのみ認められる、という考えを示している。そして彼は、国家が、領海内における交戦国以外の船舶の航行の安全を保障する義務を負う、という考えをも明らかにしている。彼が実際に関わった事件として、オランダへ部隊と補給品を運んでいたスペイン船がイングランドの港を出たところでオランダ船に攻撃され、もといた港湾へ逃げ込んだというものがあった[34]。オランダの攻撃を非難し、安全通行を求めるスペインの訴えを受けた審理がはじまり、スペイン側代理人の出廷を待つ段階になっても、オランダ船は港湾の外（すなわちイングランドの領海内！）に居座っていた。審理においてジェンティーリは、オランダ側が追跡を行った航路はイングランドの領海に対する管轄権を侵害するものであり、イングランド王はスペイン船に、スペインへではなく、スペイン船が向かっていたベルギーへの航行の安全性を保障する義務を有し、それゆえ、オランダ船は、スペイン船が安全な通行を得ることができる距離まで下がらねばならない、と主張したのである。

　ちなみに彼は、領海の範囲という問題に関して、ヴェネツィアとジェノバが展開した、海岸から100マイルまで司法管轄権が及ぶとする主張——および、バルトルスが表明した同種見解——を反対意見を付すことなく引用している[35]。つまりジェンティーリは、国家が領海に対して持つ権限の実質的内容について制限的に理解したうえで、それが及ぶ範囲に関しては相当程度広く解釈しているのである。周知のように、領海の範囲においてはその後、バインケルスフークなどの主張により砲弾の着弾可能距離に基づく3マイルという数字が基準として用いられるに至った。これに照らした場合、ジェンティーリの提示した100マイルの領海範囲設定は荒唐無稽のものであるかのように捉えられる節もある[36]。しかし、他方で、「領海」に対して国家が実際に有する権限の点で、ジェンティーリはその後の論者たちに対して大きな

34

先見性を示していた、という事実を見逃してはならない。

（2） 海洋の自由

　既述の通り、ジェンティーリは多くの著作の中で、繰り返し、いろいろな書き方で、海洋の自由という考え方を強調している。「そして、海の道は、最も自由であるべきではないだろうか？」と、彼は書いている[37]。

　彼のこの考えの背景には、まず、他国の領地を通行する自由に関する見解があった。この問題は、実のところ、古代より多くの議論を喚起してきたものであり、そこでは意見は真っ二つにわかれ、実務も相互に対立していた。ジェンティーリは、聖アウグスティヌスの見解に従い、通行の自由に肯定的な立場をとっている。というのは、第一に、それが自然によって与えられた権利であり、第二に、人類の通常の状態というのは、平和と友好であって、戦争と敵対ではないからである。彼によれば、安全通行権を得ることは慣習的なものであり、よりよい秩序に属している。それゆえ、一般的となっているこうした実務は、国際法の中に組み込まれていると考えられるべきである、とされる[38]。

　さらに、ジェンティーリは、物に対する自由の問題について、総体として、ローマ法の原則を採る姿勢を示し[39]、「共有物（*res communes*）である海と、「公共物（*res publicae*）であるところの航行可能な河川とを区別した。既述の通り、ジェンティーリは、海は何者に対しても本質的に自由であり、誰かの排他的な所有物にはならないという一般的原則に従い、航行の権利も万人に対して認められるものである、という考え方を示した。同様に、海岸も[40]、河岸も、国際河川も[41]、港も、港湾も、万人に対して、避難所として、物資の補給所として、および様々な、相互に提供される応対の権利や義務を保障される場として開かれている、というのが彼の考え方であった。

　それゆえ、たとえばある国の国民のたとえ一部であっても、自分たちの「占有（*possesssores*）」もしくはその「所有（*dominimaris*）」を理由に、海

を閉鎖しようと試みるならば、その試みは、故意による強奪に他ならない[42]、というのがジェンティーリの結論である。ちなみに、イングランドとスペインとの間に 1580 年代にたたかわされた争いの中で、スペイン大使メンドーサが、エリザベス女王の面前で、海賊にして英国海軍提督であったドレーク卿のいくつかの行為について異議を唱えたとき、女王は、「あらゆる者は大洋を航行する自由を持つ。なぜなら海の利用は、空気と同様、誰にでも開かれたものであるからだ」と激しく反論した、と伝えられる。女王はまた、「君主であろうと国家であろうと、これに関して排他的な権利を主張することはできない、なぜならそれを独占することは自然の摂理にも、公共の利益にも[43]反しているからである」、とも述べている[44]。同種の議論は、1602 年、デンマーク王が北海に対する支配権を主張し、他国が許可なくして漁業を行うことを禁止しようと試みた際にも、イングランドとの間で行われている。このように見ていくと、ジェンティーリの唱える海洋の自由は、ある意味で、イングランド流の考え方であると評価することもできるだろう[45]。

（3）　捕獲（私掠）

　ジェンティーリは、『戦争法論』の中で、海戦についてもいくつかの問題を提示しているが、そこにおいて、彼は、当時において一般に認められていた拿捕免許状の授与や、それに基づく私掠行為について、批判的な態度を示している。

　『戦争法論』の論述対象となっていることからもわかるとおり、拿捕免許状は、一義的には戦時において民間の船舶が私掠船として活動することを許すことを目的としていたが、同時にこれは、平時において、自らが蒙った経済的被害に対する自力救済的強制的手段としての報復を許す目的でも交付されていた[46]。ジェンティーリは、特に後者の、平時における免許状の交付について、武装されていない無害な商人たちや、戦争の場面から遠く離れた者

たちに対する強盗行為について計画的に許可を与えることに等しいと、強く非難している[47]。結果として、拿捕免許状の交付が廃止となったのは18世紀初頭のことであり、私掠船としての行動が正式に禁止されたのは1856年クリミア戦争後のパリ宣言（Paris Declaration Respecting Maritime Law）の際であった[48]。

　ともあれ、こうした海上の捕獲に関しては、論者説くところの学説と現実の実務が大きく乖離していた。例として、所有権移転のタイミングに関する議論がある。捕獲において財物を捕らえたその瞬間に捕獲者の所有権が成立すると主張する論者もいれば、捕獲物の所有権の行方がまだ不確定であるため、それを自らの手元に24時間以上留めなければ正当な所有権が認められないと考える者もいた[49]。この点について、ジェンティーリは、時間的経過よりも、空間的な問題がもたらす捕獲物の不確定性をより強調し、捕獲された財物に対する所有権は、それを「要塞の中へ運び入れる（deductio intra praesidia）」——つまり、防衛線を越えて自己の安全な勢力範囲に運びこまれたときにはじめて認められる、と考えている[50]。これを裏付けるために、彼は、カスティリャの『七部法典（Siete Partidas）』とアラゴンの『海事法書（Consolato del Mare）』などから中世の海事法の関連部分を援用したが、これらはいずれも、古代ローマにおける陸戦の規則から多大な影響を受けたものだと思われる。

　ジェンティーリはさらに、たとえば、敵国であるオランダが捕獲したスペイン人捕虜とスペインの財産が中立国であるイングランドの管轄権に至ったときには、スペインはそれらのものに対して直ちに、かつ自動的に所有権を回復する、と述べている。これとの関係でジェンティーリは、カノン法をもとにある興味深い類推による立証を展開する。カノン法のもとでは、世俗権力が訴追した被告人が教会か墓地にたどり着いた場合、彼に対する世俗の側のコントロール権は失われ、被告人を強制的にそこから連れ出すことは許されない。世俗法とカノン法の管轄権が空間的に区分されているこの事例を

ジェンティーリは、捕獲物に対する所有権の問題のアナロジーとして用いているのである[51]。

また、ジェンティーリは、中立国に対する拿捕の正当性についても論じている。一般的な商品と——これが問題となるのであるが——火薬を積載したイングランド船が、コンスタンティノープルへの途上でサルディニアおよびマルタによって拿捕され、積荷が没収された、という事件について、ジェンティーリは、イングランド人である船の所有者のために、没収の正当性を論じている[52]。彼は、積荷の一部が合法的な商品からなっていること、イングランド船がまた航海の途上にあり、行く先が未確定であったこと、船の自衛のために火薬を備え、それを行程の最後に売りさばいたとしてもそれは合法的であること、火薬がトルコに届けられたとしても、それがサルディニアやマルタに対する戦争に使われるとは限らなかったこと、イングランド人たる船主はイングランドの法規を遵守し、届出を済ませた積荷を運んでいたに過ぎないこと、イングランドとスペインはこのとき友好条約を結んでおり、神聖ローマ帝国との同盟にスペイン王は名を連ねているが、このことがイングランドがトルコに対する援助をしてはならない、という結論をもたらすわけではないこと、などを論拠として挙げ、結論として、マルタがイングランドとトルコとの通商を妨害することは許されるが、イングランドの船の所有者の人身や財産を侵害することはできない、と結論づけたのである[53]。

あるいはまた、トスカーナとトルコが交戦状態にあるときに、あるトスカーナの軍艦が、トルコ人とトルコ人の財産を積んだイングランド商船を停止させようとし、イングランド人がそれに抵抗してトスカーナ軍による被害を受けた、という事件に際して、ジェンティーリはイングランドが蒙った損失に対する賠償がなされるべきことを主張し、その論証の中で次のように述べている。「イングランド人が行った防衛行為は、自分たちの船に乗り合わせ、トスカーナによって被害を受けることが明白だったトルコのためになした気高い行為である。われわれの家にいる誰かに対してなされた攻撃は、わ

れわれに向けてなされたのと同義である。というのも、船それ自体はあたか
も家のようなものであるからである」。このようにジェンティーリは、たと
え交戦中の相手国に向けた積荷を載せた船舶であっても、それが中立国のも
のである以上は、捕獲や積荷の没収は原則的に認められない、という立場を
示しているのである。

　このように、それ自体が戦争に関与していない中立国をどのように扱うか
は、国際法秩序を扱う上では外せない問題のひとつである。もっとも、ジェ
ンティーリの国際法理論においてこの点はさほど熱心に論じられているわけ
ではないため、ここでは割愛したい。なお、捕獲による所有権移転の問題に
ついて、グロティウスをきっかけとして、捕獲物の所有権移転に24時間の
時間的経過を要件とすることは欧州大陸で有力に支持されていたが、しか
し、その後イギリスとアメリカの国力増強と共に英米法の影響が次第に強く
なった結果、所有権の移転をもたらすには、捕獲審検所による検認を受ける
ことが必要となった。

むすびに
——海事裁判所における法の「再帰」

　イングランドの高等海事裁判所で適用される法源について、それは一般的
にローマ法であるとされるのが通説である。それは、確かである。論述の際
に用いられた方法と引き出された権威、または、海事裁判所で活躍する法学
者の教育背景からは、それが証明される。たとえば、海洋に対する司法管轄
権の論述においては、ローマ法の素材が多く援用されていた。

　しかし、そこにはコモン・ロー的な要素も大いに取り入れられている。ま
ず、刑事事件については、コモン・ローが適用されていた。次に、法学者た
ちは、大学でローマ法を学んでいたとはいえ、コモン・ローの法体系に包囲
されていた。ジェンティーリのような大陸からの亡命者は少数であった。さ

らに言えば、ローマ法とコモン・ローは相いれない存在でもない[54]。その上、ローマ法、コモン・ローのどちらとも言えない判決も存在する。たとえば、捕獲審検など、常に政治的局面と密接な関係のもとで判断されていた。

　海事裁判所自体は古くから存在する制度ではあるが、近世という時代において、新しい局面に直面するようになっている。実際に（王権や利用者たちから）期待されている役割と異なり、実質上国際法の重要な分野を創出する担い手となっていた。その創出活動の中、実際にローマ法もコモン・ローも素材として利用されていた。そういう意味で、海事裁判所の法源をめぐる議論は無意味である。結論として、新たな法分野が開拓される際に、担い手となる法学者たちは、ローマ法やコモン・ローの原点に立ち返っていたのであるといえよう。

〈注〉

1　*In Congress, July 4, 1776. The unanimous declaration of the thirteen United States of America.* "…The History of the present King of Great Britain is a History of repeated Injuries and these States. To prove this, let Facts be submitted to a candid World. HE has refused his Assent to Laws, the most wholesome and necessary for the public Good.… FOR imposing Taxes on us without our Consent: FOR depriving us, in many Cases, of the Benefits of Trial by Jury…" なお和訳は、ジェファソン著、高木八尺訳「独立宣言」、松本重治責任編集『世界の名著 33　フランクリン；ジェファソン；ハミルトン、ジェイ、マディソン；トクヴィル』（中央公論社、1970 年）に基づく。

2　The National Archives（http://www.nationalarchives.gov.uk/help-with-your-research/research-guides/high-court-admiralty-records/#2-history-of-the-court），2016 年 10 月 10 日閲覧。

3　海事裁判所の歴史について触れた文献は数多く存在する。たとえば、John E. Hall, *The Practice and Jurisdiction of Court of Admiralty*（Baltimore, 1809），Reginald G. Marsden（ed.），Select Pleas in the Court of Admiralty, vol. I & II（London, 1894 & 1897），Frederic R. Sanborn, *Origins of the Early English Maritime and Commercial Law*（New York & London, 1930），などがある。和文のものとして、戸田修三「英国海法の黎明期に於ける海事裁判所の変遷」『中央評論』特集 1（1950 年）、18-34 頁、同「イギリス海法の形成と「海事裁判所」（Admiralty Court）の変遷」『法学新報』59 巻（1952 年）12 号、232-259 頁、松本博「英国海事裁判所の発達」『防衛大学校紀要　人文・社会科学編』11 巻、179-215 頁、などがある。上記した研究成果、とりわけ、戸田（1952）は本稿に多大なる啓発を与えている。

4　戸田（1952）。Sanborn, op. cit., p. 279. ちなみに、"Admiral" につき、戸田氏は「海事提督」と、松本氏は「海事司令長官」とそれぞれ訳出しているが、本稿では 23 頁初出の箇所を除き、便宜上、英文表記のままにする。

5　Marsden（1894）, p. xii; 戸田（1952）、234 頁。

6　Marsden（1894）, p. xiii; 戸田（1952）、235 頁。

7　Marsden（1894）, p. xxxv-xxxvi; 戸田（1952）、236 頁。

8　Marsden（1894）, pp. xxvii-xxviii; 戸田（1952）、235-236 頁。

9　Marsden（1894）, pp. xlii-xliii; 戸田（1952）、237-238 頁。

10　戸田（1952）、237 頁。

11　"An Act concerning what things the Admiral and deputy shall meddle", 13 Richard II St. 1, c. 5. ちなみに、当然のことながら、海事裁判所はこの王令に反対し、既存の管轄権が維持されるべきことを主張した。ローマ法学者もこれに同調し、上のリチャード 2 世の王令は契約については適用がなく、外国で締結された契約および、イギリスで締結された外国商人間の契約もなお海事裁判所の管轄下に置かれる、という解釈を採っていた。これについて、Sanborn, op. cit., p. 305, ならびに、戸田（1952）、239 頁参照。

12　15 Richard II, c. 3. 当該王令は、「陸上たると水上たるとを問わず、郡内において発生したる一切の契約、請願、争訟、その他一切の事件については、いかなる審理、権能、若しくは裁判権を有せざるべし」と明示したものである。これについて、Sanborn, op. cit., p. 305-306, ならびに、戸田（1952）、239 頁参照。

13　2 Henry IV, c. 11. これについて、戸田（1952）、240 頁参照。

14　15 Richard II c. 3. 「大河の流れに就航中の大船において犯されたる殺人罪と創傷罪については、海事提督は審理権を有すべし、但し、同河の海に寄りたる橋より下流にして、かつ、同河のほかのいかなる場所にもあらざることを要す」。戸田（1952）、239 頁参照。

15　この点について、戸田（1952）、242-243 頁において、原因ついての詳細な分析がなされている。

16　Sanborn, op. cit., p. 313-314. 戸田（1952）、244-245 頁。

17　Marsden（1894）, p. xiii-xiv; 戸田（1952）、254-255 頁。

第1章　近世ロンドンの高等海事裁判所の活動　41

18　Marsden（1894）, p. xiii–xiv; 戸田（1952）、255 頁。

19　戸田（1952）、246 頁。

20　27 Henry VIII c 4, 5: 'An Act concerning Pirates and Robbers of the Sea'; 28 Henry VIII c 15: 'An Act for Punishment of Pirates and Robbers of the Sea'. 戸田（1952）、246 頁。The National Archives（http://www.nationalarchives.gov.uk/help-with-your-research/research-guides/high-court-admiralty-records/#2-history-of-the-court）, 2016 年 10 月 10 日閲覧。

21　さらに 1834 年には中央刑事裁判所（Central Criminal Court）に、そして、1844 年には巡廻裁判所（ordinary justice of Oyer and Terminer and Gool Delivery）に対してかかる管轄権が附与されることになった。これについて、戸田（1952）、247 頁、The National Archives（http://www.nationalarchives.gov.uk/help-with-your-research/research-guides/high-court-admiralty-records/#2-history-of-the-court）, 2016 年 10 月 10 日閲覧、参照。

22　"Old Rules for the Lord Admiral", Travers Twiss（ed.）, *Black Book of the Admiralty*, vol. 1（1871）; 戸田（1952）、249 頁。

23　The National Archives（http://www.nationalarchives.gov.uk/help-with-your-research/research-guides/high-court-admiralty-records/#2-history-of-the-court）, 2016 年 10 月 10 日閲覧。戸田（1952）、250 頁。

24　高等海事裁判所において、通常管轄権を行使する機関と捕獲審検を司るそれとは、その後の市民革命期に次第に明瞭に区別されるようになり、捕獲審検事件自体が対外関係の複雑化に伴い劇的に増大してきたこととも相まって、ついに 17 世紀中葉、高等海事裁判所の中に捕獲審検の事件を司るための特別の法廷である「捕獲審検所（Prize Court）」が開設されるに至った。この法廷は、その後 1864 年の「海軍捕獲審検法（Naval Prize Act, 1864）」により高等海事裁判所から独立し、イギリス全領土にまたがる管轄権を附与され、今日、高等裁判所の「検認・離婚・海事部」にそのまま引き継がれている。戸田（1952）、251 頁。

25　海事裁判所研究における『スペイン擁護論』の価値について、下記の評価がある。"Within my somewhat limited acquaintance with legal works of this period this book is unique. It is unique in two respects. The jurists who preceded Gentili or were his contemporaries composed treatises on general subjects or comments and observations on particular laws or fictitious legal cases. In this book Gentili presents the arguments actually made before the court and where important issues were at stake. We have in it therefore the actual application of the principles of international law to concrete cases. Dealing as it does largely with decisions, precedents, and usage, it is conceived more in the spirit of modern discussions of the subject than any of the other legal writings of the time. It is unique also in the fact that it has a personal note in the letters which it contains addressed by the author to the Spanish Ambassador and to others on certain cases after the decision on them had been rendered." Frank Frost Abbott, "Alberico Gentili and his *Advocatio Hispanica*", in *The American Journal of International Law 10* (New York, 1916), p. 742. 以下、注の中で『スペイン擁護論』を *Hispanica Advocatio* と略す。

26 アルベリコ・ジェンティーリに対する研究的関心の再興については、拙著「アルベリコ・ジェンティーリの正戦論——『戦争法論』1 巻における「動力因」と「質料因」を中心に」、『一橋法学』11 巻 1 号、97-136 頁を参照。

27 *Hispanica Advocatio*, l. I, c. 4.

28 Coleman Phillipson, "Introduction", James Brown Scott (ed.), *De iure belli libri tres* (Oxford University Press, 1933), vol. II., p. 27a. ちなみに、この紹介文は、ほかに、*Great Jurist of the World*, pp. 390-416 にも収録されている。以下、注の中で『戦争法論』を *D. I. B.* と略す。

29 Phillipson, op. cit., p. 27a; Albert Geouffre de Lapradelle, "Le droit de l'État sur la mer territorial", in *Revue générale de droit international public*, vol. V (1898), p. 268; Ernest Nys, *Études de droit international et droit politique* (Bruxelles, 1901), p. 181.

30 Phillipson, op. cit., p. 27a; Cornelius van Bynkershoek, *De dominio maris* (Hacia, 1702), V.

31 Phillipson, op. cit., p. 27a; John Selden, *Mare Clausum* (London, 1635), II. xxx-xxxii; Pierre-Antoine-Noël-Bruno Daru, *Histoire de la république de Venise* (Paris, 1819), V, 21; Johannes Loccenius, *De iure maritime et navali* (Holmiae, 1652), I. iv.

32 Phillipson, op. cit, p. 27a; *D. I. B.*, l. I, c.19.

33 Phillipson, op. cit., p. 27a. Cf, *D. I. B.*, l. I, c. 19.

34 *Hispanica Advocatio*, l. I, c. 14; Abbott, op. cit., pp. 744-745.

35 *Hispanica Advocatio*, l. I, c. 8; Abbott, op. cit., pp. 743-744.

36 例として、ニュスボーム、アーサー、広井大三訳、『国際法の歴史』、こぶし社、1997 年、141 頁。

37　Abbott, op. cit., p. 744.

38　Phillipson, op. cit., p. 26a. *D. I. B,*, l. I, c. 19.

39　Iust 2, 1, 1: "*Et quidem naturali iure communia sunt omnium haec: aer et aqua profluens et mare et per hoc litora maris.*" Phillipson, op. cit., p. 27a; *D. I. B.*, l. I, c. 19.

40　*Hispanica Advocatio*, l. I, c. 6.

41　Phillipson, op. cit., p. 27a; *D. I. B.*, l. I, c. 19.

42　Phillipson, op. cit., p. 28a.

43　Idid., 28a. William Camden, A*nnals of the Reign of Queen Elizabeth, Year 1580* (London, 1615), p. 509.

44　Lauren Benton, "Legalities of the Sea in Gentili's Hispania Advocatio", Benedict Kingbury and Benjamin Straumann (ed.), *The Roman Foundations of the Law of Nations: Alberico Gentili and the Justice of Empire* (Oxford, 2010), pp. 269-282.

45　Phillipson, op. cit., p. 28a.

46　私掠を行った船主が受け取る取り分が被った損害と同等の額までのものを報復的拿捕認可状、取り分が無制限であるものを私掠免許として使い分ける事例もあったようである。デイヴィッド・コーディングリ編、増田義郎監修、増田義郎・竹内和世訳『図説　海賊大全』（東洋書林、2000 年）、337 頁。

47　このような意見を明示した資料として、ジェンティーリが書き残したイングランド政府への助言がある。*Lansdowne Manuscripts*, vol. 139. 詳しくは、Phllipson, op. cit., p. 46a を参照。ちなみに、アヤラは、このような性格を持つ報復行為の正当性を認めており、グロティウスも、君主と国家に債務または履行していない責任がある場合その臣民の財産が代わりに押収され得るという観点に賛同を示している。アヤラに関して、Ayala, *De iure et officiis bellicis et de disciplina militari* (1592), l. 1, c. 4, para. 3. グロティウスについては、Grotius, *De iure belli ac pacis*, l. 3, c. 2, para. 2.

48　Donald E. Schmidt, *The Folly of War: American Foreign Policy, 1898-2005* (Algora Publishing, 2005), p. 75; Natalino Ronzitti, *The Law of Naval Warfare: A Collection of Agreements and Documents with Commentaries* (Martinus Nijhoff, 1988), pp. 64-65.

49　*De iure belli ac pacis*, l. III, c. 6, para. 3, n. 2.

50　*Hispanica Advocatio*, l. I, c. 2.

51 Hispanica Advocatio, l. I, c. 6. Abbott, op. cit., pp. 744, 747.

52 Ibid., pp. 745-746.

53 *Hispanica Advocatio*, l. I, c. 10.

54 それに関連して、カネヘム（2002）、ローマ法とコモン・ローの共通点に関する指摘がある。R. C. van Caenegem, *European Law in the Past and the Future: Unity and Diversity over Two Millennia*（Cambridge University Press, 2002）.

第2章　近代東アジア比較法史の枠組みについての一試論

西 田 真 之

はじめに

　本稿は、近代東アジア比較法史を考察するための視座として、諸外国からの植民地支配を免れ独立国としての立場を保持しながら近代法を継受した国と、植民地支配を受ける中でその宗主国からの影響を受けた国や地域、との枠組みで以って分析を行う可能性について検討するものである。

　比較法史の観点から東アジアにおける近代法継受過程を考察する研究成果として、地理的近接性や儒教文化圏、漢字文化圏を共有する地域として日本・中国・韓国を対象として検討するものや、ベトナム・カンボジア・ラオス等に対し行われている法整備支援と日本の近代法継受史を重ね合わせて見るものが発表されている[1]。但し、前者の研究の視点については、日本・中国では独立国としての立場から近代法整備を行ったのに対し、韓国では当初お雇い外国人を招聘し法制度を整える準備を行っていたものの、後の日本の植民地支配による法整備の影響が大きい点に留意しなければならない。独立を保持しながら法制度を整備したのか、或いは植民地政策を受ける中で宗主国から法制度の影響を受けたのか、という点は、法の継受史を比較検討する際には重要なファクターになると考えられる。また、後者の研究でも、日本の近代期における法継受の背景には不平等条約改正が大きな要因としてあったのに対し、東南アジア及びウズベキスタン・モンゴルといった中央アジア

における法整備は市場経済への移行を目的としており、経済面での必要性からの法継受という側面があり、要因という面では異なる部分がある。

　上記の点を踏まえた上で、改めて日本・中国・タイの3ヵ国における近代法継受の過程を見るならば、これらの諸国は地理的には広義の東アジアに属し、列強諸国からの植民地支配を免れ、独立国としての地位を保ちつつ、不平等条約を改正するためにほぼ同時期に近代法の整備を図ったという点で共通の土壌が形成されている。さらに、中国やタイでは法の近代化を行うために、日本を介する形での法継受の動きがあり、中国とタイとの間でも法をめぐる交流及び接点が見られる。こうした独立国における近代法史の比較については、過去には東アジアの独立国と植民地国とを区分し、その上で近代法継受の過程を分析する視点が示され、近年もその枠組みについて言及するものもあるが[2]、今もって近代法継受史を独立国と植民地国との区別を闡明にした上で比較検討する専門的な研究はなされていない。

　そこで、本稿では日本・中国・タイの3か国を対象に、各国の近代期における法の継受をめぐる過程での相互の関係を明らかにした上で、東アジアにおける法継受史の比較検討を試みる際に、独立国と植民地国という枠組みからアプローチする可能性について探る。尚、原則として年号は西洋暦に換算して記し、国名は引用部分を除き便宜上「中国」・「タイ」の名称を用いる。引用に際して旧字体は新字体に改め、適宜句読点を附することとする。

1　近代法継受過程からみる相互の関係

（1）　日本と中国

　中国では1842年の南京条約以降、不平等条約の体制が形成されていった。その後、1901年に劉坤一・張之洞による変法上諭が発せられ、さらに1902年に清英通商航海条約をイギリスとの間で締結、条約内に中国での法整備が実現した場合には領事裁判権を放棄する旨が盛り込まれたため、中国で本格

的な法制度改革が行われてゆく。

　清末の法制度改革の特徴として挙げられるのが、日本を介しながら法の継受に着手したことである。これには、日本と中国の何れも漢字圏に属していること、日本とは近い距離にあり交通の便が西洋よりも容易であること、西洋諸国に直接学びに行くよりも日本から学ぶ方が経費の節約になること、また日本から間接に学ぶ方が簡便にすむこと、等が要因としてあった[3]。そのため、中国における法制度改革においては、日本からの影響を垣間見ることができる。

　まずは、法典や法律書の翻訳という点から見てみよう。1907 年 6 月には、既に翻訳が完了したものとして、『フランス刑法』・『ドイツ刑法』・『ロシア刑法』・『オランダ刑法』・『イタリア刑法』・『フランス印刷律』・『ドイツ民事訴訟法』・『日本刑法』・『日本改正刑法』・『日本海軍刑法』・『日本陸軍刑法』・『日本刑法論』・『プロシア司法制度』・『日本裁判構成法』・『日本監獄訪問録』・『日本新刑法草案』・『法典論』・『日本刑法義解』・『日本監獄法』・『監獄学』・『獄事譚』・『日本刑事訴訟法』・『日本裁判所編制立法論』が、翻訳が未完のものとして、『ドイツ民法』・『ドイツ旧民事訴訟法』・『ベルギー刑法論』・『ベルギー監獄則』・『ベルギー刑法』・『アメリカ刑法』・『アメリカ刑事訴訟法』・『スイス刑法』・『フィンランド刑法』・『刑法ノ私法観』が挙げられている[4]。諸外国の法典・法律書の翻訳が進められており、中でも日本における法典や法律書の翻訳が突出していたことが分かる[5]。

　人材育成を通じた法継受も重要な意義を持つものであるが、近代期には中国人留学生が積極的に日本に派遣され、また日本人法学者の招聘も行われていた。これは、中国における近代法典の編纂に携わるための人材を要していたという側面もあったが、岡田朝太郎（刑法）、松岡義正（民法）、小河滋次郎（監獄法）、志田鉀太郎（商法）が招かれ、法典編纂の中心的な役割を担った[6]。

　日本からの書籍や人物の交流を通じて法典の編纂が進められた結果、中国

の近代法典の中には日本の影響を見ることができる。例えば、刑法分野での動向を検討すると、岡田朝太郎が中心となり編纂が進められた刑法典の特徴の一つとして指摘できるのが、刑罰体系の改正である。旧律での刑罰体系は五刑、すなわち笞刑・杖刑・徒刑・流刑・死刑であったが、刑法典の編纂を期に、人道に悖る刑罰として指摘されていた笞刑・杖刑を廃止し、罰金・拘留・懲役・死刑の4種の刑罰へと改められた[7]。

また、中国の大清刑律草案では日本の刑法とは異なり無定役の自由刑を廃止したが、これは当時の日本の刑法学界で議論された点を受けたものであった。岡田朝太郎は、この点について「自由刑ハ徒刑及ヒ拘役ノ二種アリ。皆附スルニ定役ヲ以テス。我禁錮ノ如キ無定役ノ自由刑無シ。蓋シ定役ノ種類ハ個人ニ適合スルコトヲ要ス。個人ニ適合シタル定役ヲ科スル以上ハ政治犯人モ微罪犯人モ婦女モ老人モ之ヲ免スルノ理無シ。況ンヤ労働ハ神聖ニシテ人ハ日日必ス之ヲ為スノ義務ヲ有ス。独リ囚人ヲ天理ノ外ニ置ク可ラサルニ於テオヤ。我刑法草案審議ノ際小河博士及予等数人此説ヲ唱道シタリト雖モ多数委員ノ中枢機ニ感触セサリキ。」と述べている[8]。名前の挙がっている小河滋次郎も「刑法草案に対し監獄学上より観察したる管見に就て」と題する論稿の中で定役に服する懲役刑と定役に服さない禁錮刑を区分していることについて批判し、この区分を廃することを主張していた[9]。岡田朝太郎や小河滋次郎の見解を受け、大清刑律草案には禁錮刑が設けられなかったが、このような無定役の自由刑に対する批判的な意見に基づき、日本における刑法学界の意見が採られている点からも[10]、法の継受をめぐる日本と中国の関係性を見ることができる。

（2） 日本とタイ

タイは1855年にイギリスとの間でバウリング条約を締結し、不平等条約への対処に迫られ、条約改正に向けて近代的な法典の整備に乗り出す。タイでは1892年に司法省を設置し、同年にお雇い外国人のベルギー人ロラン・

ジャックマン（Gustave Rolin-Jaequemyns）を招聘し、本格的に司法改革を行ってゆく。当初は、主にベルギー人お雇い外国人が招聘され活躍していたが、その一方でタイ政府は司法分野で招聘するお雇い外国人をその後も模索していた。というのも、招聘する外国人顧問が特定の国に集中すると影響を持たれる恐れがあること、そして西洋法継受をいち早く行った日本の司法改革に興味があったこと、等の事情から日本人お雇い外国人を招きたい、という考えを持っていたためである[11]。その結果、1897 年に政尾藤吉が招聘され、1913 年までタイで法典の整備に携わる[12]。

　タイでは刑法典の編纂過程の当初より、フランス・ベルギー・イタリアの各国の刑法典と共に日本の刑法改正案が参照されていたが、政尾藤吉が編纂者の中心的な役割を果たしたこともあり、日本の刑法典との接点が見受けられ、実際にタイの 1908 年刑法には、その編纂過程の当時に日本の刑法学界で議論されていた海賊についての処罰規定を条文に採択した例が見られる。日本国内での海賊に対する処罰規定の動向を整理すると、1897 年の刑法改正案では、第 3 条第 1 項で「法律ハ内外国人ヲ問ハス帝国内ニ於テ犯シタル罪ニ適用ス」、第 2 項で「公海ニ於ケル帝国船舶内ノ犯罪及ヒ国際法上海賊ト認ム可キ犯罪ニ付テモ亦同シ」との文言が設けられたものの、1900 年改正案の際に当該規定は修正され、海賊行為に刑法が適用されないこととなった点が問題として指摘されていた。そのため、当時の法学会誌には海賊行為に対する刑法の適用についての論稿が寄せられ[13]、1906 年 10 月 25 日及び11 月 17 日には国際法学会例会で討議された際には、刑法の改正に際し海賊の処罰に対する適当な規定を設けるべきとの建議が採択された[14]。この海賊の処罰をめぐる議論を知り、政尾藤吉はタイの 1908 年刑法第 302 条に「海賊行為を行ったものは、第 298 条・第 299 条・第 300 条及び第 301 条の規定に従い処罰される。」との規定を設けることとした旨を記している[15]。

　また、笞刑も 1908 年刑法の編纂を期に廃止された。タイの固有法である三印法典では笞刑の処罰が明記されており、例えば雑律の第 22 条では稲穂

の束を窃盗した場合の罰則として、一定の束以上を盗んだ場合には笞刑に処せられることとなっていた。お雇い外国人のベルギー人のエミール・ジョッラン（Émile Jottrand）の日誌では、バンコクの下級裁判所の様子が示されており、その中で有罪判決は概して厳しいものがあり、場合によっては笞刑も執行されている現況が書き記されている[16]。こうしたタイにおける笞刑はお雇い外国人を中心に批判にさらされており、例えばバンコクに駐在していた医師ウィリアム・ウィリス（William Willis）[17]は1891年11月28日にラーマ5世宛てに多くの囚人が適切な判決が下されないままに投獄され、また笞刑に処せられている点を批判する書簡を送っている[18]。政尾藤吉は刑法典の編纂過程より笞刑の廃止を求めており、苦心の末1908年刑法で遂に廃止を実現した[19]。

　政尾藤吉がタイを去った後も、法をめぐる日本とタイとの関係が窺える。1つには、東京帝国大学の図書館へのタイ法律書の寄贈である。東京帝国大学が関東大震災の後に図書館の復興に際し、海外の大学に図書の寄贈を訴えたところ、1924年9月にはタイから総数にして759冊の図書が寄贈されることとなり、その内法律書が29冊贈られる予定となっていた[20]。もう1つには、民商法典の編纂事業である。民商法典は主にフランス人法学者が起草に携わっているものの、タイ政府の方針としては依然として日本の民法を参考にする動きも見せていたようであり、タイ民商法典家族法及び相続法の編纂にあたっては、ピヤ・チンダー・ピロム（Phrayaa Cindaa Phirom）[21]の意見により、日本民法を参考とする旨が指摘されている[22]。

（3）　中国とタイ

　次に、中国とタイとの近代法史分野での関連性である。この両国間をつなぐ人物として注目されるのが、フランス人法学者のジョルジュ・パドゥー（Georges Padoux）である。パドゥーは、1889年にパリ大学を卒業し、1890年から1896年までフランス外交部に勤務、1896年から1904年までチュニ

ジア政府の秘書長に任じられた後、1905 年から 1914 年までタイ政府に招聘され、刑法典や民商法典の編纂に携わった。その後、中国北京政府の求めに応じ、1914 年より財政部審計院顧問に就任[23]、1928 年には国民党政府の司法部顧問となった。パドゥーは、政尾藤吉と同時期にタイで刑法典や民商法典の編纂に携わり、その後中国に渡ってからも中国の司法部顧問となっているが、興味深いのは家族法の編纂をめぐる際の議論である。

　パドゥーがタイにいた当時、民商法典の起草にあたり一夫一婦制をどのように扱うかをめぐり、大きな議論となっていた。というのも、三印法典では夫が娶ることのできる妻を 3 種類規定していたこと[24]、さらに仏教の教義では一夫多妻制を厳禁とはしていないこと[25]、から、法律上も社会的にも一夫多妻制が許容されていたものの、近代法典の編纂にあたり文明国に相応しい法典を整えるために、一夫一婦制を明文で以って規定すべきとの意見が寄せられたためである。その際、パドゥーは 1913 年 5 月 9 日にラーマ 6 世に宛て書簡を送っている。書簡の中では、婚姻・離婚・相続等に関わる事項については、タイの慣習を充分に理解していない西洋人によって起草されるべきではなく、タイ人の起草委員が立案する方が良い旨を記している[26]。

　おそらくパドゥーの見解に影響を受けたものと思われるが、リヴィエール（Riviere）、ギヨン（René Guyon）、モンシャルヴィーユ（Moncharville）のフランス人たちによって起草された法案は、一夫多妻制を前提とした条項、例えば「有夫の女は重ねて婚姻することを得ず」、「数人の妻の夫たるものは、各妻をして別居せしむることを得、此の場合に於て夫は各妻と順次同棲することを得」、「数人の妻ある場合には、最初妻として登記を経たる者を正妻とし、其の他の者を副妻とす」のような規定が設けられた[27]。

　注目されるのが、パドゥーが中国の親属法編纂の過程でも同様の意見、すなわち「旧制度既深入全国国民心坎、則廃除此制度或突然易以新着之能否実行、亦一大疑義也。」[28]（旧制度は全国の人々の心に深く根ざしており、その制度の廃除或いは突然新しいものを実行できるか否か、は大いに疑問であ

る。）と、全く新しい制度に改変することに対して慎重な意見を述べている
ことである。中国及びタイの両国は共に、近代法典の編纂に伴い一夫一婦制
を法文上明記しながらも、他方で夫が正式に婚姻の儀式や手続きにより娶っ
た妻以外に、そうした儀式・手続きを経ることなく妾と関係を有することを
消極的ながらも容認する法体制が形成された背景にあると考えられる。

　もう1つ両国間の関係を見る上で重要になってくるのが、タイ刑法典と岡
田朝太郎の接点である。タイの1908年刑法について、岡田朝太郎は後年自
身が編纂作業に携わった中国の刑律と比較し論評している。例えば、タイ刑
法第8条には「被告が事件を生じた時に適用する法律が、審理を行う際に適
用する法律と異なる際には、被告に対し軽罪となる法律が適用される。」と
規定されていたが、これに対し岡田朝太郎は中国の民国刑律のように規定す
べきであった、と指摘している[29]。中国における民国刑律第1条は、新法頒
行以前の犯罪で未だ判決を経ていないものは軽重の如何を問わず均しく新法
によって処断し、旧法で罪とならない行為については新法でこれを罪とする
ことを禁ずるものであったが、この規定を設けた理由について、岡田朝太郎
は新法へと改正したにもかかわらず、刑の処分が軽いという理由で以って旧
法を適用する理は無い、と述べている[30]。ほぼ同時期に異国でお雇い外国人
として法典編纂に携わった者として、このように比較している点は非常に興
味深い。

2　近代法継受過程の比較検討

　それぞれ2国間での法の継受をめぐる相互の関係を概観したが、ではこれ
ら3ヵ国の関係を鳥瞰すると、どのような点が見えてくるのだろうか。

　まずは、3ヵ国の不平等条約締結から条約改正を実現した年月を確認して
おこう。末尾の【図表】は、日本・中国・タイでの近代期の状況を、各国に
おける主要法典の整備と共に整理したものである。日本は1854年の日米和

親条約から 1911 年の条約改正まで 57 年かかっており、中国では 1842 年の南京条約から 1943 年の条約改正まで 101 年、タイでは 1855 年のバウリング条約締結から条約改正を実現するのが 1937 年と 82 年の歳月を要している。

　単純に不平等条約を締結していた時期のみを見るならばその年月は異なっているが、実際に近代法整備に着手した年を起算点とし【図表】を改めて見ると、仮にその起算点を日本では 1868 年の明治元年、中国では変法上諭が出された 1901 年、タイでは司法改革が始まった 1892 年とするならば、不平等条約の改正を実現するまでの年月がそれぞれ 43 年、42 年、45 年となっている。独立国という環境の下で、異なる歴史と文化の中で育まれた法制度を自国に適用させるための準備を整え、さらに整備が完了したことを諸外国へ向けて訴え、最終的に条約の改正を成し遂げるのに要した年月が約 40 年余りと言える[31]。

　もう 1 点着目したいのが、法典編纂の順序である。【図表】で示されているように、近代法の整備に着手してから、各国では初期の頃に刑法典の施行を実現していることが分かる。草案も含めた刑法典の整備の動向について見るならば、日本では、1868 年に仮刑律編纂、1870 年に新律綱領制定、1873年に改定律例施行、1880 年に旧刑法公布（1882 年施行）、1907 年に刑法公布（1908 年施行）の過程を経ている。また、旧刑法が施行されてからも、1890 年、1895 年、1897 年、1900 年、1901 年、1902 年、1906 年と改正案が作成された。中国における刑法典編纂の動きでは、1907 年 10 月に大清刑律草案の総則、同年 12 月に分則が編まれ、1911 年に第二次大清刑律草案の起草、1912 年に暫行新刑律、1914 年に暫行刑律補充条例、1915 年に第一次刑法修正案、1918 年に第二次刑法修正案、1928 年に刑法公布・施行、1935 年に刑法公布・施行という経過を辿っている。タイでは、1893 年にルアン・ラタナヤティ（Luang Ratanayati）が英文で刑法草案を作成した後、1898年には政尾藤吉を中心とする法典調査会が刑法草案を作成、1900 年には修正草案が脱稿され、翌 1901 年に刑法修正案が完成、1906 年にパドゥーがメ

ンバーに加わり刑法草案が完成し、翌年には Revised Draft of the Proposed Penal Code for the Kingdom of Siam が出版され、1908 年に刑法典が公布・施行されている。

　各国ではともに近代法整備に本格的に着手し、その過程で多くの刑法草案が生み出されているが、この背景には西洋諸外国と同等の文明国として相応しい法典を作るために、まずは西洋の目から見て残酷とも思われる刑罰を廃止する必要性が強く求められていたこととも関係すると思われる。これは各国の近代刑法典の整備に伴い、それまで固有法で認められていた笞刑が廃止されたことからも確認できる。日本では、新律綱領では五刑として笞刑が規定されていたものの、1872 年に懲役法が定められたことにより、笞刑が懲役刑に改められることとなった。中国の大清刑律草案では刑罰体系が改められ笞刑が廃止されたこと、タイでは政尾藤吉が中心となって笞刑の廃止が実現されたことは先に見た。これらの動きは、いずれも笞刑が文明国に相応しくない野蛮な刑罰であるとの認識によるものが背景としてある。笞刑をめぐる認識に着目すると、1904 年に台湾において笞刑が実施されることになった際に、小河滋次郎は笞刑が蛮刑であることを理由として笞刑の導入に対する反対論を展開しており[32]、中国を訪れた西洋人の著作でも中国における刑罰の残酷さを指摘しているものや、或いは笞杖刑を残酷な刑罰として言及するものもあった[33]。

　このように、文明国たるに相応しい内容の刑法典を編纂するにあたり、それまで認められていた笞刑を廃止している点でも、日本・中国・タイの 3 ヵ国で共通する動きとして捉えることができる。

おわりに

　近代東アジアにおいて独立国としての地位を保持しながら、法の継受を経験した日本・中国・タイの 3 ヵ国であるが、その過程を比較すると相互の関

連性や共通項が浮かび上がってくる。すなわち、各国とも西洋列強諸国と不平等条約を締結し、その改正のために司法改革に着手しているが、中国やタイでは日本人お雇い外国人を招聘し法典編纂を行ったこと、そのために刑法典を例にとると、それぞれ固有法では認められていた笞刑を廃止し刑罰体系を改めたこと、さらに中国では禁錮刑が廃止され、タイでは海賊に対する処罰が明記され、当時の日本の刑法学界で議論されていた点が法典の中に盛り込まれていたことからも、日本からの影響を受けていたことが読み取れる。その上で、刑法典以外の主要法典も整え、条約締結国に対し交渉を行い、条約改正を実現するまで約40年要していることも重要な点と言えよう。

　本稿では、主として刑法の分野を中心に3国間の動向や共通の枠組みについて概観してきたが、他の視点、例えば近代期における妾をめぐる各国の動向について相互比較を進めても、その共通項が窺える。各国とも近代以前には夫が正式な手続きで以って娶った妻以外に妾を有することが法的にも社会的にも認められていたが、近代法典の編纂に伴い、一夫一婦制の原則との兼ね合いから妾の問題への対応に迫られた。その結果、各国とも民法典に重婚の禁止規定を設け、法文上は一夫一婦制の原則が明文化されることとなった。しかしながら、他方では夫が依然として正式な手続きに則って娶った妻以外に妾と関係することを消極的ながらも容認する法制度が形成されている。すなわち、民法上の規定について見るならば、日本やタイでは夫婦間の姦通をめぐる離婚事由の規定では夫婦間で差が設けられ、中国では永久に共同生活をする目的で一つの家に同居する者は家属の一員と見做される、との規定が盛り込まれたことで、妾の存在が容認されている。妾をめぐる刑法上の問題としては、夫と妾との関係が重婚罪や姦通罪の適用を受け得るのかという問題があるが、日本や中国では夫と妾との関係は法律上婚姻と見做されなかったため、重婚罪は適用されなかった。姦通罪の規定を見ると、日本では姦通罪が夫に適用されることはなかった。中国では1928年刑法までは「有夫之婦」のみが処罰の対象となっており、1935年刑法では姦通罪の処罰

規定は夫婦平等に処罰するように改められたが、その改正に伴い姦通罪の刑期や時効期間が短縮される等、いくつか修正が加えられ、可能な限り夫に対する刑事罰を回避させようとする姿勢が見える。タイでは、重婚罪及び姦通罪の処罰規定は設けられなかった。重婚罪については、処罰規定が社会に受容されるまでに至っていない、との判断がなされ、また姦通罪の条文は政尾藤吉が起草した草案に盛り込まれた可能性はあると考えられるものの、現存する草案の中には規定は確認されていない。そのため、夫が妾と関係を有していたとしても、重婚罪や姦通罪の適用の可否について問題となることはなかった。

このように、日本・中国・タイでの近代期における妾の法的諸問題をめぐっては、法典で一夫一婦制の体裁を整えつつも、夫が妾を有することを消極的ながらも容認するという一夫一婦容妾制の法体制が形成されたという点からも、これら3ヵ国における共通項が浮かび上がってくる[34]。広義の東アジアにおける近代法継受史を比較検討する際に、独立国と植民地国の観点から分析を進める重要性はあると言えよう。

但し、こうした問題の分析について検討を進めるにあたってはいくつか課題も残されている。1つには、タイの近代法史の研究蓄積を埋める作業である。近年、タイに招聘されたお雇い外国人の資料が英訳され整理が進められているが、未だ充分には解明されていない部分がある。そのためには、タイに招聘された諸外国のお雇い外国人が残した日誌や手紙といった文献を分析することが必要不可欠であると考える。

また、本稿では植民地支配を受けた諸国や地域の状況について検討することができなかった。これは、独立国と植民地という観点から東アジアの近代法継受史が分析されていない現状に鑑み、まずは独立を維持しながら法を継受した日本・中国・タイを対象として、これらの国々での比較検討を行い、近代東アジア比較法史の枠組みについての試論を提示する、という趣旨に基づくものであった。東アジアにおいて植民地支配を受けた国や地域での

第 2 章　近代東アジア比較法史の枠組みについての一試論　57

近代法継受史の比較分析及びその方法論の検討については、今後の課題とし
たい。

〈注〉

1　代表的な研究成果として、前者のものに、千葉正士『アジア法の多元的構造』
　（成文堂、1998 年）が、後者のものに、三ヶ月章『司法評論Ⅲ　法整備協力支
　援』（有斐閣、2005 年）が、それぞれ挙げられる。

2　非西洋諸国の独立国での法継受史を比較検討する可能性について、過去に
　Jean Escarra, *Chinese Law and Comparative Jurisprudence*, Tientsin: La Librairie
　Francaise, 1926. で部分的に指摘がなされ、近年は Tamara Loos, *Subject Siam*
　——*Family, Law, and Colonial Modernity in Thailand*, Ithaca: Cornell University
　Press, 2006. でもタイにおける一夫一婦制導入を検討するにあたり、日本・トル
　コ・中国の状況に言及している。
　　　植民地国について、オランダ領東インドやイギリス領海峡植民地、アメリカ領
　フィリピンの法体制を中心に概観したものとしては、『南洋各植民地立法制度』
　（南洋協会台湾支部、1924 年）がある。M. B. Hooker, *A Concise Legal History of*
　South-East Asia, Oxford: Clarendon Press, 1978. の研究は、より広範囲に亘る地
　域を対象とし、東南アジアにおける法領域をイギリス法圏、フランス法圏、オラ
　ンダ法圏、スペイン・アメリカ法圏と、その宗主国の影響を受けた法圏の枠組み
　として概観しており、植民地国の法領域として捉える視座を示している。

3　実藤恵秀『中国人日本留学史稿』（日華学会、1939 年）68-69 頁。

4　「修訂法律大臣沈家本奏修訂法律情形並請帰併法部大理院会同辦理摺」故宮博
　物院明清档案部編『清末籌備立憲档案史料　下册』（中華書局、1979 年）837-
　839 頁。
　　　この内、『ドイツ刑法』・『ロシア刑法』・『日本刑法』・『日本改正刑法』・『日本
　海軍刑法』・『日本陸軍刑法』・『日本刑事訴訟法』・『日本監獄法』・『日本裁判所構
　成法』・『日本刑法義解』は、既に 1905 年 4 月から 5 月までに訳出されていた。
　朱壽朋編『光緒朝東華録　第五册』（中華書局、1958 年）5325 頁。

5　同時期に他に翻訳された日本の刑事法分野の概説書として、次のようなものが
　ある。岡田朝太郎、李維鈺編訳『刑法総論』（丙午社、1905 年）、岡田朝太郎、
　袁永廉編訳『刑法各論』（丙午社、1905 年）、板倉松太郎、張一鵬編訳『刑事訴
　訟法』（丙午社、1907 年）、牧野英一、陳承澤訳『刑法通義』（上海商務、1910
　年）。実藤恵秀監修、譚汝謙主編、小川博編輯『中国訳日本書綜合目録』（中文大

学出版社、1980 年）399-418 頁。

6　日本人法学者招聘の経緯に着目したものとして、熊達雲「清末中国における日本人法律教員および法律顧問招聘の経緯について——京師法律学堂と修訂法律間による招聘を中心に」『社会科学研究』第 33 巻（2013 年）69-106 頁、の研究がある。

7　「修訂法律大臣沈家本奏刑律草案告成分期繕単呈覧并陳修訂大旨摺」前掲注（4）『清末籌備立憲档案史料　下冊』845-849 頁。

8　岡田朝太郎「清国既成法典及ヒ法案ニ就テ」『法学志林』第 13 巻第 8・9 号（1911 年）141-142 頁。

9　小河滋次郎『獄事談』（東京書院、1901 年）551-575 頁。

10　定役の有無により刑罰の区分が設けられていることについての議論は、当時の概説書の中でも紹介されている。田中正身編著『改正刑法釈義　上巻』（西東書房、1907 年）77-79 頁。

11　Walter E. J. Tips, *Gustave Rolin-Jaequemyns*（*Chao Phraya Aphai Raja*）*and the Belgian Advisers in Siam*（*1892-1902*）——*An Overview of Little-Known Documents Concerning the Chakri Reformation Era*, Bangkok: Walter E. J. Tips, 1992, pp. 214-220.

12　政尾藤吉については、香川孝三『政尾藤吉——法整備支援国際協力の先駆者』（信山社、2002 年）に詳しい。

13　秋山雅之介「国際法上の海賊に関し我刑法改正案の規定を論す」『国際法雑誌』第 4 号（1902 年）387－394 頁。高橋作衛「海賊ニ就テ」『法学協会雑誌』第 24 巻第 12 号（1906 年）1639-1644 頁。山田三良「刑法改正案ト海賊ノ処罰」『法学協会雑誌』第 24 巻第 12 号（1906 年）1684-1703 頁。

14　「国際法上の海賊に付て刑法改正案に特に規定を設くるの必要ありや否」『国際法雑誌』第 5 巻第 4 号（1906 年）297-318 頁。

15　政尾藤吉「暹羅の新刑法に就て」『法学協会雑誌』第 25 巻第 11 号（1907 年）1648-1649 頁。

16　Mr. and Mrs. Émile Jottrand, translation and introduction by Walter E. J. Tips, *In Siam*——*The Diary of a Legal Adviser of King Chulalongkorn's Government*, Bangkok: White Lotus, 1996, p. 66.
　　政尾藤吉の報告によると、バンコクにおいて笞刑に処せられた件数は 1904 年には 102 件、1905 年は 76 件であり、地方での笞刑は 1904 年には 65 件、1905 年は 71 件が処せられている。政尾藤吉報告・穂積重遠訳述「暹羅国法制現況」『法

学協会雑誌』第 25 巻第 1 号（1907 年）78-79 頁・83-84 頁。

17　ウィリスは、1859 年にイギリスのエディンバラ大学で医学を修め卒業、1861
年に駐日公使館附医員として来日、その後横浜の軍事病院や東京医学校兼大病院
へ勤務する等し、イギリス医学を教授した。1870 年に鹿児島へ赴任し、医学校
を設立した。1891 年に帰国するが、1885 年から 1892 年までタイのバンコク駐在
イギリス公使館医官となり病院の設立等に尽力した。1892 年にイギリスへ帰国
し、1894 年に亡くなった。

　　在日時の功績については、石橋長英・小川鼎三『お雇い外国人　（9）医学』
鹿島研究所出版会（1969 年）71 − 84 頁、に詳しい。また、Hugh Cortazzi, *Dr.
Willis in Japan, 1862-1877——British Medical Pioneer*, London: The Athlone
Press, 1985. もウィリスの活躍を知るのに有益な著作である。

18　Sawaeng Boonchalermvipas, *Prawattisaat Kotmaai Thai*（*phim khrang thii
sip*）［タイ法制史［第 10 版］］, Bangkok: Winyuchon, 2011, p. 144.

19　政尾・前掲注（15）1637 頁。

20　山口武「東大図書館の復興と暹羅官立大学」『南洋協会雑誌』第 10 巻第 10 号
（1924 年）128 頁。

　　1928 年 10 月末までにタイからの寄贈書は 1268 冊に及んだことが記録されて
いる。『帝国大学新聞』1928 年 12 月 1 日。

21　ピヤ・チンダー・ピロムは、1928 年に司法大臣に任命され、1931 年にはチャ
オプラヤー・シータマティベートの欽賜名を授与されている。玉田芳史「チャク
リー改革と王権強化：閣僚の変遷を手がかりとして」玉田芳史編『チャクリー改
革とタイの近代国家形成——「総合的地域研究」成果報告書シリーズ No.11』
（1996 年）53-54 頁。

22　山口武「暹羅政界名士の面影（四）」『南洋協会雑誌』第 14 巻第 11 号（1928
年）76-77 頁。

23　パドゥーは中国において財政改革に携わり、1923 年 1 月には *The Financial
Reconstruction of China and The Consolidation of China's Present Indebtedness*,
Pekin: La Librairie Fracaise, 1923. と題する財政整理案を提示した。同著作の概略
を邦訳したものとして、「財政部審計院顧問「パドウ」G. Padoux 案」が外務省
亜細亜局『支那財政整理諸案摘要（未定稿）』（1925 年）1-13 頁、に載録されて
いる。また、パドゥーが 1925 年に提示した案は、水田淳亮によりその大要が
『東亜経済研究』第 10 巻第 4 号（1926 年）103 − 115 頁、及び第 11 巻第 1 号
（1927 年）127-136 頁、に紹介されている。

さらに、上記著作の一部中国訳も含めたパドゥーの財政改革の意見書をまとめたものに、中国第二歴史档案館「北洋政府審計院外籍顧問宝道等改革中国審計制度的建議」『民国档案』1994 年第 1 期（1994 年）3-17 頁、がある。

24　三印法典夫婦法第 32 条には、「戦闘に行き、女性の捕虜を獲得した者は、これを主妻（妻）／側妻（妾）／奴隷妻として扶養することもできる。その女性と姦通をした男性は有罪となる。勅令により罰金を科される。」と規定されていた。

25　1867 年に Chao Phraya Thiphakorawong（Kham Bunnag）により *Nangsu sadaeng kitchanukit* が出版されたが、本書においては、仏教の観点及び仏陀の教えに基づくならば、一夫多妻は賞賛されるものではないものの、男性が複数の女性を妻とすることを厳禁とはしていないことを明らかにし、一夫多妻性の慣習は道徳に反するものではなく、タイ社会に根付いており、容認できるものであるとの立場を示していた。

　　本書の内容や出版された当時の時代背景、著者の経歴については、Craig J. Reynolds, "A Nineteenth Centry Thai Buddhist Defense of Polygamy and Some Remarks on the Social History of Women in Thailand" in *Proceedings, Seventh IAHA Conference, 22-26 August 1977, Bangkok*, Bangkok: Chulalongkorn University Press, 1977, pp.927-970. に詳しい。

26　Adul Wichiencharoen / Luang Chamroon Netisastra, "Some Main Features of Modernization of Ancient Family Law in Thailand", in *Family Law and Customary Law in Asia——A Contemporary Legal Perspective*, David C. Buxbaum（ed.）, The Hague: Martinus Nijhoff, 1968, p.97.

27　三木栄「暹羅の法典編纂と政尾博士」『台湾時報』昭和 10 年 1 月号（1935 年）99-100 頁。

28　宝道原稿、張毓昆訳「中国親属法之改造」『法学季刊』第 1 巻第 1 号（1930 年）124 頁。

29　岡田朝太郎「暹羅王国刑法法典略解」『早稲田法学』第 3 巻（1924 年）6-7 頁。

30　岡田朝太郎「清国改正刑律草案（総則）」『法学協会雑誌』第 29 巻第 3 号（1911 年）373-374 頁。岡田・前掲注（8）138 - 139 頁。

31　この 40 年余りを要する点に着目した研究として、高見澤磨「律令制の終わり方——中国近代法史時代区分試論」池田温編『日中律令制の諸相』（東方書店、2002 年）485-505 頁、を参照されたい。同氏の着眼点は日本と中国におけるものであるが、タイ近代法史を重ねてみても同じく約 40 年かかっているというのは興味深い現象である。

32　小河滋次郎「笞刑例に就ての所見」著者不明『笞刑論』（出版社、出版年不明、東京大学東洋文化研究所図書室所蔵）4-5 頁。

　　また、小河滋次郎は成年・未成年を問うことなく、笞刑を実施することには反対する旨を主張している。小河滋次郎「未成年者ニ対スル刑事制度ノ改良ニ就テ」小野坂弘監修・解説『小河滋次郎監獄学集成　第 3 巻（復刻版）』（五山堂書店）1989 年。

33　Colin Mackerras, *Western Images of China*, Oxford, New York: Oxford University Press, 1991, pp. 56-57. Klaus Mühlhahn, *Criminal Justice in China──A History*, Cambridge, Massachusetts: Harvard University Press, 2009, p. 41, pp. 67-68.

　　当時、中国を訪れた西洋人が指摘した中国における刑罰の残酷さの様子については、例えば、John Macgowan, *Men and Manners of Modern China*, London: T. Fisher Unwin, 1912. では、戴枷を写真付きで紹介し、凌遅刑を挙げて中国の刑罰の状況を説明、笞杖刑の残酷さについても言及している。

　　こうした刑罰についての西洋との違いは、中国人の手記の中でも示されている。Ssu-yü Teng / John K. Fairbank, *China's Response to the West──A Documentary Survey 1839-1923*, Cambridge: Harvard University Press, 1954, p. 140.

34　近代期の中国やタイの妾をめぐる状況について検討したものとして、拙稿「近代中国における妾の法的諸問題をめぐる考察」『東洋文化研究所紀要』第 166 册（2014 年）184（101）-136（149）頁、及び、拙稿「法文及びディカー裁判所の判決から見た近代タイにおける妾の法的諸問題をめぐる考察」『東洋文化研究』第 17 号（2015 年）53 - 81 頁、がある。また、拙稿「法史学から見た東アジア法系の枠組について──一夫一婦容妾制の成立過程をめぐって」『法律科学研究所年報』第 32 号（2016 年）21-34 頁、においてもこうした問題を考察している。併せて参照されたい。

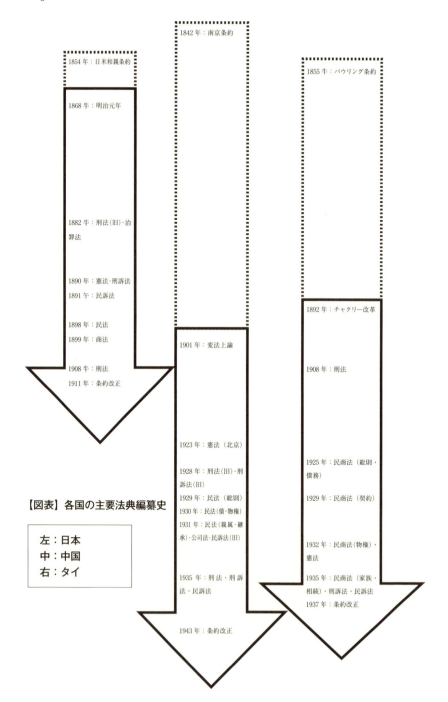

【図表】各国の主要法典編纂史

左：日本
中：中国
右：タイ

第3章 「近代国家成立において『中間団体』として消去されたstatus familiaeの復活可能性」について

中 野 雅 紀

はじめに

わが国においては、保守政党が憲法改正を謳い、革新政党が憲法改正反対を謳うという基本的な対立図式が描かれてきた。そして、その対立の最大の争点であるのは憲法9条の問題であり、現在もそうあり続けている。なるほど、憲法9条で表明された「平和主義」という原則は、日本国憲法の三大原則のひとつであり、その重要性は否定できない。しかし、東アジア・南シナ海の現今の軍事情勢を考える時、あるいは生物が本来的に有している「自己保存本能（instinct of self-preservation）」を考えるとき[1]、まったくの「非武装」は現実的ではない。なお、わたし自身は憲法9条の意味を「戦力の放棄」ではなく、「平和主義」の原理であると考える[2]。さらにわたしは、この「平和主義」は「消極的平和主義」であり、「戦争の放棄」は「侵略戦争の放棄」であると解する[3]。計らずも、本稿執筆中に今上天皇が「生前退位」の意向を持っている旨が、マスコミによって報道された（天皇自身のお言葉として平成28年8月8日ビデオが放送された）[4]。ところで、この天皇の退位問題は現行憲法の第一章の問題であるが、同時に皇室典範の問題でもある。そして、この皇室典範は旧皇室典範の流れを引くものであり、そうであると

すれば現皇室典範も憲法と同格程度の内容の法規であるということになろう[5]。当然のことながら、この「天皇の地位」の問題も憲法改正の射程に入ってくるはずである。

さて、保守政党の憲法改正案で目を引くのは憲法9条問題だけではない。むしろ、自民党が目指しているのは憲法96条の「憲法改正手続」そのものであると言われている[6]。

ひとまず、そのことはここでは措いておくことにしよう。そこで本稿では、その一つとして憲法24条の「家族、婚姻等に関する基本原則」を採り上げる。具体例として、2012年にお笑い芸人の母親が扶養能力のある息子がいるにもかかわらず、生活保護費を受給していたことが報道され、その是非がマスコミを中心に展開され、世間の耳目を引いた。これを受けたからかどうかは分からないが、2012年4月27日付けで、自由民主党は以下のような憲法草案24条を提案した[7]。

第24条
1　家族は、社会の自然かつ基礎的な単位として、尊重される。
家族は、互いに助け合わなければならない。
2　婚姻は、両性の合意に基づいて成立し、夫婦が同等の権利を有することを基本として、相互の協力により、維持されなければならない。
3　家族、扶養、後見、婚姻及び離婚、財産権、相続並びに親族に関するその他の事項に関しては、法律は、個人の尊厳と両性の本質的平等に立脚して、制定されなければならない。

さらに、2012年8月22日に施行された社会保障制度改革推進法の基本理念を示した2条1号は以下のようなものである[8]。

2条1号　自助、共助及び公助が最も適切に組み合わされるよう留意
しつつ、国民が自立した生活を営むことができるよう、家族相互及び
国民相互の助け合いの仕組みを通じてその実現を支援していくこと。

冷泉登紀代によれば、このような流れは「戦後から根強く残されてきた—
しかし核家族、一人世帯の増加とともに薄れつつあった—家族による支援を
前提とする日本型福祉の理念が改めて社会保障制度を支える基本理念となる
ことが確認されている」ということになろう[9]。

ところで、この基本理念は「教育勅語」のそれと似ている[10]、と思われる。

朕惟フニ我カ皇祖皇宗國ヲ肇ムルコト宏遠ニ德ヲ樹ツルコト深厚ナリ
我カ臣民克ク忠ニ克ク孝ニ億兆心ヲ一ニシテ世世厥ノ美ヲ濟セルハ此
レ我カ國體ノ精華ニシテ教育ノ淵源亦實ニ此ニ存ス
爾臣民父母ニ孝ニ兄弟ニ友ニ夫婦相和シ朋友相信シ恭儉己レヲ持シ博
愛衆ニ及ホシ學ヲ修メ業ヲ習ヒ以テ智能ヲ啓發シ德器ヲ成就シ進テ公
益ヲ廣メ世務ヲ開キ常ニ國憲ヲ重シ國法ニ遵ヒ一旦緩急アレハ義勇公
ニ奉シ以テ天壤無窮ノ皇運ヲ扶翼スヘシ
是ノ如キハ獨リ朕カ忠良ノ臣民タルノミナラス又以テ爾祖先ノ遺風ヲ
顯彰スルニ足ラン
斯ノ道ハ實ニ我カ皇祖皇宗ノ遺訓ニシテ子孫臣民ノ倶ニ遵守スヘキ所
之ヲ古今ニ通シテ謬ラス之ヲ中外ニ施シテ悖ラス朕爾臣民ト倶ニ拳々
服膺シテ咸其德ヲ一ニセンコトヲ庶幾フ
明治二十三年十月三十日
御名御璽

おそらく、天皇制の是非を別にするならば、この「教育勅語」で謳われて
いる德目を否定する者はほとんどいなだろう。しかし、この德目を憲法の

「基本原則」や社会保障制度の「基本理念」として規定する時、なんらかの問題が生じるのではなかろうか。本稿は、その観点から表題「近代国家成立において『中間団体』として消去された status familiae の復活可能性」について検討を加えるものである。もちろん、私見と見解を異にする者があるであろうが、そこで議論が進展するのであれば、本稿の目的は十分果たせたと考える。

1　ふたつの民法典論争（1）
——第一の民法典論争としての穂積八束の家制

　日本では新旧ふたつの憲法制定直後に、それぞれに対応するかたちでふたつの民法典論争が争われている。第一のそれは、高校の日本史の教科書でも記述されている大日本帝国制定直後に争われた「民法典論争」である。第二のそれは、日本国憲法制定後に主に帝国議会で争われた「民法典論争」である。したがって、ここではこのふたつの「民法典論争」を「第一次民法典論争」と「第二次民法典論争」と呼び、それぞれを順次、概観・検討していくこととする。

　まず、「第一次民法典論争」の説明を行うこととする。この論争は、明治12年頃からギュスターブ・エミール・ボワソナード（Gustave Émile Boissonade de Foutarabie、1825-1910 年）が起草し始めた旧民法の財産法部分が明治 23 年に、それから半年遅れてボワソナードの弟子で、その後パリ大学に留学し、帰朝した熊野敏三・磯部四郎によって起草された旧民法人事編・財産法取得編第二部がその 10 月に公布されたことに由来する。これらは明治 26 年 6 月に施行されることになったが、その施行について断行・延期をめぐって議論が沸騰し、明治 25 年 6 月には第 3 回帝国会議において旧民商法の施行延期法案が可決成立し、旧民法は施行しないままに流産することになった。この旧民法の断行派と禁止派の対立こそが「第一次民法論

争」と言われるものである。その多くの旧民法施行延期派のなかで有名なものが穂積八束（1860-1912年）であり、彼が『法学新報』第5号で掲載した「民法出テヽ忠孝亡フ」である。

　現在においては、穂積八束の民法典論争において果たした役割は言われているほど重要なものではないとの評価がなされてはいる（おそらく、この論争で重要な点は後述の牧野英一などの言説からするとインスティトゥティオネス方式（Institutiones）ではなく、パンデクテン法学（Pandektenwisseuschaft）を採用する舵取りになったことである）。しかし、そうであったとしても八束の立ち位置は旧民法施行延期派の思想を代弁するものであったのだから、ここでは彼の基本的な思想を説明しておくことにする。長尾龍一によれば、穂積八束の「国家」と「人間社会」の把握は以下のようになる。

　（国家）もっともこの穂積の学説も、少なくとも国家論にかんしては一般に考えられているほど奇矯なものではなく、存外美濃部などと共通点もある。かれの思想歴を鑑みてみると、まず幼時の宇和島の家庭における先祖崇拝の体験があり、国学者の家系に由来し、幼時の師山内老墓によって補強された尊王思想・神道思想がある。大学時代には、加藤弘之から得た社会進化論とヘンリー・テリーから得たオースティン流の法実証主義・主権絶対主義がある。ドイツ留学中にはビスマルク時代の政治観察から得た「強き政府」の必要性の実感、およびラーバントから学んだ法実証主義的国法思想がある。また帝国主義時代の国際政治の観察は、仮借なき国際的生存競争に日本は是が非でも勝ち残るべきだという力の国際政治観を植えつけた[11]。

　（人間社会）穂積の人間社会を把握するモデルには、アリストテレス＝グロティウス的モデルとホッブズ的モデルというまったく相反するものが併存しているようにみえる。前者によれば「社会生活ハ人ノ天性」であり（『憲法提要』四頁）、人間の天性の発展として血縁共同体たる家から、民族共同体としての国家が自ら生成する（同書、一頁）。後者によれば人間界を「自然

ニ委スルトキハ弱肉強食タルコトヲ免レサラントス」（同書、二〇五頁）、こ
のような自然状態からの脱却を可能にするものは、自然淘汰の法則である。
「人孤立スレハ既チ滅フ、其ノ能ク同化シテ団体ヲ為ス者僅ニ残存セルナリ」
（同書、一九五頁）。両者を統一的に解するとすれば、人間界は一般的には
ホッブズ的世界であるが、血縁共同体だけがアリストテレス＝グロティウス
的世界だとでも解するほかはあるまいが、穂積が家族内においても家長の絶
対的支配がないと「強弱相闘ひ弱者は強者の食」となるなどといっていると
ころをみると（『愛国心』（一八九七年）一七頁）、この解釈も妥当しない。
かれの社会哲学はこの根本的な点に亀裂をもっている[12]。

　このように穂積八束の基本思想は日本旧来の思想から成り立っているので
はなく、少なくとも彼の生きた 19 世紀後半から 20 世紀初頭の西欧の先進的
思想をも取り込んだものであった。問題は、長尾が指摘するようにこのふた
つの傾向の間にまたがる「亀裂」である。これがゆえに、穂積八束の次世代
たる美濃部達吉は、以下のように八束の説を継承しなかった。

　　　（一木喜徳郎（1867-1944 年））の講義は、始めて教授となられて
　　最初の講義であるから、勿論十分に練熟したものではなく、瑕瑾も少
　　なくなかったと思ふが、しかし其の該博な引照と精緻な論理とは、われ
　　れ学生の心を魅するに十分であった。……私が後に公法を専門とす
　　るに至ったのも、恐らくは此の時既に運命づけられてゐたのであろ
　　う。
　　　穂積先生は当時既に憲法学者として名声天下に聞えて居り、其の講
　　義は、音吐朗々、口をついて出る語が、おのづから玲瓏たる文章を為
　　して居り、其の荘重な態度と共に、一世の名講義を以て知られてゐた
　　が、殆ど総ての点において、一木先生の講義とは、恰も対蹠的であっ
　　て、論理などには一向拘らず、力強い独断的の断定を以て終始せらる

るのであった。……先生の講義の中には、斯ういふ非論理的な独断が尠くなかったので、まだ幼稚な一年生でありながら、先生の講義には、不幸にして遂に心服することが出来ないで終わった[13]。

　しかし一方で、「第二次民法典論争」において旧来の「家族性」を重んじる牧野英一のような穂積八束の信奉者がいたことも忘れてはならない。もっとも、牧野は憲法学者ではなく刑法学者であったのであるが。牧野は以下のように言っている。

　　　わたくしは憲法を穂積八束先生に教わり、国法学と行政法を一木先生から教わりました、学生間の人気としては一木先生の方が評判がよかったのでした。しかし、わたくしは、一木先生の論理的な解釈に対し、穂積先生の一種の社会学的な立場に心を引かれました[14]。

　また、牧野は穂積八束の兄である穂積陳重のことを回顧して以下のように言っている。

　　　老人権ということは、曾て、穂積（陳重）先生の講筵において教えられた。すでに五十年前のことである。今、国際連合は、これを、経済社会理事会の問題としている。そうして、實に、第二次世界大戦後の憲法においてその例を見ることにもなっているところである。惟うに、それは、一方には、国家が、その社会保障の一面として経営せねばならぬというところに属するのであるが、他方には、まず、われわれの家族生活においてはじまらねばならぬところである。国民が孝を欲せざるところに、国が果たして老人に對する社会保障を完うすることを得るであろうか[15]。

以上のことを整理した上で、「民法出テ丶忠孝滅フ」を概観・検討してい
く。

「我国ハ祖先教ノ国ナリ家制ノ郷ナリ権力ト法トハ家ニ生レタリ、不羈自
由ノ個人カ森林原野ニ敵対ノ衝突ニ由リテ生レタルニアラサルナリ、氏族ト
云ウ国家ト云ウモ家制ヲ推拡シタルモノニ過キス、権力相関ヲ指摘スルノ呼
称ハ異ナリト雖、皇室ノ嬖臣ニ臨ミ、氏族首長其族類ニ於ケル家父ノ家族
ヲ制スル皆其権力ノ種ヲ一ニス、而シテ之ヲ統一シテ全力ラシムルモノハ先
祖教ノ国風ニシテ公私ノ法制習慣之ニ依ルニアラサレハ解スヘカラサル者
此々皆然リ、之ヲ要スルニ、我固有ノ国俗法度ハ耶蘇教以前ノ欧羅巴ト酷相
似タリ、然ルニ我法制家ハ専ラ標準ヲ耶蘇教以後ニ発達シタル欧洲ノ法理ニ
採リ、殆ント我ノ耶蘇教国ニアラサルコトヲ忘レタルニ似タルハ怪ムヘシ」
(1-1)

「耶蘇教以前ノ欧洲ノ文化ハ希臘羅馬ノ盛世之ヲ代表ス……欧洲固有ノ法
制ハ祖先教ニ本源ス、祖先ノ神霊ヲ崇拝スルハ其建国ノ基礎ナリ、法制史ハ
法ノ誕生ヲ家制ニ見、権力ノ源泉ヲ家長権ニ溯ル、然レトモ何カ故ニ家ハ一
団ヲ為シ何カ故ニ家長権ハ神聖ナリヤト問ハ丶、之ヲ祖先教ノ国風ニ帰一セ
サルヘカラス、祖先ノ肉体存セサルモ其ノ聖霊尚家ニ在リテ家ヲ守護ス、各
家ノ神霊ナル一隅ニ常火ヲ点シテ家長之ニ奉詞ス、是レ所謂家神ナリ祖先ノ
神霊ナリ事細大ト無ク之ヲ神ニ告ク、是レ幽界ノ家長ニシテ家長ハ顕世ニ於
キテ祖先ノ霊ヲ代表ス、家長権ノ神聖ニシテ犯スヘカラサルハ祖先ノ霊ノ神
聖ニシテ犯スヘカラサルヲ以テナリ、家族ハ長幼男女ヲ問ハス一ニ其威力ニ
服従シ一ニ其保護ニ頼ル」(1-2)

「一男一女情愛ニ由リテ其居ヲ同フス、之ヲ耶蘇教以後ノ家トス、我新民
法亦此ノ主義ニ依レリ、是レ欧洲固有ノ家制ニアラサルナリ、欧土ノ古法レ

第3章 「近代国家成立において『中間団体』として消去された status familiae の復活可能性」について　71

ハ之ハ祖先ノ祭詞ヲ同フスル者ヲ家族ト云フ、家神ハ其子孫ニアラサレハ之
ヲ守護セス、各家ニ神火アリ之ヲ絶滅スルコトヲ忌ム家運ノ恒久ヲ顕スルナ
ルヘシ、共ニ同一ノ神火ニ頼ル者ヲ家族ト云ウ（古語家族トハ神火ヲ同フス
ルト云義ナリ）、後代或ハ家長権ノ及フ処ヲ家族トシ必シモ血族ノ因ノミニ
限ラサルノ制アリ、然レドモ民法家カ我国ニ行ハントスルカ如キ家トハ一男
一女ノ自由契約（婚姻）ナリト云フノ冷淡ナル思想ハ絶テ古欧ニ無キ所ナリ
トス、婚姻ニ由リテ始メテ家ヲ起スニアラス家詞ヲ永続センカ為ニ婚姻ノ礼
ヲ行フナリ、茲ヲ以テ古法ハ娶ラサルヲ禁シ、又子無キトキハ婦ヲ去ルコト
ヲ認メ、或ハ他姓ノ子ヲ養フテ家詞ノ断絶ヲ防ク、皆古欧ノ家制ハ今ノ家制
ト其主想ヲ異ニシ祖先教ニ本源スルコトヲ証スルモノナリ、之ヲ我国非耶蘇
教ノ習俗ニ照応スルトキハ相似タル者アリ、欧洲ハ彼ノ宗教行ハレシヨリ独
尊ノ上帝ハ人類ノ敬ト愛トヲ専有シ子孫マタ祖先ノ拝スヘキヲ知ラス、於是
乎孝道衰フ、平等博愛ノ主義行ハレテ民族血族ヲ疎ンス、於是乎家制亡フ、
而シテ個人平等ノ社会ヲ成シ個人本位ノ法制ヲ以テ之ヲ維持セント欲ス」
(1-3)

　「我国未タ他教ヲ以テ祖先教ヲ一洗シタルニアラサルナリ、然ルニ民法ノ
法文先ツ国教ヲ排斥シ家制ヲ破壊スルノ精神ニ成リ、僅ニ「家」「戸主」等
ノ文字ヲ看ルト雖却テ之カ為メニ法理ノ不明ヲ招ク空文無キノ優レルニ若カ
サルナリ、嗚呼極端個人本位ノ民法ヲ布キテ三千余年ノ信仰ニ悖ラントス
……家父ハ夫若ハ父タルノ身分ニ由リテ此権ヲ有スルニアラス、権力ノ源泉
ハ祖先ノ霊ニ在リ、家ヲ守護スルノ家神ハ家属ヲ制裁スルノ威アルヘク子孫
ノ祖先ノ霊ニ服従スヘキハ之ヲ顕世ノ代表者ニ移スコトヲ得ヘシ……家父権
ハ法ノ源タルコト知ルヘク、法ハ神聖ナリト云フ語ノ完全ナル意味ヲモ解ス
ルヲ得ヘキナリ、耶蘇教ノ入リシヨリ家父権衰フ祖先ノ霊ハ子孫ヲ守護スル
ノ責ヲ免レ、父子夫婦同シク唯一上帝ノ前ニ平等ナリ、祖先及父ヲ崇敬スル
ハ神ヲ侮辱スル者ナリ、法ハ俗界ノ制何ソ神聖ト称スルコトヲ得ン、博ク汝

ノ隣人ヲ愛セ一視同仁ノ天帝ハ血縁ノ濃淡ヲ認メサルナリ、家制豈久シキヲ
保タンヤ、家制衰ヘテヨリ近代国制ノ基礎ヲ固フスルニ到ルノ間、欧洲ノ社
会権力相関ノ中心ヲ失フコト久シ、是レ法度弛廃シ豪族割拠優者専恣ノ世ト
ス、僅ニ其社会ヲ救フタルモノハ耶蘇教ノ力多シトス……耶蘇教ノ希望スル
個人ヲ本位トシ世界ヲ合同スルハ欧土尚之ヲ実践スル能ハス、家制ヲ脱シ族
制ニ遷リ方今ハ国家ヲ以テ相依リ相携フノ根拠トセリ、家制主義既ニ及ハス
トスルモ国家主義ヲ以テ法制ノ本位ト為スヘキナリ、史家ハ一躍三千年来ノ
家制ヲ看ルコト弊履ノ如ク、雙手極端個人本位ノ法制ヲ迎ヘントスル、我立
法家ノ大胆ナルニ駭クナルヘシ、万世一系ノ主権ハ天地ト共ニ久シ、其由ル
所或ハ祖先ノ教法家制ノ精神ニ渉ルナキカ、所謂君子国ノ美俗ハ祖先教ヲ撲
滅シ又新教ヲ容レス唯学校ノ修身教課書ヲ以テノミ保維スルコトヲ得ルカ、
史学ノ一好試験ナリ」(1-4)

　1-1で、穂積八束は以下のことを言っている。まず、わが国は先祖崇拝の
国風であり、その国風は実はキリスト教化される以前の西欧社会と相似した
ものである。そして1-2で、八束はキリスト教化した欧米社会がどうなった
のかを述べる。すなわち、キリスト教の導入により、家族は男女の自由意思
による婚姻を基調とする、平等主義に基づく家制となった。そのために西欧
において孝道は廃れ、民族・血族が疎んぜられ、個人本位的・個人主義的法
制となったのである。しかし、これは1-1と異なり、わが国の伝統的な、固
有の家制に反するものである。したがって、編纂中の民法典としてその主義
に依拠することはできない。1-3で、八束にとっては、キリスト教化され
た、このような西欧近代民法をわが国に民法として導入することは、先祖教
を固有の家制としているわが国には到底認められるものではない、とする。
1-4で、八束は西欧の家族とわが国の家族を比較し、わが国の伝統的な、固
有の家制を変えるべきではないとする。反対に言えば、現行のキリスト教と
結びつき、家族解体へと至った西欧の家制ではなく、古代社会、ここではギ

リシア・ローマのような古代社会の家制であれば、彼の容れるものとなる可能性がある。なぜならば、古代社会においては祖先崇拝と家族制度が支配の根源にあり、家長は、その祖先の威霊をもって絶対的な家父長権で家族を統括していたからである。

以上のことを前提として、以下の二点に限定して穂積八束の考え方を批判的に検討することとする。

第一に、八束の理論はその当時の最新の西欧の議論を踏まえて展開されているということである。祖先崇拝などと聞くと、あたかも日本古来の国学から着想を得たと思われるかもしれない。しかし、この考え方の出発点となっているのは「歴史法学派」の主張である。それに加えて、彼はヌマ・ドニ・フェストル・ドゥ・クーランジェ（Numa Denis Fustel de Coulauges、1830-1889年）の『古代都市』に接することによって、わが国の憲法をはじめとする法体系は「我国固有ノ法理」に依るものとしたのである。その固有ノ法理は以下のように古代ヨーロッパの社会と異なるものではない[16]。

「古代ヨーロッパ人は霊魂の不滅を信じ、霊魂はその埋められる所に存して子孫を保護すること、日常の用具は墓に埋め、時々食物や草花を供すること、祭祀の礼は「活ケル人ニ対スル」如くであること、ここから祖先を神と信ずる祖先教を生じ、各家庭にも神棚を祭ってそれを清浄に保ち、家庭はこれを崇拝して幸福と避難を願うこと、この信仰の上に家制度が成立していること、婚姻も「妻ハ夫ニ随ヒ其ノ家ノ祭祀ヲ奉ズル」ものである。」

そればかりではなく、アリストテレス哲学を引き、八束は家から国家への発展の過程を以下のように説くのである[17]。ちなみに、ここでいうアリストテレス哲学は古代ギリシアのそれではなく、19世紀後半に新トマス主義の再興において説明されたアリストテレス哲学である。

「父母子孫相依リテ家ヲ成スハ人類自然ノ通性ナリ、恐ラクハ此レ団体元始ノ形式ニシテ社会ノ単位ナラン、此ノ原型ニ依リ、此ノ単位ヲ重ネ、家ヲ総ネテ部落ヲ成シ、部落ヲ総ネテ国ヲ成セルハ史蹟ノ之ヲ明徴スル所」であ

り（提、1-2頁）、「血族の共愛は一家の内に止らず、民族の共愛」となる。

そうして、八束はポール・ラーバント（Paul Laband、1838-1918年）仕込みの法実証主義国法学の「国家」概念に天皇家という精神を入れ込んで以下のように言う[18]。

「天祖は国民の始祖にして皇室は国民の宗家たり、父母拝すへし況んや一家の始祖をや、一家の始祖拝すへし況んや一国の始祖をや」（愛、4-5頁）。

この第一の点については、外面的には復古主義的な色彩が強いように思われる八束であるが、実はきわめてその当時の西欧の最先端の法思想を使っていることが分かる。この思想的な枠を使って、随所に本居宣長のような思想を差し込んでくるのである。

第二に、穂積八束の「西洋法制がキリスト教化の受容によって家制の堕落ともいえる状態に陥った」との指摘は正しいのであろうか。彼は先の古代ヨーロッパ人の「徳」が、以下のようにキリスト教化によって崩れたとする[19]。

古代ヨーロッパ人は霊魂の不滅を信じ、霊魂はその埋められる所に存して子孫を保護すること、日常の用具は墓に埋め、時々食物や草花を供すること、祭祀の礼は「活ケル人ニ対スル」如くであること、ここから祖先を神と信ずる祖先教を生じ、各家庭にも神棚を祭ってそれを清浄に保ち、家庭はこれを崇拝して幸福と避難を願うこと、この信仰の上に家制度が成立していること、婚姻も「妻ハ夫ニ随ヒ其ノ家ノ祭祀ヲ奉ズル」もので、祖先の祭祀を断つことが大罪にあたること、これらの信仰はキリスト教が「人類一切平等博愛ヲ説キ、唯一ノ上帝を信仰スルノ外、祖先ヲ崇拝スルノ教義ヲ禁止」して以来西欧において跡を絶った。」そして、「之ヲ我ニ比シ、世道ノ変遷ヲ想ヒ、転タ感慨ニ堪ヘザモノアリ」とする。

ここで問題としたいのは、八束にとって家父長権（status familiae）がその跡を絶ったとされる時期を何時においているのかということである。つまり、本当にキリスト教化によって西欧社会において強力な家父長権が消えた

のか、あるいは、このキリスト教化とは何時のことを指しているのかという問題である。第一の問題で示したように、八束は社会進化論、歴史法学、法実証主義、新トマス主義などの当時最新の法理論を学んできた人物である。しかし、この問題においては彼の時代設定は誤っているのではなかろうか。たとえば、キリスト教化の問題であるが、仮にアリストテレス的な立場に立つとするならば、その家制が消されたといえるのはユスティニアヌス帝（Justinianus、483-565 年）の時代のアリストテレス思想の否定であると考えられる（具体的に言えば、アテネのアカデメイアの閉鎖）。そうすると、ガイウス（Gaius）の『法学提要』の時代には強力な「家父長権」は禁止されていたことになるが、それは間違いである。位階、身分なるものはキリスト教化とはまた無関係に西欧法制に影響を与えてきたのであり、この「家父長権」を破砕しようとしたのはフランス革命期の思想、あるいはフランス革命を進展させてきた思想である。そうすると、ここでも以下の問題に突き当たることになる。つまり、フランス革命はキリスト教の否定、あるいは宗教的中立性、なによりも身分制度や「自由で平等な」市民階級の創出を目指したのであるから、この「家父長権（status familiae）」を消去しようとしたのはキリスト教化やキリスト教思想ではない。

　それでは、穂積八束はフランス革命、あるいは市民革命、そしてそれがもたらす「民主主義」をどのように見ていたのであろうか。長尾龍一によれば、それは以下のように要約されよう[20]。

　穂積は「立憲政体ト民主主義ハ相提携スルモノノ如キ浅薄ナル妄想」を批判するが、これは「立憲制ノ完成ヲ期スルカ為ニ民主共和ノ精神ニ傾向スルカ如キ憲法蹂躙ノ暴論」を排撃しようとするためである（集、414 頁）。後のカール・シュミットは、民主主義と自由主義を区別することによって、自由主義を排撃したが、穂積は同一の区別によって民主主義を排撃しているのである。穂積は初期において既に下院のみの一院制は「彼ノ圧制中ノ最モ圧制ナル民衆多数圧制（oppression of majority）ノ為ニ秩序ヲ紊リ国家ヲ滅ボ

ス」ものとして排撃し（『東京日日』1182・4・19）、またミルを引用しつつ
「代議政体ノ宿弊ハ多数党ノ専制ナリ」となして（同4・21）、専制の危険を
寧ろ民衆や議会の側にみているが、権力分立論はこの民衆不信・議会不信の
反面をなすものである。」

　そこにおいては、フランス革命による「市民の地位」の創出、すなわち
「家父長権」の破砕の徹底は読み取ることはできない。八束にとっては、あ
くまでもキリスト教化された西欧的家制も認めることはできないものだが、
それを超克しようとした近代市民社会的家制も認めることのできないもので
あったのである。また、「血族の共愛は一家の内に止らず、民族の共愛」と
なる」との彼の言は、実は彼が忌むべき、キリスト教由来の、あるいはジャ
コバン由来の「fraternité」や「solidarité」と結びつくものである[21]。

2　ふたつの民法典論争（2）
──第二次民法典論争としての牧野英一の家制

　前章でみたように、美濃部達吉は一木喜徳郎に惹かれ穂積八束を見限った
が、牧野英一は八束に惹かれたことを表明していた。ここで取り上げる「第
二次民法典論争」で新憲法下の民法典の家族規定について、大きな不満を表
明したのがこの牧野英一（1878-1970年）である。

　まず、この論争の概要から説明することにしよう。1945年8月、わが国
は連合司令部のポツダム宣言を受諾して無条件降伏した。大日本帝国憲法か
ら日本国憲法の改正に従い、民法730条も新憲法24条に沿ったかたちでの
改正がなされることになった。その点について牧野は、貴族院の憲法改正案
の審議および内閣臨時法制調査会の審議において「家族生活の尊重」という
観点を問題としたのである。牧野はこの民法730条の起案にも与っておら
ず、また民法の一部改正が国会おいて問題となった時にも関係したわけでは
ない。とはいえ、彼の「家族生活の尊重」という主張は民法730条に多く採

り容れられることとなった。しかし、この規定は我妻榮、中川善之助および谷口知平等によって批判されることになる。これに対して、反論を加えんとして牧野がさまざまな論文を書き、それらを所収したのが『家族生活の尊重』（有斐閣、1954 年）である。

彼の主張は『家族生活の尊重』の「はしがき」に顕著に現わされている。あえて穂積八束に倣うとすれば、その内容は「新家族法出テ、老人亡フ」ということになろうか。その内容は以下のものである[22]。

日本国憲法が成立して、一方には、家族生活が解体せしめられることになり、親というもが無視せられることになり、そうして、老人は亡びるべきものであるとせられるに至った。これが自由主義であり、民主主義であるというのである。しかし、かくの如き大勢の間において、われわれは、他方に、家族生活の尊重ということを唱えるのであるし、親はどこまでも敬愛奉養せられるべきものとするのであるし、そうして、老人は、これを尚び、これをいたわり、これを安らかにし、これをよろこびあらわしめることにしたいものと思うのである。ここに、日本国民としての国民統合の重要な一面が成立すべきものとするのである。

日本国憲法第 24 条は、夫婦を以って家族生活のすべてとしたもののような形式にできている。少なくとも、世上の若いヒトビトがそう解しているらしい。そうして、多くの法律家さえがそう主張しているのである。そこに、親として未成年者の子に対する義務のことは、もはや憲法の埒外にあるものとせられるのである。しかし、わたくしは、憲法の改正案が帝国議会において審議せられた際に、夫婦と未成年の子とを超えて、更に、われわれの実生活において、まず、親ということが十分に意識せられねばならぬとし、そこに成立する家族生活ということを考え、この家族生活が法律上尊重せらるべく、憲法上こ

の原則が明かにせられるべきことを提唱した。事は容れられなかつた
けれど、貴族院においては過半数の賛成を得ることができた。

　憲法が成ろうとして、街頭には、早くも、親孝行ということがもは
や守らるべきところではないと叫ばれた。憲法が成るや、世は、滔滔
として、親はこれを省るの要なしとすることになった。法律家がこれ
を支持し、これを理論づけ、時としてはこれを煽つてさえいるのであ
る。わたくしは、世道のゆるみ、人心のすたれ行くについて、憲法以
降のわが国の法律学者特に憲法学者の責任を問おうとおもつている。

　老人権ということは、曾て、穂積（陳重）先生の講筵において教え
られた。すでに五十年前のことである。今、国際連合は、これを、経
済社会理事会の問題としている。そうして、實に、第二次世界戦争後
の憲法においてその例を見ることにもなつているところである。惟う
に、それは、一方には、国家が、その社会保障の一面として経営せね
ばならぬところに属するのであるが、他方には、まず、われわれの家
族生活においてはじまらねばならぬところである。国民が孝を欲せざ
るところに、国が果して老人に対する社会保障を完うすることを得る
であろうか。

　日本国憲法下においてわが民法が改正せられようとした折、わたく
しは主張をくり返した。民法が信義誠実の原則を明かにするに至つた
については、わたくしの五十年来の主張が必しも無用でなかつたと信
じている。そうして、家族生活についてもその適用を特に明かにする
の必要があるとしたのにつき、民法改正案の立案者は、おのずから、
心ならずも、民法第七百三十条には、規定の形式において必しも妥当
でないものがある。その体裁も順位も、實はわたくしの関知するとこ
ろではない。しかし、かような規定が設けられるに至つた次第につい
ては、わたくしが、若干のかかわりを有つているとせられることはさ
もあろう。世の民法学者がこれを認めるのである。

民法学者は、そう認めることに困つて、第七百三十条を非難し、そうしてわたくしに及んでいる。しかし、わたくしは、信ずるところあるが故に、第七百三十条を、不十分な規定としつつも支持し、民法におけるその意義を考え、その解釈と運用とを問題とする外に、一方に、まず憲法、そうして、民法の外に更に刑法に、進んで全法律にわたつての意義を反省したいのであるし、他方に、社会思想そのものとしてこれを考えなおしたいとおもうのである。わたくしは、単に、民法第七百三十条をそれ自体として論じているのではない。わたくしの法律哲学的立場においてこれを問題とするのである。

民法730条の規定、その背後に関係する牧野英一の思想に対して、反対派である我妻榮、谷口知平および中川善之助はどのような批判を加えたのであろうか。牧野によれば、それは以下のようなものである[23]。

わたくしのさし当り知り得た範囲に就いて、わたくしは、まず、我妻君が、この規定を以つて、『無意義』なものとし、『毒にも薬にもならないもの』としていられるのに気づいている。しかも、また、その故に、この規定は、改正せられた民法の規定の中で『最も不当』のものとせられるらしいのさえ見受けるのである。そて、この新規定については、谷口（知平）君が注意すべき解釈論を展開しているのであるが（中川善之助君の責任編集にかかる『注釈親族法』上編、第七百三十条のくだり）、そこに示されている種種のものは、論理上許すべからざるものということになるものであろうか。

民法第七百三十条に対するコントラ批評としては、三家のものを挙げることができる。その一は、我妻君の無意義論であり、その二は中川君の有害論であり、その三は川島君の排撃論である。

次に、牧野英一の主張のよって立つ法哲学的・法思想史的基盤はどこにあるのであろうか。それについて、牧野は以下のように言っている[24]。

　　十九世紀から二十世紀へかけての法律理念の推移を示すために、サレイユは『正義から衡平へ』という語を用いている。これは、近代自然法のポスツラートとして措定した所有権及び契約の自由の原則が、更に高次の原則たる公序良俗乃至信義誠実の原則に包容せられつつ、按排を加えられて、次程を高めゆく模様を説いたものである。これを、ドモーグは、別の立場からして、『法律的確実の原則から法律的衡平のそれへ』の変遷としているのである。そうして、メーンが示した『身分から契約へ』に代えて、或は『契約から関係へ』（パウント）ともせられ、『契約から法規へ』（モラン）ともせられ、また、『契約から制度へ』（ルナール）ともせられるのである。十九世紀の考え方においては、自由競争における出発点の平等乃至その競争のフェーヤ・プレーということが論ぜられた。かくして、身分に因る特権が廃止せられたのであつた。十九世紀の末尾においては、生存競争の到着点における衡平ということが考えられることになつた。そこには自由ということが包含せられつつ、しかし、それが衡平に依つて按排せられつつ、新らしい原則の下に生存権の確保ということが人格主義として考えられることになつた。わたくしにいわしめられるならば、これはやがて法律の社会化である。

　以上を前提として、牧野英一の主張を簡潔にまとめ、わたしなりに検討を加えるならば以下のようになろう。
　日本国憲法は、日本再建の要点として三方面からなる民主主義の適用を見ることになった。すなわち、その第一のものが政治上の民主主義であり、第二のものが経済上の民主主義であり、第三のものが家族生活における民主主

第3章 「近代国家成立において『中間団体』として消去された status familiae の復活可能性」について　81

義である。この第三のものは個人の尊厳及び両性の本質的平等の原則で示されるものであるが、その考え方は吉野作造（1878-1933年）に代表される解放（emancipation）の原理の上に立っている。以上のように、牧野は憲法条文の配列をパンデクテン方式で体系的に解釈するのである。さて、19世紀の政治史においては漸次、国民主権の台頭するようになった。かくして、「政治上の民主主義については、解放の原則の外に、統合の原理（国民的統合）ということが考えられねばならないのである。それは、固より、いかなる意味においても、中世末期における絶対主権制に立ちかえろうとするものでない。……われわれは、十九世紀の民主主義に依る法治国生活を予定し、それを包容しつつ、二十世紀における国民生活を、更に一段の高次に向上せしめねばならぬのである。これは、法治国の進化としての、しかし法治国思想に対する、文化国思想である」としている[25]。日本国憲法は第1条によって、国民統合を明らかにしている。そして、憲法第24条は婚姻に関して相互協力を規定しているが、そこで規定される個人の尊重と両性の本質的平等は、婚姻生活における相互対立のためではなく、そこに成立すべき協力のためのものである。20世紀の文化国家は人権に対して消極的に謙虚であるばかりでなく、積極的にその重点に務めなければならない。また、家族生活においても、親族共同体の各自が互いにその尊厳を主張し、両性の平等原則を主張し対峙するだけであってはならない。そうであるとするならば、封建的色彩をもった戸主権の制度が廃止されなければならないことは言うまでもない。しかし、従来の制度である戸主権がいろいろな場合において弊害があったことは疑い得ないが、それがまたわれわれの家族生活における紐帯を保持するものであったことを看過すべきではない。牧野によれば、「家族生活が、もはや権力団体でないことになり、専ら共同体としながらも、そこに、一定の原理乃至中心に依つて結合せらるべきである」とされる[26]。この思想に基づいて、彼は憲法改正案において「敬愛協力（fraternité）」という語を用いることを提案したのである。家族のそのような在り方は、彼にとっては「社

会的な事実」である。19世紀以来の資本主義的社会機構によって、家族生活の分解は進展した。しかし、この普遍的な問題を解消するためには、われわれは構想を練らなければならないのである。すなわち、それは解放を進めて、さらにその上に統合をはかるということである。

　最後に、彼の議論で問題となるのは家族制を社会的進化のどこに位置付けるのかということである。このことは要するに、牧野の以下の説明に要約できる[27]。

　　　それは、解放か統合かの問題であるので、わたくしとしては、解放を経ての統合が二十世紀の問題であるとしているのである。これは、十九世紀の諸国の憲法と二十世紀のそれとを比較し、人権宣言についての古い型と新しい型との対立を考えている。

　それに対して、我妻榮と中川善之助は、牧野の言うには以下のような異議を唱えたのである[28]。

　　　我妻君は、『自由』のための『精神革命』の必要を説き、十九世紀の文化が二十世紀のものにまで進化するのにつき、かような革命を経由せねばならぬものとせられるのであるが、中川君は、そのような革命だけが当面の新しい問題であるとしていられるのであろう。我妻君も、亦、そのような精神革命が現下の問題であるとしつつ、しかし、なおその先に高次の法律理念を問題とせねばならぬとして、わたくしと考え方をおなじくせられるのであるが、中川君は、それから更に一歩の進めるべきものがあるとは考えていられない。尤も、曰く、『二十世紀という言葉を二三十年前とおなじく、いつまでも新鮮味のある進歩的なものと理解されるのに対し、私たちは、二十世紀も半世紀過ぎた今日の言葉として、二十世紀という字に格別の迫力も魅力も感じ

第3章 「近代国家成立において『中間団体』として消去された status familiae の復活可能性」について　83

ない』と。

　最後に、解放から統合に至った牧野の家族性が本当に、封建制を超え出でたものなのであろうか。しかし、以下のものを読む限り、それは儒教的な古風なものと評価せざるをえないであろう[29]。

　　　　なお、相続に関する条下に、『祖先の祭祀を主催すべき者の相続分は嫡出子の相続分の二倍とす』というのを提議したのであった。……右のうち、『直系血族及び同居の親類は互に協力扶助すべきものとすること』というのが、附帯の希望決議として成立したのであった。

　あきらかに、この考えは祖先崇拝を基礎にした家父長権を強調するものであり、昨年下された最高裁判所大法廷の非嫡出子不均衡相続分違憲判決の判決[30]に反するものである。しかし、反面においては牧野の説く家父長権はローマ法に見られるそれ程には威厳のあるものと言えない[31]。なぜならば、前述のように彼の説く家父長権は「老人権」と言われるように、協力補助によって老いた家長がその子によって養われるといったものであるからである（その説明において、牧野は「殺老俗棄老俗」から「敬老俗」への変化や、「隠居権」などを挙げていることから、そこから読み取れるのは「家族を保護する父」ではなく、「家族に保護される父」なのである）。少子高齢化の進む日本では、長男は結婚の相手として敬遠される傾向が続いている。それは、長男が祭祀を引き継ぎ、併せて年老いた父母をその妻が介護しなくてはならないとされてきたからである、と言われている。

3　穂積重遠による家父長権

　穂積八束の甥っ子に当たる穂積重遠（1883-1951年）は、大村敦志によれ

ば「士大夫」的な「市民」観念[25]をもって晩年、最高裁判所判事を務めた。あるいは、彼の「市民」は「ジェントルマン」と言い換えることができる。すなわち、重遠はこの「市民」、「士大夫」および「ジェントルマン」からなるトリアーデを以下のように理解している。大村によれば、それは以下のような関係である[32]。

　　「市民」と「ジェントルマン」はともかく、「市民」と「士大夫」との間にはギャップがあるように思われるかもしれない。しかし、（財産と）教養と徳性を備え統治に対して責任を負う、という点では三者は共通している。実は、「市民」と「士大夫」との関係は、明治初期の日本人も意識していたようである。この点は重遠の専門である「民法」と密接にかかわる。

　　「民法」はオランダ語の Burgerlykregt、フランス語の Code civil の翻訳であり、津田真道が提唱し箕作麟祥が普及させたものである。しかし、civil（市民の）の訳語として「民」が適当か否かという点につき、当初は異論もあった。「民」は被治者を表すが、シトワイヤン（citoyen ＝市民）とは自ら治める者だろうというのである。そこで「都人士」という訳語も提案された。「都」はブルジョワ（bourgeois ＝都市の人々）としての市民、「士」はシトワイヤンとしての市民をとらえようとするものである。…東洋の教養を持つ明治人にとって、シトワイヤンとは「士大夫」なのである。

　次に、穂積重遠の家族観を見るのに適しているのが、尊属殺違憲訴訟である[33]。そこにおいて、重遠は興味深い少数意見を述べている。まずは、多数意見を概観し、次に重遠らの少数意見を見てみることにしよう。

（多数意見）「しかしながら、このことは法が、国民の基本的平等の原則の

第 3 章　「近代国家成立において『中間団体』として消去された status familiae の復活可能性」について　85

範囲内において、各人の年令、自然的素質、職業、人と人との間の特別の関係等の各事情を考慮して、道徳、正義、合目的性等の要請より適当な具体的規定をすることを妨げるものではない。刑法において尊属親に対する殺人、傷害致死等が一般の場合に比して重く罰せられているのは、法が子の親に対する道徳的義務をとくに重要視したものであり、これ道徳の要請にもとずく法による具体的規定に外ならないのである。

　原判決は、子の親に対する道徳的義務をかように重要視することを以て、封建的、反民主主義的思想に胚胎するものであり、また「忠孝一本」「祖先崇拝」の思想を基盤とする家族主義社会においてのみ存在を許さるべきものであるというが、夫婦、親子、兄弟等の関係を支配する道徳は、人倫の大本、古今東西を問わず承認せられているところの人類普遍の道徳原理、すなわち学説上所謂自然法に属するものといわなければならない。」

（真野毅少数意見）「多数意見は、しきりに親子の道徳を強調するが、そしてそれは民主主義を理解しない者の俗耳には入り易いものであるが、子の親（直系尊属）に対する道徳の中から、正しい民主主義的な人間の尊厳、人格の尊重に基く道徳を差引いたら、その後に一体何が残るであろうか。それは、（一）子の親に対する自然の愛情に基く任意的な服従奉仕と、（二）親の恩に対する報恩としての服従奉仕の義務に過ぎない。これらは、本来個人の任意に委さるべきものであつて、法律上の権利義務関係となし又はその他の法律上の保護を与えるには適当しないのである。却つて法律上の強制を与えないことによつてますます自由な感覚の下に道徳的価値を純化し高揚せしめなければならぬ領域に属するものである。純理からすれば合理的民主的国家組織においては、道徳的なものと法的なものとが区別されずに混りあつている原始社会におけるとは異り、道徳的なものと法的なものとをそれぞれ独自の領域に従つて分つことを必要とする。そして、道徳と法律との営む独自の機能の差異を吟味した上で、法律を道徳と矛盾しないように制定することを

要するのである。古往今来、子の親に対する道徳は、一般に孝と呼ばれ、海よりも深く山よりも高いといわれた親の恩に対する報恩感謝としての絶対的服従奉仕の義務を中心とした。かようにいわゆる孝道の核心は報恩である点において、封建武士の知行、扶持、禄に対する報恩を核心とする封建的主従関係と同じ根本原理に立つものである。この孝道は社会的構成において身分的上位にある親と身分的下位にある子との間の、すなわち身分的に不平等な人間の間の関係であつて、平等な個人の間の関係ではない。」

（穂積重遠少数意見）「日本国憲法前文は、憲法の規定するところは「人類普遍の原理」に基くものであると言つているが、「人類普遍の原理」がすべて法律に規定せらるべきものとは言わない。多数意見は親子間の関係を支配する道徳は人類普遍の道徳原理なるがゆえに「すなわち学説上所謂自然法に属するもの」と言う。多数意見が自然法論を採るものであるかどうか文面上明らかでないが、まさか「道徳即法律」という考え方ではあるまいと思う。「孝ハ百行ノ基」であることは新憲法下においても不変であるが、かのナポレオン法典のごとく「子ハ年令ノ如何ニカカワラズ父母ヲ尊敬セザルベカラズ」と命じ、または問題の刑法諸条のごとく殺親罪重罰の特別規定によつて親孝行を強制せんとするがごときは、道徳に対する法律の限界を越境する法律万能思想であつて、かえつて孝行の美徳の神聖を害するものと言つてよかろう。本裁判官が殺親罪規定を非難するのは、孝を軽しとするのではなく、孝を法律の手のとゞかぬほど重いものとするのである。」

あわせて、穂積重遠が『私たちの民法』（社会教育協会、1948年）で述べている戦前の民法改正作業の記述を見てみることにしよう[34]。

　　元来『民法』という名前も『ローマ市民法』から来ているのです。それゆえに、親族・相続の部分はもちろんわが国の家族制度ですが、

全体として西洋式の民法です。そこで民法の規定中『邦国古来ノ順風美俗』にかなわぬものがあるというので、政府は大正八年以来民法親族編相続編の改正に取りかかりました。これは『邦国古来ノ』といういわば反動的傾向から出発したものでしたが、しかし時世の進展は争われないもので、進歩的傾向も相当に取り入れられ、新旧思想の調和に苦心が払われました。そして昭和にはいってから改正案が一応脱稿しましたが、附属法令起草に手間取っているうちに、事変となり戦争となり、二三の改正点が単独法として実施されただけで、そのままお流れになってしまいました。三十年あまりむだ骨折したようでもありますが、今となってはなましあのような中途半端な改正が実現しなかった方がよかったですし、又そのための調査研究が今度の大改正の飛び石捨て石になったとも考えられます。

　では、重遠にとって新憲法あるいは新民法と、旧憲法あるいは旧民法との接続はどのようになるのであろうか。そのことを、彼は以下のように述べている[35][36]。

　　　わが国は昔も今も『一君万民』である。ただ明治憲法の一君万民は、一君から見た万民であったが、昭和憲法の一君万民は、万民を通しての一君である。……天皇の尊厳は本来国民確信から盛り上がったものではなかったろうか。
　　　元来、個人が社会を作り、社会が個人を作る。個人尊厳を徹底すれば社会福祉であり、社会福祉を還元すれば個人尊厳であります。

　以上、穂積重遠の考え方は原則的に牧野英一の考えと大体の部分、オーバー・ラップするものである。ただ、重遠は牧野や我妻や中川が不明確にしたままであるフランス革命、あるい市民革命の頂点を「ナポレオン法典」に

見ている点が興味深い。いずれにせよ、戦後においても一定数の学者が牧野や穂積のような立場に立っていたことは重要であり、そしてこのような立場は今日の自民党の憲法改正草案ときわめて近い考え方に基づくものであると見ることができる。

まとめにかえて

　以上、穂積八束、牧野英一そして穂積重遠の status familiae の保持・擁護の思想を概観した。そして、それらが自民党の憲法改正草案との親和性があることを示した。そうであるならば、与党が会見手続きに必要な衆参両院での 2/3 の議席を占めている以上、「近代国家成立において『中間団体』として消去された status familiae の復活可能性」について論ずるのは意味のないことではない。

　一方において石川健治のように、近代国家が伝統的な中間団体を破壊消去したことを根拠として、伝統的な身分論の下で枢要な身分であった status familiae を破砕し、基本権の再構築をはかるべきだという主張も有力である[37]。この考え方に対してのわたしの疑問は別稿に譲ることにするが、この樋口陽一・石川健治ラインの議論は、わが国における近代市民革命の理念の不徹底さの議論に結び付く。そして、この考え方は我妻榮の「ブルジョワ革命の徹底」論との系譜につながる[38]。しかし、牧野英一にしても穂積重遠にしても封建的身分性は否定した上で、それを超えた 20 世紀的な紐帯や友愛に基づく、新しい家族生活を説くのである。この考え方は、村上淳一の説く家父長制の近代化された体制こそが資本主義であるという考えとのどのように接続するのであろうか[39]。個人的には、牧野英一の説明はモーリス・オーリウ（Maurice Hauriou、1856-1929 年）やルドルフ・スメント（Rudolf Smend、1882-1975 年）の理論との繋がりがありそうなのであるが、今回参照した資料に注がほとんどないことから、その検討は不十分なものとなって

しまった[40]。

　おそらく、彼らがあくまでも廃止を拒んだ status familiae のそのままの復活は望むことはできないであろう。ましてや、実務上最高裁判所で尊属殺重罰規定違憲判決（最大判昭和 48 年 4 月 4 日刑集 27 巻 3 号 265 頁）、国籍法違憲判決（最大判平成 20 年 6 月 4 日民集 62 巻 6 号 1367 頁）および非嫡出子法定相続分違憲判決（最大決平成 25 年 9 月 4 日民集 67 巻 6 号 1320 頁）が出されている以上、なおさらである。その意味で、ヘンリー・ジェームス・サムナー・メイン（Henry James Sumner Maine, 1822-1888 年）の「身分より契約へ（from status to contract）」の格言は重いものである。しかし、新しい家族制の創出は、古いそれを否定するよりも難しい[41]。したがって、彼らの見解を支持するものではないが、穂積八束、牧野英一および穂積重遠の思想は再検討するに値するし、そこで引かれている西洋思想の再検討は不可欠なものである。本報告で提起できるのはそれだけであり、それが読者に伝われば十分である。

〈注〉

1　トマス・ホッブズ／本田裕志訳『市民論　近代社会思想コレクション 01』（京都大学学術出版会、2008 年）40 頁以下。Cf. Thomas Hobbes, De Cive（The Citizen）: Philosophical Rudiments Concerning Government and Society（1651）, Oxford, 1981.

2　ここで、あらためて「原理」と「ルール」の区別を説明しても屋上屋を重ねるだけである。とりあえずは、Alexander Heinold、Die Prinzipientheorie bei Ronald Dworkin und Robert Alexy, Duncker & Humblot, Berlin, 2011 を見よ。

3　棟居快行「国際平和のために日本は何ができる?」棟居・赤坂・松井・笹田・常本・市川著『基本的人権の事件簿　第 3 版』（有斐閣、2007 年）119-120 頁。

4　宮内庁 HP http://www.kunaicho.go.jp/page/okotoba/detail/12

5　大日本帝国憲法下においては、皇室典範は憲法と対等の地位にある独立の法規範であった（芦部信喜・高橋和之補訂『憲法第六版』（岩波書店、2015 年）47 頁）。

6 「お試し改憲」の前提としての「憲法改正手続」の改正と言われる。これを積極的に支持するものとして、自民党の憲法改正草案を爆発的にひろめる有志連合『あたらしい憲法草案のはなし』（太郎次郎社エディタス、2016年）54-55頁。

7 https://www.jimin.jp/policy/policy_topics/pdf/seisaku-109.pdf

8 http://law.e-gov.go.jp/htmldata/H24/H24HO064.html

9 冷泉登紀代「扶養法と生活保護法の現状と課題」『家族法と社会保障法の交錯』（信山社、2014年）163頁。

10 特に、強調したいところは下線を付した。

11 長尾龍一「日本憲法学の国家論」長尾龍一『日本法思想史研究』（創文社、1981年）87頁。

12 長尾・前掲注（11）87-88頁。

13 美濃部達吉「退官雑記」美濃部達吉『議会政治の検討』（日本評論社、1934年）586-588年。

14 牧野英一『日本の法学』67頁。なお、引用は長尾「穂積憲法学」長尾・前掲注（11）151頁より。

15 牧野英一『家族生活の尊重』（有斐閣、1954年）2頁。

16 長尾龍一「穂積八束ノート」長尾・前掲注（11）119頁。

17 長尾龍一「穂積憲法学」長尾・前掲注（11）131頁。

18 長尾・前掲注（11）132頁。なお、ストラスブール時代の八束の研究については本学会員坂井大輔の一連の大作を見よ。

19 長尾「穂積八束ノート」長尾・前掲注（11）119頁。

20 長尾「穂積憲法学」長尾・前掲注（11）153頁。

21 このこととの関連で、石川健治「インディフェレンツ――〈私〉の憲法学」は参考になる（http://www.waseda.jp/folaw/icl/assets/uploads/2014/05/A044080 55-00-042020145.pdf）。

22 牧野英一「はしがき」牧野英一『家族生活の尊重』（有斐閣、1954年）1-3頁。

23 牧野英一「二十世紀の法律理念ということを考えつつ」牧野・前掲注（22）3頁、牧野「民法第七百三十条反対論」牧野・前掲注（16）109頁。

24 牧野英一「二十世紀の法律理念ということを考えつつ」牧野・前掲注（22）36-37頁。

25 牧野英一「憲法論として又民法論として」牧野・前掲注（22）50-51頁。

26 牧野・前掲注（25）55頁。

27 牧野「民法第七百三十条反対論」牧野・前掲注（22）112頁。

28 牧野・前掲注（27）113 頁。

29 牧野英一「憲法論として又民法論として」牧野・前掲注（22）68 頁。

30 平成 24 年（ク）第 984 号、第 985 号 遺産分割審判に対する抗告棄却決定 に対する特別抗告事件 平成 25 年 9 月 4 日大法廷決 http://www.courts.go.jp/app/hanrei_jp/detail2?id = 83520

31 もっとも、柴田光蔵が指摘するようにローマの女性の社会的地位にはホンネとタテマエの部分があることを看過してはならない。「ローマ人は、わが日本人ともいくらか似て、女性を社会生活の面ではかなり大切に扱っており、歴史資料の中にも女性の群像がはっきりとした形をとっている」（柴田光蔵『古代ローマ物語 PART I』（日本評論社、1991 年）204 頁。なお広く、「家父長権（patria poestas）」の「タテマエ」と「ホンネ」については柴田光蔵『ローマ法フォーラム I──比較法文化の場として─』（玄文社、1984 年）5 頁以下を参照。

32 大村敦志『穂積重遠 社会教育と社会事業を両翼として』（ミネルヴァ書房、2013 年）288 頁。

33 ①昭和 25 年（あ）292 号尊属傷害致死
昭和 25 年 10 月 11 日最高裁判所大法廷判決破棄差戻福岡地方裁判所飯塚支部
http://www.courts.go.jp/app/files/hanrei_jp/413/054413_hanrei.pdf
②昭和 24 年（れ）2105 号尊属殺人
昭和 25 年 10 月 25 日最高裁判所大法廷判決棄却東京高等裁判所
http://www.courts.go.jp/app/files/hanrei_jp/314/054314_hanrei.pdf

34 穂積重遠『私たちの民法』（社会教育協会、1948 年）6 頁。

35 穂積重遠『私たちの憲法』（社会教育協会、1949 年）6,18 頁。

36 穂積・前掲注（35）126 頁。

37 石川健治「国籍法違憲大法廷判決をめぐって（1）」『法学教室』343 号（2009 年）37 頁。なお、第 77 回公法学会総会において、わたしの質問に対して石川は以下のような応答をしている。「博愛 fraternité とは兄弟愛のことであるが、有力な見解はこれを連帯と読み替え、フランス革命の第三の原理として、博愛ないし兄弟愛の原理のアクチュアリティを復活させようということを、やってきた」（『公法研究』第 75 号（2013 年）230 頁）。

38 牧野「民法第七百三十条反対論」牧野・前掲注（16）114 頁。

39 村上淳一『ドイツ市民法史』（東京大学出版会、1985 年）。この中で、村上はヨーロッパの個人主義が「家父長個人主義」であることを指摘する。

40 Vgl. Maurice Hauriou, Principes de droit public, 1re édition 1910, 2e edition,

Larose, Paris, 1916., Rudolf Smend, Verfassung und Verfassungsrecht. Duncker & Humblot, München, 1928. なお、両者の「fraternité」や「solidarité」については拙稿「20世紀初頭のフランス憲法学における「社会権」思想研究序説──レオン・デュギーとモーリス・オーリウの学説を素材にして（1）」『茨城大学教育学部紀要 人文・社会科学・芸術』55号（2006年）を参照のこと。

41　Cf. Henry Sumner Maine, Ancient Law, London, 1981

第4章　人足寄場をめぐる言説空間

児 玉 圭 司

はじめに

　本稿では、徳川期に存在した人足寄場が、明治・大正・昭和戦前期にどのような形で言及・評価されたか、そして、各時代の言及・評価にいかなる変化がみられ、その背景に何があったのかを考察する。

　人足寄場は、寛政2（1790）年に江戸の石川島・佃島付近に設けられた、「無宿や引取人のない刑余者を人足として使役するために収容した施設」[1]と定義される。同施設は、近年においても「日本における近代的自由刑および保安処分の起源であり、より実質的には、日本における「犯罪者処遇」制度の源流」[2]と評されるように、「現在の行刑における日本的特質」[3]を考える上での鍵として注目を浴びる存在である。そのため同施設をめぐっては、法学や史学の諸領域（例えば、刑事法学・法史学・社会史・思想史）から、数多くの研究が積み重ねられてきた[4]。そこではかつて、人足寄場の施設としての性質をめぐる論争[5]も行われたが、「言語論的転回」を踏まえた史学の方法論の変化[6]に伴い、近年では人足寄場の語られ方自体にも関心が及んでいる。例えばダニエル・V・ボツマンは、次のようにいう。

　　戦前に自ら任ずる「アジアの盟主」という役割を日本が国家として強く意識し出した頃には、法制史という非常に権威ある学問領域で研究

を進める日本人学者たちが、江戸時代の刑罰方法には「文明的な」手法へ「進歩」しそうな明らかな兆候があったという「証拠」を見つけ始めていた。…戦争が終わっても数十年間は、このナショナリズム的な論調は近代化論的アプローチと合流して補強され、その結果、日本での法制史学者は以前と変わらず、江戸時代の刑罰史を主に刑罰が着実に近代化していくという視点で解釈し続けることになった。…その中で特に重視されたのが、人足寄場である。…人足寄場は、彼らによれば、…日本独自の「近代的自由刑」の先駆けだと結論付けている[7]。

また、犯罪社会学を専攻する緑川徹[8]も、人足寄場に対する見方・評価の変遷を以下のようにまとめている。

戦後の人足寄場像は、〈外国起源性・過去との連続性〉から、〈日本固有性・現代との連続性〉へと、一九七〇年代半ばに大きく変容し、それに伴って、その評価を高めてきたが、その背景には…「人足寄場顕彰会」（一九七三年発足）による人足寄場像の転換などがあり、さらに巨視的には、「日本文化論の変容」というパラダイム・シフトによる江戸時代評価の逆転現象などがあった。だが、この高く評価される人足寄場像の〈原型〉は、…「日本法理研究会」による「日本法理運動」（一九四〇年―）といった「思想戦」に象徴される、「日本回帰」の「空気」が支配した戦時中に急速に形成されたものだった[9]。

両者はともに、戦前、そして戦後の日本で人足寄場の評価が高まった時期があることを指摘するとともに、戦前・戦後の評価に連続性をみてとっている。筆者もまた、先行研究による如上の理解はおおむね妥当なものと考えるが、なぜそうした評価が生まれたのか、その評価を誰が主導したのかという点については、考察を深める余地があるように思う。とりわけ上掲2点の研

究は、人足寄場評価の変遷に法学が関与したことを重視する一方で、当時の法学が置かれていた状況やその関心、学説史には十分な検討を加えていない[10]。そこで本稿は、考察対象を戦前期に絞り、各時代における人足寄場の評価に法学がどのような形で加担していたかを捉えたい。

本書のテーマに沿っていうならば、人足寄場は戦前期に、参照枠または"再帰的"標準として幾度か召喚され、読み返される。その固有なるものへの注目が、いかなる背景・動機にもとづくものであったかを探るのが、本稿の目的である。

なお、以下では考察対象とする時期を、その評価の変遷に応じて三期に分け、それぞれの時代において人足寄場がどのように言及・評価されているかを確認したうえで、各時代における評価の特色とその背景を考察したい。

1　三種の人足寄場理解——明治 30 年代まで

（1）　考察の前提として

まず、考察の前提として、人足寄場の立地・制度上の変遷を確認しておきたい。

明治政府の成立後も引き続き存続していた人足寄場は、明治 3（1870）年に徒場と改称され[11]、明治初期の刑法典に定められた自由刑の一種である徒刑の受刑者が収容されることとなった。続いて明治 6（1873）年には、徒場の名称が懲役場に変わる[12]。これは、自由刑の呼称が徒刑から懲役刑へ変更されたことに伴うものであった。その後も、主管部局や名称には幾度もの変更が加えられるが、人足寄場の跡地は自由刑の執行施設としてあり続け、明治 28（1895）年に巣鴨監獄へ機能が移されるまで存続する。巣鴨監獄はその後、昭和 10（1935）年に府中へ移転し、それが現在の府中刑務所に連なっていることから、立地・制度面に着目すれば、人足寄場が明治以降の監獄（刑務所）と連続性をもっているとの評価も、あながち的外れではな

い[13]。

　続いて、法学、およびその一分野として明治中・後期に形成された監獄学に、人足寄場が登場していたのか否かを確認しておきたい[14]。日本で最初に西洋の監獄学を取り上げたのは穂積陳重であり、彼は明治15（1882）年に「監獄学大綱」[15]を、明治21（1888）年に「獄制論」[16]を、それぞれ発表している。次いで、穂積の教えを受けてドイツ監獄学を学んだ小河滋次郎[17]が、内務官僚として監獄行政に携わる傍ら、明治20年代以降、『監獄学』[18]（明治27（1894）年）などを著している。さらに、キリスト者として監獄教誨に精力を注いだのち、アメリカ留学を経て、明治30年代に警察監獄学校で「監獄学」を担当した留岡幸助[19]にも、『獄制沿革史』[20]（明治33（1900）年）をはじめとする著作がある。しかし、彼ら草創期の監獄学者が著した書物は、西洋における監獄学の紹介が中心であって、日本の監獄制度に関する記述は極めて薄い。また、仮に日本の制度に言及があったとしても、徳川期の御定書百箇条にもとづく刑罰が紹介される程度であり[21]、人足寄場には触れられていない。同時期の刑法学もまた同様の傾向を示しており[22]、少なくとも当時の法学・監獄学にとって、人足寄場は学問の対象として取り上げられるような存在ではなかったといえよう。

（2）　人足寄場をめぐる三種の評価

　それではこの当時、人足寄場はいかなる人々によって、どのように叙述・理解されていたのだろうか。以下では施設の評価に応じて三種に分けて論じてみたい。

　一つには、人足寄場を自由刑の執行施設と捉える見方があった。例えば、明治24（1891）年5月に行われた旧事諮問会[23]の場で、「（御定書—引用者注）百ヵ条の中に、入牢の罪は一もないようでありますが、あれは、幕府の罪人を処するには、今の懲役というような罪はなかったのでありますか」[24]との質問に対して、かつて江戸町奉行を務めた山口泉処が「軽き罪にて、六

十日間入牢した者は、それで罪は消えます。また懲役は寄場というのであります。寄場というのは、罪はなくとも、無宿者などは入れて置いたのであります」[25] と答えている。ここから、山口は人足寄場で自由刑が行われていたと解している様子をうかがえる。また、明治 25（1892）年 4 月から翌年 7 月にかけて『朝野新聞』に掲載された「徳川制度」中にも、「寛政二年…閣老の命にして石川島に加役方人足寄場というものを創設せり。これ幕府が江戸に懲役場を設けたるの権輿なり」[26] とあり、ここでも人足寄場は懲役場と紹介されている。このように、明治の代になって 20 年余りを経ると、市井の人々は、かつて存在した人足寄場を当時（明治中期）の施設・制度・用語を用いて理解し始めているのである。

　なお、明治 20 年代に旧事諮問会が発足するなど、この頃から徳川期の事績について聞き取りや紹介が行われ始めた理由の一つは、同会の主意に「之（徳川期の事柄―引用者注）を知るの故老は漸く歿し、事蹟の真相は日に月に埋没せんとす。苟も史に志あるもの、焉ぞ袖手旁観に忍んや」[27] とあることからも明らかなように、失われつつある徳川期の事蹟をとどめなくてはならないとの危機感にあった。そして、そうした活動の前提をなしたのが、明治 20（1887）年の帝国大学史学科の設置と、これに伴うヨーロッパ近代歴史学の導入である[28]。なお、ランケ流の実証主義史学に触れた人々にとって、人足寄場＝懲役場との理解は肯定しえなかったようで、そのことは寄場で懲役が行われていたという山口泉処の発言に対して、旧事諮問会の参加者から「寄場人足などは、罪のない無宿者などだそうでありますが」[29] との指摘があり、山口の回答を修正していることからもうかがえる。少なくとも旧事諮問会の参加者らは、より実証的に人足寄場を理解していたといえよう。

　それでは、官界や学界に所属していた人々は、人足寄場をどのように理解していたのだろうか。次いで、比較的早い時期から存在する、同施設を出獄人保護施設と捉える見方に触れておきたい。こうした見解を持つのは、明治初期から司法行政・行刑の実務に携わった官吏たちである。その代表例とし

98

てまず、司法省・内務省官吏として監獄行政に深く関わった小原重哉[30]が執筆し、司法省から刊行された『大日本獄制沿革徴略』[31]を取り上げる。同書は、明治11（1878）年にスウェーデンのストックホルムで開催された万国監獄会議に日本政府の報告書として提出された、いわば政府の公式見解である。同書は人足寄場について、

　　石川島人足寄場…ハ、徒刑ニ類似スルモノニシテ、懲治ノ意ヲ寓スルモノナリ、其ノ方法左ノ如シ、
　　光格天皇寛政二年、…江戸海湾中ノ石川島ニ於テ人足寄場ヲ設ケ、無籍無頼ノ笞刑ニ処セラレ、即時放釈シ難キ者ヲ此ニ移シ、官ヨリ衣食ヲ給シ、搾油等ノ役ニ服セシム、厥後同天皇享和文化ノ際…ニ至テ、有籍ノ者ト雖トモ笞刑ニ処セラレタル後、其親戚故旧ノ下付スヘキ無キトキハ、亦タ此ニ移シテ作業セシメ、之ヲ懲治スルヲ旨トス[32]

と紹介し、同施設が「徒刑ニ類スルモノ」で、刑の執行を終えた人々を収容していたと記している。明治10年代初頭にはこうした施設を言い表す言葉がなかったためか、文章での説明になっているが、これは後年でいう出獄人保護施設[33]を意味しよう。さらに、やはり明治初期から司法省に勤め、刑法典の編纂にも携わった村岡良弼[34]も、明治36（1903）年に刊行された書物で「無籍所犯の徒、決放後尚再犯の嫌ある者は、之を佐渡及佃の二島に発遣して使役す」[35]、「佐渡佃に発遣するは、すなはち徒刑の法を参用す」[36]と記しており、ここにも『大日本獄制沿革徴略』と同様の理解をみてとれる。

　人足寄場を出獄人保護施設と捉える小原・村岡に共通するのは、律令学を修めたとされる点である[37]。両名はいずれも、明治初期刑法典の編纂に関与するとともに[38]、法令解釈にも従事している[39]。つまり、徳川末期から明治期の律令学に親しんだ者が、その知見を通してみたとき、人足寄場は出獄人保護施設として映ったのである。

これに対して、西洋法に触れた人々はどう理解したのであろうか。三つめ
の解釈として、清浦奎吾の手になる『日本法制史』[40]（明治32（1899）年）
を挙げておきたい。清浦は、穂積や小河の理解者であり[41]、監獄行政にも精
通する人物であったが、同書の中で人足寄場に言及する前後の記述は小河の
『監獄学』と酷似しており、そこには小河の関与が強く疑われる。そして同
書には、

　　　寛政二年即チ徳川十代将軍家治ノ時石川大隅守屋敷裏ノ沼地ニ留置場
　　　ヲ設ク称シテ人足寄場ト云フ、市井ニ徘徊スル無籍無宿ノ徒ヲ収容ス
　　　ル処トス、即チ維新後明治二十八年マテ石川島監獄署〔今ノ巣鴨監獄署〕ノ在リ
　　　シ地ナリ[42]

との記述がある。ここでは人足寄場は「留置場」と表現され、無籍の無宿を
収容する施設として理解されている。また、小河・留岡の両名は明治40
（1907）年に刊行された『開国五十年史 上巻』にも「監獄誌」を寄せている
が、ここにも「寛政二年…家治将軍の時天下の名相松平定信の経営に由り、
市井に徘徊する無頼の徒を収容せんが為、沼池を埋めて人足寄場なるものを
設けたり」[43]との記載がある。つまり、西洋の監獄学を学んだ彼らの目には、
人足寄場は無宿の収容施設と映るのである。

　このように、明治30年代にいたるまでの人々には、人足寄場をめぐって
三種の評価が併存していた。そして、少なくとも官界や学界においては、人
足寄場は出獄人保護施設または無宿の収容施設と解されている。また、異な
る解釈が成り立っていた背景には、東洋法（律令学）と西洋法という学問的
素養の違いが存在することを確認できた。

　なお、人足寄場そのものへの言及ではないが、この時期の特色として、徳
川期の制度全般に対する評価が低いことを指摘できる。なぜなら、明治政府
は武士によって奪われた政権を朝廷の手に取り戻したとの公式見解を採って

いたことから、徳川期の施政は否定の対象であり、加えて、西洋法の継受に みられるように「文明化」を急ぐ中、徳川期の事績を積極的に評価すること は困難であったためである。そうした傾向は監獄制度についても例外ではな く、例えば明治24（1891）年に行われた講演で小原重哉が

> 翌（明治—引用者注）三年二月七日始て囚獄司の官員を任せられまし た、…夫より以後僚属と供に駑鈍の限り力を致して、夫の訟獄に係る 犯人を、軍中の虜同様に取扱たる源の頼朝以来の、因襲を改る為めに 何かと上申致したる処、一々在上の御採用となり大に陋悪の弊習か除 けました[44]

と述べ、小河がその著『監獄学』において、「明治二年十二月、刑部省中ニ 囚獄司ヲ設クルノ制ヲ定メ専ラ優恤ヲ旨トシ徳川氏執柄時代ノ陋弊悪習ヲ劃 除スルコトヲ努ム」[45]と記しているように、この点に関しては学問的素養の 違いを越えた共通了解であった。

2 社会事業の展開に伴う人足寄場への注目 ——明治末期から大正期にかけて

（1） 二種の評価の出会い

明治30年代までに官界・学界で形成された人足寄場をめぐる二つの評価 は、明治末期に接点を持つことになる。その契機は、管見のおよぶ限りにお いて、穂積陳重が主催する法理研究会の場であったと思われる。明治40 （1907）年2月28日、一橋の学士会事務所で開かれた会合において、出獄人 保護事業を題材とした原胤昭による講演が行われた[46]。その講演終了後、同 席していた廣池千九郎[47]が次のように発言したのである。

（免囚保護の─引用者注）史を案ずるに、此の事業は徳川時代に始ま
れる如し、寛政二年、旗本に長谷川半蔵（ママ）なる人あり、識見高く、当時
再犯以上の罪人頗る多きを嘆き、之れが矯正策として、免囚保護の事
業を起すの要を時の老中松平越中守に計る、越中守大に其画策を賞
し、石川、佃二島を払下げて、之れを設けしむ、所謂寄せ場と曰ふも
の即ちこれなり[48]

　ここからは、廣池が人足寄場を出獄人保護施設と解していることがわか
る。廣池は東洋法制史を専攻し、『古事類苑』編纂事業にも参加するなど、
主に東洋法系の学問に連なる人物であった。その彼が、人足寄場を出獄人保
護施設と捉えていることは、前節で述べた理解とも符合する。
　一方、この発言に対して、法理研究会の会員でもあり[49]、その場に出席し
ていた小河滋次郎が次のように述べている。

　寄せ場は行政取締上の必要より設けしものにて、免囚保護事業と曰ふ
よりも、刑罰の一手段にあらざるなきや、而して監獄の起源は千六百
八十年アムステルダムに浮浪者を収容したるより出でしと同じく、寄
せ場が我国自由刑の起源をなせしものならざるか[50]

　小河は、人足寄場は出獄人保護施設ではなく、日本における自由刑の起源
であるという。ただし、小河は人足寄場で自由刑が執行されていたと述べて
いるのではなく、当初は浮浪者を収容し、のちに監獄（刑務所）へと発展し
ていったオランダのアムステルダム懲治場[51]を、人足寄場に重ね合わせてい
るのである。
　議論はこの後もさらに続き、廣池が「長谷川氏の上訴の主意を見るとき
は、免囚保護が事業の主眼たりし如し、然れども、実際其の後の有様を見れ
ば、事実上刑罰的のものと変ぜしものゝ如し」と答え、さらに穂積陳重が、

「廣池民
(ママ)
の談中、旗本長谷川某の免囚保護事業等が、官吏的に流れたるよ
り、却て之れが、我国自由刑の基となりたるも、一に此の同情の欠けれるに
よるならん」と応じている[52]。廣池・穂積は、人足寄場は元来出獄人保護施
設として作られたが、のちに変質して刑罰（自由刑）の性質を帯びたと理解
しているようである。小河はこうした評価に思うところがあったらしく、彼
が親しい人々に配布した[53]『丁未課筆 春之巻』で自説を開陳している。

> 此間、法理研究会の席上に於て原君の免囚保護談に因み廣池君から幕
> 政時代に所謂佃島の寄場なるものは寛政年間長谷川平蔵なるもの、献
> 策に出で其起りは出牢者保護の旨趣に基きたるものであつて事は右長
> 谷川某の上書に詳らかなり云々…余は…此長谷川某の計画したる事業
> なるものが果して免囚保護と認むることが出来るや否やは疑問であ
> る、余は寧ろ一種の労役場即ち警察的権力を以て治安と授産との目的
> を兼て乞食浮浪の徒を収容したる場所であつて恰も千七百年代に倫敦
> やアムステルダム其他の都市に続出したる所謂ソフトハウス又はハウ
> ス、ヲブ、コルレクシヨンと同じ性質のものではあるまいか、余は此
> 見地よりして今も尚ほ彼の佃島の寄場なるものを以て我が今日に所謂
> 監獄なるもの、濫觴なりと認むるを適当と信ずる者である[54]

　この文章からうかがえる小河の人足寄場論は、西洋の監獄制度の発展過程
との比較において、人足寄場を位置づけようとしたものであった。そこには
素朴ながらも西洋との比較という観点が加わっていることを指摘できる。西
洋を範とする監獄の「進化」の形を日本のそれと重ね合わせ、単線的な西洋
化路線によって説明を試みる手法は、彼の師である穂積陳重が法律進化論に
おいて採用した手法[55]と通ずるものがある。明治30年以降は、史学におい
ても日本の「欧米的」発展の可能性を探ろうとする新たな動きがあり[56]、法
制史学者の中田薫も、比較法制史的な手法を用いた成果を発表しはじめてい

る[57]。西洋法の歴史や学説を参照しながら人足寄場の位置づけを試みる小河の議論は、こうした比較法学・比較法制史学・歴史学の手法に負うところが大きいものと考える。

　なお、結果として法理研究会での議論は廣池・穂積の発言によって収束したが、両者とも刑罰（自由刑）としての性質をもつことになった人足寄場への評価が低いことには注意を払っておく必要がある。彼らの理解では、長谷川平蔵の主意書にみられた出獄人保護の理念は、現実の人足寄場では貫徹することなく、負の方向へ変質したものと捉えられている。

（2）　大正期に生まれた二つの先行研究とその背景

　こののち、大正期に入ると、人足寄場に関する重要な研究が発表される。その一つは大正2（1913）年に刊行された原胤昭『出獄人保護』[58]である。同書で原は、先に述べた廣池・穂積の理解に基づいて、人足寄場を次のように紹介している。

　　　　吾人の誇りと為し、且つ斯業に与るものゝ欣喜に堪へざるは、思はざりき、我邦古代に於て、既に免囚保護事業の創設せられありし事実是れなり。（中略）
　　　　而して我邦に於ける免囚保護事業なるものは、古来絶へて是れ無かりしや、或は近く存せるものは、明治盛代の産出物なりや、今之を史に徴するに、其創設は、実に寛政二年にして、今を距ること百二十有四年、英に先んづること七年の以前にあり。
　　　　即ち設立の年歴より云へば、免囚保護事業に於て、我邦は英の先進者なり[59]

　原はこのように、日本の出獄人保護事業の歴史がイギリスよりも古いことを誇ったうえで、「而して余は爰に特筆して、同人諸氏に訴へんとする一事

あり。即ち我邦古代の免囚保護事業たりし、人足寄場と余との縁由にして、不肖の終生を斯業に貢献したる、又此処に不思議なる因縁の纏絡せること之れなり」[60]と記す。つまり原は、自らの携わる出獄人保護事業に、日本が世界に先んじて取り組んでいた事実と、そうした施設と自身の奇縁を強調する文脈において、人足寄場を持ち出したのである[61]。そしてこののち、人足寄場を出獄人保護事業史の一齣として位置づける際には、広く本書が参照されることになる。

　一方この時期、法学は未だに人足寄場をその射程には収めていなかった。例えば、大正期の刑事法学では泉二新熊の『日本刑法論』などが版を重ねているが、徳川氏の刑罰としては依然、御定書百箇条に記された刑種が紹介されるのみである[62]。刑事政策学に関しては、大正3（1914）年に山岡萬之助の『刑事政策学 全』が刊行されるが、ここでも同様に、犯罪・刑罰の沿革としては御定書百箇条のみに触れられている[63]。そうした状況の中で、大正5（1916）年に発表された三浦周行の「追放刑論」[64]は、法制史学の見地から人足寄場に言及する初めての文献であった[65]。三浦は同論文で、

　　寄場創設の目的は無罪無宿の収容を主とし、これに手工を授けて、異日生業を営むの素地となすにありしが、後追放刑に処せられしものをこゝに拘置すること、なりてよりは、寄場は労役場といふも、囚獄即ち牢屋敷に近きものとなれり。此くの如く犯罪の有無と収容目的とを異にせるものを同一の建物内に収容することは、決して策の得たるものにあらず[66]

と記す。三浦は、人足寄場は元来、無罪の無宿を収容していたが、追放刑の受刑者を収容する施設へと変質し、これに伴って「牢屋敷」に近い存在になったという。同論文は、その後の法学者・歴史学者が人足寄場に触れる際の必読文献として位置づけられるとともに、同施設が無罪無宿の収容施設で

あるとの理解を定着させるきっかけになった[67]。つまり、三浦の「追放刑論」は、人足寄場を法学の世界に引き込んだ点、および同施設が無罪無宿の収容施設であったとの理解を定着させた点において、従来とは期を画したといえる。ただし、三浦もまた、刑罰の性質を帯びた人足寄場を「策の得たるものにあらず」とみている点には、留意しておく必要があろう。

それでは、明治末期から大正期にかけて、人足寄場に関する重要な文献が著された理由はどこにあるのだろうか。背景の一つには、資本主義の発展とともに社会的な諸矛盾が顕在化した明治30年代以降の日本の世情を指摘できるだろう。社会事業に関心を持つ留岡が、明治39（1906）年に「今より十年前の昔に溯りて考ふる時は社会の慈善事業に対する思想頗る幼稚にして、其事業に対する同情も亦極めて薄弱なりき」、「十年後の今日に於けるその状態如何を観察するに、社会が慈善事業に対する同情は極めて厚く」[68]と記し、また彼自身がこの間、社会学研究会や貧民研究会に参加している[69]ことからもわかるように、明治30年代以降、産業構造・社会構造の変化に対応する形で社会事業や社会政策立法が脚光を浴び[70]、政府では内務省が中心となって同問題に取り組んでいた[71]。そして、社会事業の一つである出獄人保護事業も、明治30（1897）年の英照皇太后崩御を契機とする減刑・大赦に伴って急激にその必要性が高まったもので[72]、原はその第一人者であった。社会主義や社会政策にも関心を示していた穂積陳重や法理研究会[73]が、社会事業の先駆者・実践者たる原胤昭を招いて講演を行ったことには、そうした前提が存在したのである。

また、三浦も社会問題について強い関心を持っていた[74]。彼が大正9（1920）年に著した『国史上の社会問題』の「はしがき」には、「世界大戦の前後から、我国でも社会問題が喧しく論議されるやうになつたが、それを取扱ふ学者論客の多数は、非歴史主義の人と申してよからう。…本書はもとより現代の社会問題の為めに書いた訳ではないけれども、若しもそれらの学者・実際家に向つて、歴史的理解と共に、其論策・施設上、多少の暗示や刺

激を与へることが出来たならば、望外の仕合せである」[75]と記されており、三浦が自身の研究と現実社会、とりわけ社会問題との関係を意識していることが言明されている。そして同書は「江戸時代の社会問題」として無宿の救済を論じる中で、人足寄場も取り上げている[76]。つまり、彼にとってもまた人足寄場への言及は、当時の社会的関心と結びつくものだったのである。

ただし、この段階における人足寄場論には、一定の限界も存在した。大正期における日本の法学は、日本の固有法を自覚するとともに無批判な西洋法の継受に対して疑問を呈する、いわゆる「比較法的自覚」、外国法の「自覚的摂取」の時代へ移行したとされるが[77]、そこでは、普遍的かつ単線的な法の発展を前提とする穂積陳重らの議論は批判されることになる[78]。こうした批判は、穂積に学び、ドイツ監獄学の輸入に尽力した小河にも当てはまるものであった[79]。また、「追放刑論」を著した三浦周行の手法も、自由法論が議論され、法社会学の萌芽がみられた当時の法学界[80]には対応しえなかった。同時期の法制史学者である中田薫は、大正2（1913）年に自由法論の紹介を行い、そこで「自由法説は古代思想の復活なり」「我が日本に於ても亦た、…我が固有の法律は、これ即ち自由法なり」[81]と述べるなど、法学の新たな動向に対してある程度寄り添う形で研究を展開している[82]。しかし、三浦は社会問題に目を向けはするものの、その手法は「どこまでも「実証主義歴史学」」[83]だったのである。

このように、穂積・小河・原・三浦らの問題意識は、当時の世情に触発されたものであり、彼らが用いた枠組みやその研究手法もまた、明治末期の学問水準を踏まえたものであった。しかし、問題意識はともかく研究手法の面では、大正期以降に生じた新たな動向に対応できてはいなかったといえよう。こうした状況のもと、昭和期に入ると人足寄場論は新たな人々によって担われることになる[84]。

3 昭和戦前期における人足寄場の再評価とその主体

（1） 昭和戦前期における人足寄場の再評価

続いて本節では、昭和戦前期の20年間に生じる人足寄場評価の新たな展開を、2つの段階に分けて論じてみたい。

まず第1段階として、昭和5（1930）年に刊行された『行刑論集』[85]にみる評価を取り上げる。同書では、大原昇による「釈放者保護事業概観」が、前節で触れた原の言説を受け継ぐ形で人足寄場に触れているが[86]、注目すべきは司法書記官の岡部常が執筆した「監獄の沿革」[87]、および検事総長・小山松吉の名が冠された「我国に於ける懲役の沿革」[88]に、人足寄場への言及がみられる点である。

特に岡部の「監獄の沿革」では、当時の日本行刑の現場で主流となっていた新派刑法理論や、まさに昭和初期に俎上に上っている刑事政策上の用語を用いて、人足寄場が説明されるという顕著な特色がみられる。岡部によれば、寄場は「巧に近代の保安処分の制を採用」したものであり、牢名主は「囚人自治制」であり、労働に対して賃金を支給することに加え半自由の生活を認めた点は「中間刑務所の制」であり、年限を限らずに釈放されるのは「絶対的不定期刑」であり、条件付きの釈放は「仮釈放制度」の萌芽と解される[89]。そして、以上の分析のもと「今日の観念に於ける自由刑を認むることは或は困難なるべきも、其萌芽は之を諸般の制度中に認むることを得べく、殊に諸制度の背後に潜む思想に於ては、既に今日の進歩せる刑事思潮と一脈の相通ずるものあることを看取」[90]できるという。

また、法制史学者からもこれに呼応する動きがある。細川亀市[91]は昭和9（1934）年に、「威嚇刑主義を以つて基調とせる徳川封建社会において、その後半期にいたり一つの注目すべき教育刑の行はるるに至つたことは興味深き事柄である。即ち、ここに取扱はんとする人足寄場がそれである」[92]と述べ、

人足寄場を教育刑の場として紹介した。

すでにこの段階で、大正期とは人足寄場の評価が逆転していることがわかる。前節にみた穂積や三浦は、刑罰としての要素が強くなった人足寄場を決して高く評価してはいなかった。しかし、昭和初期には、人足寄場こそがまさに新たな刑事思潮——新派刑法理論・教育刑論——を先取りする実践であったと評価されているのである。

そして、昭和10（1935）年以降になると、人足寄場の評価にはさらに新たな要素が加わる。例えば後年、人足寄場に関する史料を博捜・蒐集した『日本近世行刑史稿』をまとめる辻敬助は、昭和13（1938）年に次のような文章を寄稿している。

> 我国に於ける自由刑の濫觴は遠く王朝時代に遡り…宝暦年間熊本藩の徒刑制度に於て既に其の近代的自由刑の萌芽を見、寛政年間創設の寄場制度に依り之が完成の域に達してゐるのである。（中略）
>
> 仍て私は茲に是等徳川時代に於ける我国自由刑の発達過程を概説し、我国の獄制が単なる欧米模倣の一途に出づるものに非ずして其由来する所遠く、我国固有の淵源を有するものなる事を明かにし度いと思ふ[93]。

辻は、人足寄場によって「近代的自由刑」が完成し、かつ同制度は日本固有の淵源を持つものであったと主張する。ここにいたってついに、司法官僚（辻は司法省OB）の手で、人足寄場＝近代的自由刑という言説が生み出されたのである。

細川亀市もまた、昭和10年代には次のように記し、人足寄場が日本の固有法であることを強調している。

> また日本固有の法思想も大いなる前進をなして、徳川刑法における刑

罰に見らるる如く、我が伝統的な改善主義が採用せられ、それが発展して遂に人足寄場制度の出現となるに至つた。人足寄場は初め保安処分の施設として設けられたものであつたが、次第に監獄としての機能をも大いに営むに至り、犯罪人の改過遷善のために渾身の努力が払はれ、…日本仁愛精神は西洋流の単なる同情や博愛などとは全くその選を異にし、根源的には天皇の宏大無辺なる御仁慈に胚胎するのである[94]。

この段階に至ると、人足寄場が肯定的に評価されていることはもちろん、そもそも日本の刑罰が伝統的に改善主義に立っており、その根源に天皇の仁慈があったことなど、同制度が日本の特質であると声高に主張されるようになる。

つまり、昭和戦前期の20年間を通じて、人足寄場の評価には二つの新たな要素が加わったと結論づけることが可能であろう。その一つは、新派刑法理論を先取りした人足寄場であり、もう一つは、日本固有法を体現する人足寄場である。

（2） 再評価の背景

それでは、なぜ昭和初期の10年間に人足寄場の評価が逆転し、かつ新派刑法理論と結びつけられたのであろうか。その背景を考える際、『行刑論集』に牧野菊之助が寄せた序文が示唆を与えてくれる。牧野は、「我政府ハ先ニ臨時法制審議会ニ諮問スルニ刑法改正ノコトヲ以テシ、現行刑法ハ之ヲ我国固有ノ道徳及美風良習ニ稽ヘ改正ヲ加フルノ要アリ、又輓近人心ノ趨向ニ見テ犯罪防遏ノ効果ヲ確実ナラシムル為メ刑事制裁ノ種類及執行方法ヲ改ムルノ要アルヘキコトヲ指摘シタリ」[95] という。この、大正10（1921）年11月の臨時法制審議会諮問第4号を発端とし、大正15（1926）年にかけて行われた刑法改正事業が、人足寄場への評価にまで影響をおよぼしたものと考え

られる[96]。刑法に「我国固有ノ道徳及美風良習」の導入を図った臨時法制審議会は、副総裁の平沼騏一郎が議論を牽引するが、彼やその幕下にあった鈴木喜三郎は、司法省内で強大な派閥を形成している[97]。平沼・鈴木らの影響下にある司法官僚——例えば『行刑論集』に「我国に於ける懲役の沿革」を寄せた小山松吉は平沼閥の一員とされる[98]——が、そうした上層部の意向・関心に同調することは自明の理であろう。

　また、新派刑法理論・教育刑論と人足寄場が結びつけられたことについても、当時の司法省・行刑界の関心から説明が可能である。同じ『行刑論集』へ花井卓蔵が寄せた序文に、「行刑が教育であるべきことは些の疑はない。行刑即教育の観念は行刑学上世界的思想である」[99]とあるように、当時の行刑界においては教育刑論が支持されており、正木亮をはじめとする昭和初期の司法・行刑官僚は、牧野英一・木村亀二ら新派の刑法学者と共闘し、同理論の実践を試みていた[100]。当時、刑事法学では旧派・新派の間で熾烈な論争が行われていたこともあり[101]、彼らが新派刑法理論に基づいた行刑を立案・遂行するうえで、その主張が日本の伝統・固有法に沿ったものであるとの説明は、臨時法制審議会以来の法学の動向とも相俟って、彼らの主張に説得力・推進力を加えたであろう[102]。

　次いで、昭和10年代に入り、人足寄場が近代的自由刑と直接的に結びつけられること、人足寄場を支える仁慈・改善思想が日本の国体にもとづく固有のものであるとの説明が加えられたことを指摘したが、そうした評価の変遷には、当時の国際・国内情勢はもちろん、やはり司法省内部の力学が働いていたものと考えられる。昭和15（1940）年に結成された日本法理研究会の会長に就いた塩野季彦は[103]、平沼・鈴木らの派閥に与するとみられていた人物であった[104]。その塩野は行刑局長を務めた折、正木亮らと組んで、累進処遇制度など新派の主張する制度の導入に尽力している[105]。昭和戦前期の行刑を主導した塩野・正木らの問題意識や主張が下僚に影響を与えたことは想像に難くない[106]。例えば、昭和17（1942）年に刊行された『日本近

世行刑史稿』には、当時刑務協会長を務めていた正木亮が序文を寄せているが、そこには「いま、支那事変につぐ大東亜戦争の真只中に、法律制度の日本的な展開が、識者によつて企てられてゐるのであるが、その一環としての行刑制度に於ても亦当然にこの方面の検討を必要とするものであつて、又実際、それは学問及び実務の両方面から熾烈に追求せられつつある」[107] と、日本法理研究会を意識したと思しき文言が記されている。さらに、法制史の側から人足寄場論を主張した細川亀市も、日本法理研究会に参加し、日本固有法の精神・日本精神の闡明に邁進している[108]。そうした大きな流れの中で、人足寄場も俎上に載せられ、新たな評価を加えられたとみるべきであろう。

　最後に、司法官僚と法制史学者の関係について一言触れておきたい。昭和戦前期に人足寄場をテーマとした論文を発表し、昭和20（1945）年11月に『日本獄制史論』で法学博士号を取得する細川亀市[109] は、元は法政大学で農業経済史を専門とする小野武夫に師事し、寺院史・荘園制などを研究していた。細川が人足寄場をはじめとする刑事法の領域に踏み込むのは昭和9（1934）年以降であるが、法政大学はまさに昭和9（1934）年5月、平沼や塩野の人脈に連なる小山松吉を総長に迎えている[110][111]。また、細川は昭和10（1935）年から同大学で「法制史」を担当するが[112]、これは瀧川政次郎が満州へ渡った後を継いだものと思われる[113]。これに加えて、細川の学位論文の主査を正木亮が務めていること、彼の学位論文『日本獄制史論』が2冊で構成されており、後から追加されたと考えられる第2分冊で国体や仁慈と獄制の関係を論じていること[114]、学位論文の引用文献が新派に集中していること[115] といった事実からは、法制史の側から人足寄場と自由刑を結び付けた細川が、司法官僚・日本法理研究会・新派刑法理論のコミュニティと密接なつながりを持ち、その影響下で立論を行ったことがうかがえよう[116]。

　したがって、昭和戦前期の人足寄場論は、司法官僚の主導により、臨時法制審議会・新派刑法理論・日本法理研究会などの諸要素が複合的に絡み合って生まれたものと結論づけることができる[117]。

結語

　以上、本稿では明治・大正・昭和戦前期の人足寄場に対する評価・言及のあり方を確認した上で、その背景を考察してきた。その結果、人足寄場は、明治中期まではそれぞれの学問的背景や認識のもとで区々に評価されているが、明治末期から大正期にかけて研究史上の画期となる業績が生まれ、また同時期と昭和戦前期という二つの時期に、その評価が大きく変容していることが判明した。

　明治末期から大正期にかけては、社会構造の変化に伴い必要とされた社会事業・社会政策立法への関心から、人足寄場が注目される。その中で、明治中・後期を通じて獲得された比較法学の手法を用いて、無罪の無宿を収容した人足寄場が、監獄の濫觴であると位置づけられた。さらに、三浦周行の研究を通じて、そうした理解は法学に持ち込まれた。

　昭和に入ると、司法官僚の主導により、人足寄場に新たな評価が付与される。その一つは、新派刑法理論にもとづく教育刑の先駆けとしての人足寄場という言説である。これは、大正期の臨時法制審議会を発端とする、日本固有の要素を法制度に反映すべきとの風潮に乗じたもので、当時行刑の現場で取り組んでいた新派刑法理論にもとづく行刑を正当化するために造られた言説であろうと考える。さらに、昭和10年代に入ると、人足寄場が日本の国体や仁慈を体現した日本固有法であるとの言説があらわれる。その背景には、戦時下に日本法理研究会を中心として進められた、「日本法理」の探究という要請が働いていたものといえよう。

　つまり人足寄場は、人々が何に対して同一性を求めるか、その軸の変動に応じて、何度も読み返されてきたといえる。明治末期から大正期にかけての言説は、西洋法にみる普遍への帰属を前提とするものであったし、昭和初期の言説は、臨時法制審議会の示した「我国固有」という要請と、世界の"普

遍的”な思潮である新派・教育刑論という要請をともに満たすために捻り出
されたものであった。そして昭和10年代に入ると、人足寄場をめぐる言説
は西洋とは本質的に異なった「日本法理」の探究という目的のもとに位置づ
けられてゆく。

　こうした作用は、決して戦前期にのみみられる現象ではなく、現在にいた
るまで不断に行われている営みであろう。本稿では、戦前期の法学を中心
に、そこにあらわれた人足寄場への言及・評価を取り上げてその背景を探っ
てきたが、戦後の人足寄場論についても、文化論的背景のみではなく、当時
の立法作業や学説史を踏まえた検証を行うことで、先行研究の成果をさらに
補うことが可能ではないかと考える。

〈注〉

1　南和男「人足寄場」国史大辞典編集委員会編『国史大辞典 第11巻』（吉川弘
　文館、1990年）285頁。

2　澤登俊雄「石川島人足寄場開設二〇〇周年に寄せて──処遇思想にもとづく矯
　正教育の実践」『刑政』101巻10号（1990年）32頁。

3　澤登・前掲注（2）31頁。

4　人足寄場に関する研究文献リストとして、高塩博「幕府人足寄場研究文献目録
　（稿）」『法史学研究会会報』15号（2011年）140頁以下。

5　この点に関する代表的な研究として、石井良助「日本刑罰史における人足寄場
　の地位」人足寄場顕彰会編『人足寄場史──我が国自由刑・保安処分の源流』
　（創文社、1974年）3頁以下、平松義郎「人足寄場の成立と変遷」『江戸の罪と
　罰』（平凡社、1988年）169頁以下、塚田孝「人足寄場収容者について」『身分制
　社会と市民社会──近世日本の社会と法』（柏書房、1992年）67頁以下など。

6　史学における言語論的転回について、例えば遅塚忠躬『史学概論』（東京大学
　出版会、2010年）184頁以下。また、これに対する史学諸分野での対応につい
　て、例えばD・キャナダイン編著、平田雅博・岩井淳・菅原秀二・細川道久訳
　『いま歴史とは何か』（ミネルヴァ書房、2005年）所収の諸論考を参照。

7　ダニエル・V・ボツマン『血塗られた慈悲、笞打つ帝国。江戸から明治へ、刑
　罰はいかに権力を変えたのか？』（インターシフト、2009年）21頁以下。

8　緑川徹氏は、注（9）に掲げる文献のほか、「日本型行刑論のイコノロジー──

刑罰思想史研究序説」『早稲田大学大学院法研論集』83 号（1997 年）177 頁以
下、「レトリックとしての人足寄場——塀の中の創られた伝統」『木野評論』32
号（2001 年）147 頁以下でも同様の論旨を展開する。

9　緑川徹「人足寄場をめぐる精神史（一）～現代行刑実務の自画像～」『早稲田
大学大学院法研論集』94 号（2000 年）240 頁以下。

10　なお、前掲ボツマン『血塗られた慈悲、笞打つ帝国。江戸から明治へ、刑罰は
いかに権力を変えたのか？』に対しては、法制史学者の和仁かや氏による書評が
ある（「学会展望〈日本法制史〉」『国家学会雑誌』124 巻 7・8 号（2011 年）178
頁以下）。本稿の論点とは異なるが、当該書評もまた、同研究が法学・法制史学
の関心・問題意識を踏まえ切れていないことを指摘する。

11　内閣記録局編『法規分類大全 第 57 巻 治罪門 2』（原書房、1980 年復刻）24
頁。

12　内閣記録局編・前掲注（11）106 頁。

13　人足寄場の流れを汲む刑事施設について、重松一義「警視監獄署の史的役割」
『日本獄制史の研究』（吉川弘文館、2005 年）301 頁以下や、小澤政治『行刑の近
代化——刑事施設と受刑者処遇の変遷』（日本評論社、2014 年）157 頁以下など
を参照のこと。

14　明治期に監獄学・監獄制度を論じた人物・著作は数多いが、ここでは、西洋の
監獄学の導入に努めるとともに、後年、人足寄場の位置づけにも何らかの形で触
れている 3 名について取り上げる。

15　穂積陳重「監獄学大綱」穂積重遠編『穂積陳重遺文集 第一冊』（岩波書店、
1932 年）142 頁以下。初出は 1882 年。

16　穂積陳重「獄制論」穂積重遠編『穂積陳重遺文集 第二冊』（岩波書店、1932
年）1 頁以下。初出は 1888 年。

17　小河滋次郎については、小野坂弘「刑事政策家としての小河滋次郎」『小河滋
次郎監獄学集成 第 1 巻 監獄学（一）』（五山堂書店、1989 年）1 頁以下、小野修
三『監獄行政官僚と明治日本——小河滋次郎研究』（慶應義塾大学出版会、2012
年）などを参照のこと。なお、小河が穂積の示唆によって監獄学を専攻したこと
については、穂積陳重「小河滋次郎博士と監獄学の専攻」穂積重遠編『穂積陳重
遺文集 第四冊』（岩波書店、1934 年）454 頁以下。

18　小河滋次郎『監獄学 全』（警察監獄学会東京支会、1894 年）。

19　留岡幸助について、室田保夫『留岡幸助の研究』（不二出版、1998 年）や二井
仁美『留岡幸助と家庭学校——近代日本感化教育史序説』（不二出版、2010 年）

など。

20 留岡幸助『獄制沿革史』(同志社活版所、1900 年)。

21 例えば穂積・前掲注 (16) 3 頁には、「徳川氏の時に至る迄、多数の既決囚を永く獄に繋ぎ置くを以て刑罰の重なるものとなさず。自由刑の中にても、遠島、追放の如きものを以て重なるものとなせり」との記述があり、人足寄場には目が向けられていない。

22 例えば、岡田朝太郎『日本刑法論 完』(有斐閣、1894 年) 446 頁には、徳川期の自由刑として、公事方御定書に記された刑罰のみが登場する。

23 三好一光「解題」旧東京帝国大学史談会編『旧事諮問録』(青蛙房、1964 年)、1 頁以下および進士慶幹「『旧事諮問録』について」旧事諮問会編・進士慶幹校注『旧字諮問録──江戸幕府役人の証言 (上)』(岩波書店、1984 年) 11 頁以下。

24 旧事諮問会編・前掲注 (23) 280 頁。

25 旧事諮問会編・前掲注 (23) 280 頁。なお、旧東京帝国大学史談会編・前掲注 (23) 204 頁には、山口の返答が「軽き罪にて六十日間入牢した者は、それで罪は消えます。また懲役には佃島に寄場というのがありました。そこに入れられておる者を、寄場人足と申しておりました」と記されており、こちらでは人足寄場を懲役と捉えていることがより明確に確認できる。

26 加藤貴校注『徳川制度 (上)』(岩波書店、2014 年) 303 頁。当該記事は、明治25 (1892) 年 6 月 18 日の「朝野新聞」に掲載されている。

27 進士慶幹・前掲注 (23) 15 頁。

28 この点につき、例えば永原慶二『20 世紀日本の歴史学』(吉川弘文館、2003年) 32 頁以下。

29 旧事諮問会編・前掲注 (23) 280 頁。

30 小原重哉については、拙稿「小原重哉に関する若干の新知見」『中央学院大学法学論叢』23 巻 2 号、2010 年) 1 頁以下、および同論文注 (4) に記された諸文献を参照。

31 小野坂弘監『小河滋次郎監獄学集成 別巻 大日本帝国獄制沿革徴略』(五山堂書店、1989 年) 57 頁以下。なお、同書は明治 22 (1889) 年に、小原重哉『大日本獄制沿革史』(金港堂、1889 年) として出版される。

32 小野坂監・前掲注 (31) 57 頁以下。なお、引用文中の下線は引用者による(以下、本稿を通じて特に断りのない限り同様に扱う)。

33 同様の事業・施設について、免囚保護・刑余者保護・出獄人保護または更生保護などさまざまな表記が存在するが、本稿で言及する際には便宜上、出獄人保護

との表記で統一する。

34　村岡良弼については、「櫟斎翁年譜」『歴史地理』29 巻 2 号（1917 年）193 頁。

35　村岡良弼「刑法沿革図」国学院編『法制論纂』（大日本図書、1903 年）625 頁。

36　村岡・前掲注（35）626 頁。

37　律令学に関する小原の素養については拙稿・前掲注（30）4 頁以下で検討を加えた。

38　藤田弘道「新律綱領編纂考」『新律綱領・改定律例編纂史』（慶應義塾大学出版会、2001 年）86 頁以下、および藤田弘道「改定律例編纂者考」前掲同書 261 頁以下。

39　小原については霞信彦「児島惟謙「賭博罪廃止意見」に関する若干の考察」『明治初期刑事法の基礎的研究』（慶應義塾大学法学研究会、1990 年）135 頁以下、村岡については藤田弘道「足柄裁判所旧蔵『新律条例』考」藤田・前掲注（38）、239 頁。

40　清浦奎吾『明治法制史 全』（明法堂、1899 年）。

41　穂積陳重・小河滋次郎・清浦奎吾の関係については、小河・前掲注（18）に寄せられた「清浦奎吾君序」・「穂積陳重君序」に詳しい。

42　清浦・前掲注（40）366 頁。

43　小河滋次郎・留岡幸助「監獄誌」副島八十六『開国五十年史 上巻』（原書房、1970 年復刻）501 頁。

44　小原重哉「元元老院議官小原重哉君講話」『大日本監獄協会雑誌』41 号（1891 年）40 頁。

45　小河・前掲注（18）53 頁。

46　宇治原「出獄人保護事業（法理研究会記事）」『国家学会雑誌』21 巻 4 号（1907 年）552 頁以下。

47　廣池は、明治 20 年代に東洋法制史を独学で修めたほか、『古事類苑』編纂事業にも参画している。明治 30 年代半ばから早稲田大学で「東洋法制史」を講じ、『東洋法制史本論』（1915）などを著した。また、明治 42（1909）年には、法理研究会の助成を得て『法理論叢第 14 編 韓国親族法親等制度之研究』（有斐閣書房、1909 年）を刊行するなど、穂積や法理研究会に関わりを持つ人物である。なお、廣池の履歴は「廣池千九郎 WEBSITE」中の年譜（http://www.hiroike-chikuro.jp/nenpu/flash/index.html#main、2015 年 12 月 24 日閲覧）に詳しい。

48　宇治原・前掲注（46）559 頁。

49　「法理研究会会員氏名」戸水寛人『法理論叢第 6 編 過失論』（有斐閣書房、

1899 年）3 頁。

50　宇治原・前掲注（46）560 頁。

51　小河・前掲注（18）13 頁以下に「懲役監ノ創設」に関する記述があり、「自由
　　刑執行ノ場所」としてアムステルダム懲治場などが挙げられている。

52　本文中の引用は、いずれも宇治原・前掲注（46）560 頁。

53　小野坂弘「解説」『小河滋次郎監獄学集成 第 5 巻 丁未課筆』（五山堂書店、
　　1989 年）。

54　小野坂・前掲注（53）217 頁以下。

55　穂積の学説について、例えば長尾龍一「穂積陳重の法進化論」『日本法思想史
　　研究』（創文社、1981 年）62 頁以下。

56　永原・前掲注（28）46 頁。

57　石井良助「日本法制史学八十八年──東京大学における」『国家学会雑誌』81
　　巻 1・2 号（1968 年）116 頁、井ヶ田良治「中田薫」潮見俊隆・利谷信義編著
　　『日本の法学者』（日本評論社、1974 年）223 頁以下、永原・前掲注（28）、51 頁
　　以下。

58　原胤昭「我邦古代の免囚保護事業」『戦前期社会事業基本文献集 23 出獄人保
　　護』（日本図書センター、1995 年復刻）393 頁以下。初出は 1913 年。

59　原・前掲注（58）393 頁以下。

60　原・前掲注（58）394 頁。

61　片岡優子『原胤昭の研究』（関西学院大学出版会、2011 年）は、原の生涯や著
　　作を丁寧に追っているが、人足寄場と出獄人保護の関係に触れた箇所（同書 33
　　頁以下）は、いずれも大正期以降に著された文献に拠っている。また、管見のお
　　よぶ限りにおいて、原は法理研究会の会合が行われた明治 40（1907）年よりも
　　前には、人足寄場と出獄人保護事業との結びつきに触れていないようである。

62　泉二新熊『日本刑法論 上編（総論）』（有斐閣、1919 年）138 頁以下。

63　山岡萬之助『刑事政策学 全』（日本大学、1926 年）321 頁以下および 480 頁以
　　下。

64　三浦周行「追放刑論」『法制史の研究』（岩波書店、1919 年）1016 頁。なお、
　　初出年は勝田勝年『三浦周行の歴史学』（柏書房、1981 年）104 頁によった。

65　三浦も法理学研究会の会員であり（前掲注（49）「法理研究会会員氏名」）、「追
　　放刑論」の発表年月、京都帝国大学への赴任（明治 40 年）から考えて、法理研
　　究会での廣池・小河による論争を知り得た可能性もあるが、現時点では確証を得
　　られていない。なお、三浦と法理研究会の関係については神野潔氏にご教示を

賜った。ここに記して御礼を申し上げる。

66　三浦・前掲注（64）1016 頁。

67　人足寄場が追放刑受刑者の収容によって刑罰の執行施設になったとの指摘が、その後の法制史学において長年にわたり議論の対象となったことからも、同論文の影響力をうかがうことができる。なお、人足寄場に関する研究史について、例えば塚田・前掲注（5）、67 頁以下。

68　留岡幸助「慈善事業の危機」同志社大学人文科学研究所編『留岡幸助著作集第 2 巻』（同朋社、1979 年）268 頁以下。

69　室田保夫「家庭学校の経営と社会的活動――明治三〇年代中期」室田・前掲注（19）468 頁以下。

70　芹沢一也『〈法〉から解放される権力 犯罪、狂気、貧困、そして大正デモクラシー』（新曜社、2001 年）143 頁以下。

71　副田義也『内務省の社会史』（東京大学出版会、2007 年）354 頁以下。

72　英照皇太后の崩御に伴う恩赦については、刑務協会編『日本近世行刑史稿 下』（矯正協会、1974 年復刻）644 頁以下。

73　利谷信義「日本法社会学の歴史的背景」川島武宜編『法社会学講座 2 法社会学の現状』（岩波書店、1972 年）197 頁、松尾敬一「穂積陳重」潮見・利谷・前掲注（57）65 頁および 68 頁以下など。

74　井ヶ田・前掲注（57）、220 頁、永原・前掲注（28）76 頁以下。

75　三浦周行『国史上の社会問題』（大鐙閣、1920 年）3 頁以下。

76　三浦・前掲注（75）342 頁。

77　野田良之「日本における外国法の摂取・序説」伊藤正己編『岩波講座現代法 14 外国法と日本法』（岩波書店、1966 年）174 頁以下。

78　たとえば、岩谷十郎「日本法の近代化と比較法」『比較法研究』65 号（2004 年）37 頁以下、石部雅亮「穂積陳重と比較法学」滝沢正編『比較法学の課題と展望』（信山社出版、2002 年）125 頁など。

79　この点につき、ボツマン・前掲注（7）301 頁以下および小野修三「小河滋次郎とその時代」前掲注（17）165 頁以下。

80　利谷・前掲注（73）203 頁以下。

81　中田薫「仏蘭西に於ける自由法説」『法制史論集 第四巻』（岩波書店、1964 年）295 頁。

82　利谷・前掲注（73）225 頁、井ヶ田・前掲注（57）、226 頁以下。

83　永原・前掲注（28）78 頁。

第4章 人足寄場をめぐる言説空間　119

84　大正期に日本の固有法が自覚されたのち、法学者の一部は法社会学へと関心を寄せた。これと同時に、日本固有法への自覚を「日本法理」へと結びつける動きも生じることとなる。なお、この点につき日本評論社編集局編『日本の法学』（日本評論社、1950年）162頁以下、および岩谷・前掲注（78）38頁以下。

85　松井和義編『行刑論集』（刑務協会、1930年）。

86　大原昇「釈放者保護事業概観」松井・前掲注（85）536頁以下。

87　岡部常「監獄の沿革」松井・前掲注（85）593頁以下。

88　小山松吉「我国に於ける懲役の沿革」松井・前掲注（85）629頁以下。

89　本文で引用した箇所は、いずれも岡部・前掲注（87）611頁および613頁。

90　岡部・前掲注（87）、612頁以下。

91　細川亀市については、頼松瑞生「戦中期に於ける日本固有法思想の一断面——牧健二、細川亀市、会田範治」『法学政治学論究』15号（1992年）357頁以下。

92　細川亀市「徳川幕府の教育刑政策——人足寄場を中心として」『刑政』47巻5号（1934年）7頁以下。

93　辻敬助「我国に於ける近代自由刑の発祥（一）」『法律新聞』4220号（1938年）3頁。

94　細川亀市「はしがき」『日本法の制度と精神』（青葉書房、1944年）2頁。

95　牧野菊之助「序」松井・前掲注（85）5頁以下。

96　臨時法制審議会の諮問第4号については、さしあたり利谷信義・本間重紀「天皇制国家機構・法体制の再編——一九一〇〜二〇年代における一断面」原秀三郎ほか編『大系・日本国家史5 近代II』（東京大学出版会、1976年）212頁以下。

97　この点につき、例えば荻野富士夫『思想検事』（岩波書店、2000年）、三谷太一郎「陪審制の政治史的文脈」『政治制度としての陪審制 近代日本の司法権と政治』（東京大学出版会、2001年）61頁以下、伊藤孝夫「大正期の知識人と法学」『大正デモクラシー期の法と社会』（京都大学学術出版会、2000年）35頁以下など。

98　伊藤・前掲注（97）42頁。

99　花井卓蔵「序」松井・前掲注（85）11頁。

100　例えば、朝倉京一「日本監獄学の展開——小河監獄学と正木・新監獄学の対比」小川太郎編『矯正論集』（矯正協会、1968年）324頁以下。

101　この点につき、例えば内藤謙「刑法理論の歴史的概観」吉川経夫ほか編『刑法理論史の総合的研究』（日本評論社、1994年）693頁以下。

102　ただし、新派の代表的論者である牧野英一は、固有法の検出に比較法的な手法

を用いるべきとの立場であり（佐伯千仞・小林好信「刑法学史（学史）」鵜飼信成ほか編『講座日本近代法発達史11』（勁草書房、1967年）286頁。）、こうした風潮にどこまで賛同しえたかは定かでない。

103 塩野季彦回顧録刊行会編『塩野季彦回顧録』（塩野季彦回顧録刊行会、1958年）350頁以下。

104 塩野季彦回顧録刊行会編・前掲注（103）346頁。

105 塩野季彦回顧録刊行会編・前掲注（103）263頁以下、および正木亮「塩野さんと行刑」同書690頁以下。

106 本来、日本法理研究会は小野清一郎をはじめとする旧派の陣営と親和性が高い。そうでありながら、教育刑論と結びつけられた人足寄場を日本固有の制度として論じることには大きなねじれがあるようにも思えるが、それを解く鍵は、塩野・正木らをはじめとする司法省内部の人脈にあるのではないかと考える。

107 刑務協会編『日本近世行刑史稿 上』（矯正協会、1974年復刻）3頁以下。

108 細川亀市「序」『日本固有法の精神』（大日本雄弁会講談社、1943年）1頁以下。

109 以下、本段落で細川の履歴に関する部分は、隈崎渡「法博細川亀市教授の逝去を悼む」『法制史研究』13号（1963年）335頁以下を参照した。

110 「歴代総長・学長—法政大学」（http://www.hosei.ac.jp/gaiyo/daigaku_shi/rekidai.html、2015年12月24日閲覧）。

111 さらにいえば、法政大学には昭和11（1936）年まで、新派刑法理論の代表的論者である木村亀二が所属しており、彼は正木亮と連携している。細川が昭和9（1934）年の前掲注（92）論文で教育刑論と人足寄場を結び付けている遠因は、この辺りにあるのかも知れない。

112 隈崎渡「法博細川亀市教授の逝去を悼む」『法制史研究』13号（1963年）336頁。

113 瀧川政次郎は、昭和9（1934）年12月に法政大学の職を辞し、満州に渡っている（瀧川博士米寿記念会編『律令制の諸問題』（汲古書院、1984年）2頁）。なお、細川の指導教授である小野武夫と瀧川は、昭和5（1930）年に発足した社会経済史学会の発起人に名を連ねており、何らかの親交があったとしても不思議ではない。

114 国立国会図書館関西館所蔵・細川亀市『日本獄制史論』。

115 同論文では、第一章・緒論の第一節で牧野英一・木村亀二・正木亮らの著作が引用されるなど、新派刑法論者の著作からの引用が目立つ。

116 隈崎・前掲注（112）335頁によれば、戦後の細川が、小野武夫・瀧川政次郎・正木亮の３名と「特に親しく接して」いたという。ここからも、彼の学問上の系譜を推察することが可能であろう。

117 細川亀市の学位論文『日本獄制史論』は、人足寄場について一節を設けて論じているが、そこで引用される文献は、史料を除けば三浦周行『法制史之研究』（三浦・前掲注（64））と小山松吉「我国に於ける懲役の沿革」（小山・前掲注（88））のみであり、管見のおよぶ限りにおいて、戦前期の人足寄場論に、その他の法制史学者が積極的に関与した形跡はうかがえない。

〔付記〕本稿は、JSPS科研費（若手研究（B）、課題番号16K16979）による研究成果の一部である。

第5章　平野義太郎「大アジア主義」の成立
——変転する「科学」と「日本」

坂　井　大　輔

はじめに

　平野義太郎（1897-1980）は、民法学者として出発した人物であるが、『日本資本主義発達史講座』に参加するなど、戦前において既に、マルクス主義社会科学の泰斗と見なされていた。そしてまさにそれゆえに、彼は言論弾圧の対象となり、投獄、「転向」を経た末、戦時において大東亜共栄圏を建設するための言論活動に従事せねばならなかった。以後、彼の「転向」は多くの論者によって論じられてきた。

　本稿では、それらの議論に学びつつ、平野の大アジア主義の内実およびそこに至る道程を再検討してみたい。というのも、平野の学問が描いた軌跡には、近代日本の法学がほかならぬ「日本」をいかに認識したか、という問題に対する重要な示唆が含まれていると思われるからである。

　以下では、まず平野義太郎の略歴を確認し（1）、大アジア主義論の内容を瞥見したうえで（2）、その成立に至る過程を跡付けることとしたい（3）。

1　平野義太郎の略歴[1]

　平野義太郎は 1897 年東京に生まれ、私立開成中学校、第一高等学校を経て、1921 年に東京帝国大学法学部を卒業し、直ちに民法研究室（穂積重遠、

末弘厳太郎教授）の助手となった。1923 年より助教授となり、留学
（1927－1930 年）から帰国後、家族法の講義を担当するが、その僅か数ヶ月
後には、共産党への資金援助が発覚し（「共産党シンパ事件」）、大学を依願
免官となった。その後、1932 年に刊行が開始された『日本資本主義発達史
講座』の編集・執筆に携わるなど、マルクス主義社会科学の旗手として活動
するものの、1936 年に行なわれた、治安維持法に基づくマルクス主義者の
一斉検挙（「コム・アカデミー事件」）において投獄された。釈放後は、マル
クス主義的な言論を封印し、判例評釈や人物伝を執筆したほか、兄弟子にあ
たる末弘が委員長を務めた 1940 年の中国華北農村慣行調査にも参加してい
る。そして、同年から 1945 年まで、平野は太平洋協会に勤務し、いわゆる
大アジア主義に関する論説を執筆することとなる。敗戦後は、マルクス主義
社会科学者としての活動を再開し、民主主義科学者協会、日本法社会学会、
中国研究所の設立に関与するなどのかたちで学界を導いたほか、平和運動や
東側諸国との交流にも尽力し、晩年に至るまで精力的に活動を続けたが、
1980 年、82 歳で死去した。

2 「大アジア主義」の概要および評価

（1） 概要

【1】 「大アジア主義」の目的

　先述の通り、平野義太郎は、1940 年から敗戦まで、太平洋協会に勤務し
ていた。この組織は、衆議院議員の鶴見祐輔が設立した国策機関であり、
「日米の両大国が対峙する太平洋を対象として、調査研究、政策の策定と実
現、そして知識の普及の三分野で活動する……政策提言の意思の強い調査研
究組織、現在の用語でいえばシンクタンク」であった[2]。平野の大アジア主義
論は主として、太平洋協会の活動目的に沿った著述活動として展開された[3]。
　大アジア主義論の目的は、第一に、南方資源の確保であった。平野はこう

述べている。

　　大東亜戦争は、日本を盟主とする大東亜共栄圏を確立し、この確立
　を極力妨害し日本を危殆に陥れた米英を撃伏するがための自存自衛の
　大戦争であるから、われわれは、今この大戦争に打ち勝つためにまづ
　戦力を増強しながら、しかも同時に開戦第一日の捷利の即日から大東
　亜共栄圏の恒久的な経済建設に向つても邁進しつつある。敵に打ち勝
　つためには、まづ何よりもわが戦力を増強すべき軍需資材の生産を増
　強することが先決でなければならない。そして、この戦争は、もはや
　単なる軍事的な戦争だけでなく、又、消耗戦にすぎないのでもなく
　て、同時に直ちに経済力の増強戦にほかならないのである[4]。

　そこで重要視されるのは、太平洋戦争開戦以前の日本の勢力圏であった日
満支ブロックでは入手できないか、不足している資源——具体的には、石
油・鉄・銅・錫などの鉱産物、ゴム・麻・パーム油などの熱帯農産物および
その製品——であり、これらを南方から調達することによってはじめて、
「東亜ブロック圏内の完全なアウタルキー」が成立する、とされる[5]。
　ただし、日本が南方へ進出したとしても、これらの資源を日本人だけで開
発することは、不可能である。そこで、現地に居住する諸民族の動員が、第
二の目的として設定されることとなる。

　　高度国防国家の建設のためには、軍需資源、自給自足のブロック形
　成にとっては、そのために不可欠の原料資源、経済上の有無相通のた
　めには、共栄圏内部の貿易等資源・経済を重要視すべきは言ふを俟た
　ない。しかし、この資源を開発し、生産し運搬し製造する者は、その
　地域の土着民族であり、その文化・生活慣行の持つ意義を認め、その
　民族を活用せねば、そこの資源開発自体さえも出来ないのである[6]。

平野は、各地域の「土着民族」を「活用」するための前提として、まずそれぞれの民族のあり方——「各民族の文化・社会発展段階やその民族的性格」——を認識せねばならない、と主張し、そして、そのような認識を土台として「民族政策」を樹立すべきである[7]、と述べている[8]。

以上の目的に応じるため、平野義太郎は様々な調査・研究に従事した。その主たるテーマとしては、まず第一に、南方の気候風土および諸民族の調査が挙げられる。平野は、中国南部・東南アジア・南洋群島について視察を行ない、それをもとに、各地の気候風土、村落のあり方、産出する資源等について論じている[9]。そして、第二のテーマとして、それらの地域が欧米のいかなる植民地政策によって統治されてきたか、が議論される。平野はこの点についてオランダの植民地統治を高く評価し、間接統治政策の有用性を主張している[10]。また第三のテーマとして、平野がかねてより取り組んでいた中国研究が[11]、「大東亜」の「中核」たる「東亜」、すなわち「日満華」の一体性——その中でも特に、「安危両つながら相連関する不可分の関係にある」日本と中国の一体性——を弁証するという目標の下に、推し進められた[12]。そこで取り上げられたのは、樽井藤吉の大東合邦論[13]、孫文の大亜洲主義[14]といった日中連携論や、中国村落研究[15]などであった。

【2】「大アジア主義」の理念

このように、平野の大アジア主義論は、資源確保のために「大アジア」という枠組みを設定し、その内部についての情報を収集するという性質を有しており、その限りでは非常に露骨な議論であった。そこで平野は、本来的にはアジアは一体である、という理念を掲げることで、この点を覆い隠そうとする。

　　アジア的経済構成の基礎の上に立つてゐる東洋社会は、一般にその
　　社会構成の基底が、家族制度・祖先崇拝を基礎とする農村郷土社会で

ある。それがアジアの社会的本質たる協同体的性質を規定し、和敬の道徳を成立せしめた。そして更に郷土を侵犯する共同の敵に対しては一致団結、義勇公けに奉ずる。ギリシャ・ローマから近代に至る欧米の社会は、個人主義・自由競争と征服支配と対立・抗争とを特質とするに反して、アジアの社会的本質は、家長・本家を中心とする家族的秩序の生命的協同一体、親和・礼譲といふ点に尽きる[16]。

　ここで平野が掲げたのは、「協同体的性質」を有する「農村郷土社会」としてのアジアの同質性である。そして、そのような社会の性質を規定するものは、稲作であるとされる。

　　　稲作の農耕文化と米食する民族生活とが共通の文化圏をつくりなしてゐるのは、インド以東より中南支、印度支那半島、マライシア、日本、南部朝鮮を含み、これは大東亜の基幹構成部分をなしてゐる。この基幹地域はモンスーンの季節的降雨に依存する稲作灌漑農法の支配的な地域であつて、このモンスーンは太平洋とその副海洋たるインド洋とがアジア大陸に対して大洋的に気候を規定し、そこに灌漑稲作の農耕文化を発祥せしめ、天水による旱地農法のヨーロッパ、アメリカ生活圏と原理的に区別せしめてゐる[17]。

　このようにして、個人主義に対する協同体主義、天水農業に対する灌漑農業という二つの対比によって、欧米とは異なる存在としてのアジアが描き出されている。「大東亜をして米英植民地隷属から解放せしめ」なければならない[18]、という要請は、これによって正当化されるのである。

　しかし、アジアの一体性を論ずるばかりでは、日本がその中で指導的地位に就く必然性を主張することはできない。そこで、日本の特殊な地位を示すために、建国の神話に対する言及がなされることとなる。

大東亜法秩序の根本理念は、皇国が八紘為宇の精神に則り、生成発
　展の永き建設過程における国生み、修理固成の大義に基き、アジアの
　諸民族・諸邦の間に共存共栄の法秩序を歴史的に展開してゆき、万邦
　をして各その処を得しめ、且つ兆民をして悉くその堵に安ぜしめるに
　ある[19]。

「国生み」「修理固成」といった古事記からの引用を含むこの文言を、平
野は日本法理研究会によって検討されつつあった「大東亜法秩序研究要
綱」[20]を参照することによって自著に盛り込んだものと推測される。
　とはいえ、徒に日本の特殊性を述べ立てるばかりでは、却って「大東亜」
という枠組みを崩しかねない。そこで、平野はアジアの一体性と日本の指導
的地位とを、日本的家制度のアナロジーによって説明しようと試みる。

　　八紘為宇の皇謨は、世界を家となすの意だから、親子兄弟の情愛を
　家族体系に組成する産霊（むすび）である。従つて、この八紘為宇の
　体制は、幾種幾多に分れる異系血統の家族成員を数多統合して、同系
　同様の家族体系に化成するのである……異系血統の家族体制化につい
　て、日本の「養子制度」の特色は、示唆を与へる[21]。

「異系血統」すなわち他民族を日本の支配下に置くための便法として平野
が着目するのは、日本の養子制度における異姓養子の容認であった。

　　日本の養子制度は、支那の如く『異姓不養』の原則が固守されてゐ
　るのではなく、たとひ血統がちがひ、身分が低く、そして又、貧乏な
　家の二男であつても広く有為な人材をそれより求めて養子とし、その
　収養する家をひとり血統の擬制上継続させ祖先祭祀を絶やさぬこと
　に、家族制度の意義を認めるばかりでなく、むしろ新鮮溌溂な人材に

よつて家を生成発展せしめることにおいて、家族制度の意義を尊重せんとなし来つたのである。……大東亜共栄体における各異民族は、日本を中核とする家族団体へ婿入りし、また嫁入りしたものである[22]。

こうして、日本の寛容な家制度がアジアの諸民族を迎え入れるという理念によって、「本家」たる日本がその中核であるところの「大東亜共栄体」が正当化されるのである[23]。

（2）　評価

ここまで、平野の大アジア主義論の内容について検討してきた。戦前において講座派の主要メンバーであり、戦後においてもマルクス主義法学者として活躍した平野だけに、このような戦中の「転向」は、多くの論者の関心を集めてきた[24]。そこで下された評価は、概ね否定的であると言ってよいであろう。平野と同じように、「転向」マルクス主義者として太平洋協会に勤務していた風早八十二は、こう述べている。

　　　平野兄および私をふくむ若干の仲間は、とくに戦争末期における互いのあり方が、主観的にはとにかく客観的に演じたであろう非階級的・体制迎合的役割について、その誤りを確認し合い、民主革命完遂のために全余命を賭ける決意を表明した。……『俺の書物には誤りがあった』などということをかつて口にしたためしのない平野兄は、その折も口にこそ出さなかったが、彼が深く決意するところがあったことは、ローソクの灯にてらされるその明るく逞しく落着いた全表情によって、私はもとより、他の仲間にも一点の疑いもなかった[25]。

ここでは、平野の大アジア主義論を含む「戦争末期における互いのあり方」が、端的に「誤り」であったとされているが、そのような「誤り」は、

「情勢」によってもたらされたものと考えられている[26]。また、「御用学者」[27]、「時流便乗の名人」[28] といったより直接的な批判を向ける論者も多く存在する[29]。

その中で、平野の大アジア主義を、彼の戦前の学問と関係づけて理解しようとする説も提唱されている。たとえば森英樹は、平野の大アジア主義論は、「ローマ個人主義対ゲルマン共同体という対抗関係を、いわば横だおしにして『アングロサクソン的帝国主義秩序』対『大東亜共同体新秩序』を構想する」ことによって成立した議論である、という見解を提示している[30]。また、武藤秀太郎は、マルクス主義と大アジア主義との間に、「先進国が『後進民族』を指導し、『ブルジョア民主主義』を超えた共同体社会を確立する」という意味での一貫性を見出そうとする[31]。しかし、この種の試みに対しては、清水昭俊による批判が提起されている。

> 人文社会科学の分野で、与えられた結論に向けて、短期集中で完成度の高い論考を仕上げる能力に着目して、その持ち主を「知的技術者」と呼んでおきたい。……「講座」とその後の論争に参与した平野は、知的技術者としてみれば、理解しやすい。……講座派の論客から大アジア主義イデオローグへの転身は、彼にとって少なくとも「与えられた結論」の転換である。いずれの結論についても平野は極めて有能な知的技術者だった[32]。

したがって、清水の見立てによれば、平野のそれまでの学問と大アジア主義との間に一貫性を認めようとする見解は「平野の思考に論理的な一貫性を期待しすぎて」おり、「不適」である、ということになる[33]。

清水のような「知的技術者」としての平野像に依拠するか否かはさておくとしても、大アジア主義へと至る平野の学問の足跡を辿る際には、ゲルマン法思想・マルクス主義・大アジア主義という各時期において、平野が何を問

第5章　平野義太郎「大アジア主義」の成立　131

題視し、如何にそれを解決しようとしたのかを整理する必要があろう。以下ではこの点を、平野における「科学」的手法と「日本」イメージという両側面から検討してみたい。

3　「大アジア主義」の成立過程

（1）　ゲルマン法思想

　民法研究者として出発した平野の問題関心は、貧しい人々、とりわけ農民の暮らしをいかに守るか、という点にあった[34]。主としてギールケの学説に依拠して執筆された『民法に於けるローマ思想とゲルマン思想』[35]においては、このような観点から、農村共同体の旧慣を保護しようとする視点が見られる。たとえば、流水使用権の濫用に関して、平野は以下のような議論を展開している。

　　　流水使用権は私権の目的ではある。が、しかし、農村落に於ては、或時は共同に草刈り、或時は相互に植付、耕作をなし、さうして豊けき『収穫の晩餐』を共にする間柄であつて、しかも灌漑渓水を共同に修理し、枯渇の虞あらんか、相携へて雨乞ひに山籠もる同志が、公平に流水使用権を完うするといふことは農村共同体ありのままの権利行使ではあるまいか。其の本来の権利行使こそ共同生活体の不文律であり、無意識ながら彼等の正義観念に外ならない[36]。

　このような農村共同体秩序への信頼は、平野にとっては「我国固有法、若くは現在の活きた法律の科学的研究」[37]の結果であった。

　とはいえ、法解釈学という「科学」によって古き良き農村共同体というポジティブな「日本」像を描き出すという方針が、当時の平野において一貫していたと考えることはできない。というのも、同書においては、ローマとゲ

ルマンという対立軸の下で、成文法と慣習法[38]、個人主義と団体主義[39]、資本主義と社会主義[40] といった多種多様な問題が議論されているからである。平野自身が同書増補改版に記した執筆の動機についての回想も、この点を示唆するものである。

　　問題は、『個人主義と団体主義』とか『ゲゼルシャフトとゲマインシャフト』とかにあるのでもなければ、ローマ法とゲルマン法との法系・法概念の対立だけにあるのでもない。人間が人間社会から疎外されるにいたった資本主義社会——ローマ成法を外被とする——と闘い、人間が人間性を奪還するために、最下層の人民の生きる権利をゲルマン法の慣習法にもとめて根拠づけようとしたマルクスの法学方法論にこそ、学ぶべき問題があるのではないか。若い法学者の処女作であった私の『民法におけるローマ思想とゲルマン思想』（一九二四年）も、このような方法論に導かれていたものである[41]。

　すなわち、「最下層の人民」を捉える平野の視野に農民が映ったとき、それを救済するために選択された法的表現が、ゲルマン法思想であった、と考えられるのである[42]。したがって、それとは異なる範疇に属する「最下層の人民」——労働者——を平野が認識した際に、マルクス主義法学への接近が果たされるのは、必然の結果であった。

（2）　マルクス主義法学

　かくして平野は、1925 年に『法律における階級闘争』[43] を出版するに至る。そこで取り上げられたのは、専ら労働運動であった。

　　労働争議において、労働者がその労働条件の維持もしくは変更について争議をもちあがらせることは、決して単なる「経済的」争議では

なく「価値乃至理想」のための争議である。……伝統的法律制度が、生産手段を独占する者に対する「平等」と「自由」とを保障するから、それを持たぬ者も亦「平等」と「自由」とを与へんことを求めるのが今日の階級闘争すなはち労働争議である[44]。

　平野は労働争議の実質をこのように提示した上で、その最終目標たる「価値乃至理想」を以下のように表現する。

　　　自由に意欲する人間の共同態は、社会的結合の理想である。いかなる社会もこの理想に反することは許されない[45]。

　この「自由に意欲する人間の共同態」は、階級闘争の成果として未来において実現されうるものであり[46]、「階級と階級対立をともなった古いブルジョア社会にかわって、各人の自由な発展が万人の自由な発展の条件であるようなひとつの共同社会が現れる」という『共産党宣言』の一節に影響されたものと見ることができよう[47]。

　マルクス主義という新たなる方法論を体得した平野にとって、日本の農村社会はもはや輝かしい存在ではなくなっていた。コミンテルンの三二年テーゼに依拠した『日本資本主義社会の機構』においては[48]、「アジア的におくれた半封建的家族主義的零細経営」としての日本農業の姿が描き出されているにすぎない[49]。労働争議への着目により、マルクス主義社会科学の旗手へと転身した平野にとっては、闘争の果てにある共同体のみが、真にあるべき共同体であったのであり、それゆえ、日本的な農村共同体はネガティブに評価される他なかったのである。

（3） 大アジア主義の成立

【1】 大アジア主義における「科学」と「日本」

以上のような経過を経て提起された大アジア主義論は、①日本の共同体秩序を肯定的に捉え直した、という点において、森英樹の述べるようにゲルマン法思想との連続性を有している一方で、②先進的な地位にある者（コミンテルン、またはアジアの中核たる日本）が、あるべき共同体（階級闘争の成果としての共同体、または大東亜共栄体）を目指して活動する、という点においては、武藤秀太郎の述べるようにマルクス主義との連続性をも有している、と言えよう。とはいえ、かつて日本の家制度を「社会的基礎を失つた」として批判した平野が[50]、日本的養子制度を用いて日本のアジア支配を正当化した点や、三二年テーゼにおいては革命によって消去せらるべきものであったはずの天皇制国家を「修理固成」などの文言によって称揚した点など、大アジア主義における平野の学問的姿勢に疑問の余地があることもまた明らかである。

ここで注目せねばならないのは、平野がこの時期においてもやはり「科学的」であろうとしていた、という事実であろう[51]。たとえば、自足的経済圏としての大東亜共栄圏を論じる際に、平野は各資源の生産量や輸入量について、具体的な数値にまで踏み込んで検討を行なっている[52]。このような手法は、鈴木小兵衛の代筆として『日本資本主義発達史講座』に寄稿した『最近の植民政策・民族運動』[53]を彷彿とさせるものである。また、彼がアジアの一体性を農村や稲作に求めていることは、ウィットフォーゲルの――あるいはアジア的生産様式論の――影響を伺わせる。また、日本とアジア諸国との連邦という構想自体は決して新しいものではないが[54]、そこには日本とアジアとの紐帯を弁証する過程が欠落していたために、日本のアジア進出は単なる侵略として位置付けられていた。かつて家族法の講義を担当した平野は、異姓養子という日本独特の制度に対する知識を使用することで、この懸隔を埋める役割を果たしたものと見ることができよう[55]。

これを逆の側面から観察すると、平野が日本を直接讃美する文言がそれほど充実していない、という点が浮かび上がる。平野は、八紘為宇、修理固成等の文言を用いてはいるが、先にも述べたとおり、それらは日本法理研究会の方針を借用した結果である可能性が高い。『大アジア主義の歴史的基礎』においては、日本の指導的地位は、実質的には、日本が他国に先んじて近代化した先進国であるという点に求められているのであり[56]、アジアの一体性を繰り返し論じる姿勢に比して、日本に固有の価値それ自体を探求しようとする意図は希薄である。

したがって、平野の大アジア主義論は、日本の優位性を所与のものとしつつ、それを「大東亜」という枠組へと飛躍させるための議論であった、と考えられる。そして、その鍵を提供したのは、彼が身につけた「科学」であった。平野の大アジア主義は、たしかに日本の特殊性に言及するものではあったが、しかしそれは、農村共同体の共通性を媒介として、アジアの一体性へと変換される。そこで彼が使用したのは、かつて日本の現状を批判するために用いた社会科学の知見であった。太平洋協会に身を置き、戦争に対する知的貢献を求められていた平野は、自身のもつ学知をツールとして用いることで、その状況に応えたのである。

【2】 戦後の平野義太郎

ここで、戦後の平野義太郎の活動について、附言しておきたい。平野は、戦後という新たな状況下において、「アジアの民族解放」を訴えていた。これは、ごく大雑把に言えば、人民民主主義革命によってアジアの諸民族を「米国圏の植民地」という地位から解放する[57]、というものであり、その典型は中国に求められる[58]。このような議論は、一面では確かに、東西冷戦下の東側の言論を代表するものではあろうが――したがって、「マルクス主義に復帰した」と考えられるのではあるが――、しかし他面では、米国圏を相手取り、民族を主体として、先進的なモデルに沿ってアジアの自立を図る、

という枠組みにおいて、かつての大アジア主義論とオーバーラップしている
ようにも見える[59]。いずれにせよ、平野の見る「日本」像はここで再度暗転
し、他のアジア諸民族と同様に後進国という位置づけを付与されているので
ある。

結びにかえて

これまで述べてきたところを図式的に要約するならば、以下のようになろう。

① ゲルマン法思想を唱えていた時期の平野は、日本の農村に息づく
共同体的性質を高く評価し、それを保護するための学識としてゲル
マン法思想に基づく法解釈学を選択した。
② これに対して、マルクス主義法学の徒となった平野にとっては、
日本の現状は否定の対象であり、望まれるのは階級対立を止揚し
た共同社会であった。
③ 大アジア主義論において平野は、日本の指導的地位を所与の前提
とした上で、それ以前に身につけた学問をある意味で逆用し、日
本とアジアとの結びつきを論証しようと試みた。
④ 戦後の平野はマルクス主義法学へと回帰し、米国圏に組み込まれ
た日本を再度否定的に捉えるようになった。

このような展開[60]の中に敢えて一貫性を見出すとすれば、全ての時期を通
じて何らかの意味での共同体主義者であった、という以上のことは導き出せ
ないと思われる。対処しようとした問題に応じて、そこで用いられる「科
学」は自在に変転し、それに振り回されるかの如く「日本」の姿も変転して
いるのである。
戦前から戦後にかけて、日本を代表する知識人であった平野義太郎が、ま

さにその「日本」像を幾度も変容させたという点は、日本の法学の歩みを考える上で貴重な材料を提供している。日本の近代法は、西洋法との一体化を目指しつつも、「その精神の形成史において『自己』の同一性の確認も常に課題としてきた」はずであった[61]。ところが、平野の学問の足跡には、この「同一性の確認」という課題に対する意識がほとんど見られない。それゆえ、近代日本の法学史を考える際には、日本のアイデンティティを非常に強く意識する論者が存在する一方で[62]、平野のような論者もまた存在していた、という振幅の大きさを、常に念頭に置いておく必要があると思われるのである。

〈注〉

1　平野義太郎の経歴および著作についての詳細は、平野義太郎人と学問編集委員会編『平野義太郎――人と学問』（大月書店、1981 年）307 頁以下を参照されたい。

2　清水昭俊「民族学の戦時学術動員――岡正雄と民族研究所、平野義太郎と太平洋協会」神奈川大学国際常民文化研究機構編『国際常民文化研究所叢書 4――第二次大戦中および占領期の民族学・文化人類学』（神奈川大学国際常民文化研究機構、2013 年）36 頁。

3　平野は太平洋協会在籍中に、単著 3 冊、共著 1 冊を刊行し、さらに 20 冊もの出版企画に関わっていた。詳細については、秋定嘉和「社会科学者の戦時下のアジア論――平野義太郎を中心に」古屋哲夫編『近代日本のアジア認識』（新版、緑蔭書房、1994 年）604 頁以下および清水・前掲注（2）50 頁以下による紹介を参照されたい。

4　平野義太郎『民族政治学の理論』（日本評論社、1943 年）259 頁。

5　平野・前掲注（4）260-261 頁。

6　平野義太郎「上編」平野義太郎・清野謙次『太平洋の民族＝政治学』（日本評論社、1942 年）217-218 頁。

7　平野・前掲注（6）220 頁。

8　平野の以上のような立論は、ナチス期のドイツにおいて脚光を浴びるようになった地政学（Geopolitik）、とりわけハウスホーファー（K. E. Haushofer）の議論を基礎としているようである。平野・前掲注（6）序 3 頁において、平野が提

唱した「民族政治学」という語は、地政学から着想を得たものであると記されており、1942 年にはハウスホーファーの著書『太平洋地政学』が、太平洋協会の編訳という形で岩波書店から出版されている。

9　平野・前掲注（6）33 頁以下（第二篇）〜173 頁以下（第四篇）。平野義太郎による同書序文 3 頁には、「私は昭和十六年一月、二月南支の厦門、広東、海南島を、そして古く仏印を視察し、又、昭和十六年五月六月、共著者たる清野謙次博士と共に、太平洋協会よりの依嘱により、蘭印セレベス島、フィリッピン、わが南洋群島を調査視察した」と記されている。

10　平野義太郎『民族政治の基本問題』（小山書店、1944 年）54 頁以下。

11　平野は、留学中に中国研究者であったウィットフォーゲル（K. A. Wittfogel）と知り合い、その東洋的社会論を摂取することによって、自身の中国研究の基礎を形成していった。ウィットフォーゲルの議論は、ごく単純化して言えば、東洋における専制権力と共同体の存在を、稲作のための大規模治水事業の必要という観点から説明することにより、いわゆる「アジア的生産様式論」を深化させようとするものであった。詳細については、石井知章『K. A. ウィットフォーゲルの東洋的社会論』（社会評論社、2008 年）を参照されたい。

12　平野義太郎『大アジア主義の歴史的基礎』（河出書房、1945 年）序文 3-4 頁。

13　平野・前掲注（12）24 頁以下。

14　平野・前掲注（12）118 頁以下。

15　平野・前掲注（12）135 頁以下。略歴の項において触れた中国華北農村慣行調査もまた、平野の中国村落研究における重要な基礎のひとつとなっている。慣行調査の詳細については、旗田巍『中国村落と共同体理論』（岩波書店、1973 年）を参照されたい。

16　平野・前掲注（12）序文 8 頁。

17　平野義太郎「序」太平洋協会編『太平洋圏——民族と文化 上巻』（河出書房、1944 年）2 頁。

18　平野・前掲注（10）序 2 頁。

19　平野・前掲注（10）244 頁。

20　日本法理研究会「大東亜法秩序研究要綱（一）」法律新報社編『法律新報』第715 号（1944 年）5-7 頁には、「大東亜法秩序の根本理念」として、「大東亜法秩序の根本理念は、我肇国の大理想たる八紘為宇の精神に基き万邦をして各々其の所を得しめ兆民をして悉く其の堵に安んぜしむるにある」「新秩序の建設は、肇国の精神を現実に具現する修理固成・生々発展であり日本を核心として天壌とと

もに窮りなき真の秩序の樹立である」などが挙げられている。なお、この要綱自体は1944年に公表されたものであるが、その検討作業は、1943年夏頃に開始されていた（5頁）。

21　平野義太郎「大東亜共栄体の構成原理たる家秩序について──特に異系血統を同家化する日本精神」法律新報社編『法律新報』第705号（1944年）9頁。

22　平野・前掲注（21）10頁。

23　平野・前掲注（21）11頁。

24　平野自身がその後、戦中の活動について全く言及しなかったことが、このような傾向の遠因を形成しているものと思われる（盛田良治「平野義太郎とマルクス社会科学のアジア社会論──「アジア的」と「共同体」の狭間で」石井知章・小林英夫・米谷匡史編『一九三〇年代のアジア社会論──「東亜共同体」論を中心とする言説空間の諸相』（社会評論社、2010年）226-227頁）。

25　風早八十二「平野義太郎の精神的遺産目録」平野義太郎 人と学問編集委員会編『平野義太郎 人と学問』（大月書店、1981年）281頁。

26　風早・前掲注（25）281頁。この種の視点から平野を見る論者としては、他に守屋典郎を挙げることができよう。守屋は、平野の大アジア主義を一貫して「偽装転向」として読解しようと試みている（守屋典郎「平野義太郎氏の中国研究」平野文庫編『平野義太郎著作についての書評集』（白石書店、1991年）299頁以下）。

27　長岡新吉『日本資本主義論争の群像』（ミネルヴァ書房、1984年）302頁。

28　今西一「平野義太郎の『大アジア主義』」小樽商科大学編『小樽商科大学人文研究』第115輯（2008年）34頁。

29　秋定・前掲注（3）629-630頁も、戦前の著作に誤りがあったとして自身の主著を絶版とした戒能通孝との比較において、平野の学問的責任を示唆している。

30　森英樹「マルクス主義法学の成立と展開」天野和夫他編『マルクス主義法学講座第I巻 マルクス主義法学の成立と発展（日本）』（日本評論社、1976年）90頁。これに対しては、「平野における1920年代を40年代にやや性急に連結させるあまり、30年代を視野に入れずに終わっている」との批判がある（長岡新吉「『講座派』理論の転回とアジア認識──平野義太郎の場合」北海道大学経済学部編『経済研究』第34巻第4号（1985年）5頁）。長岡自身は、中国研究者橘樸の「新郷土主義」が、平野の大アジア主義に影響を与えたと主張している（長岡・前掲注（27）、299頁以下）。森の応答については、森英樹「平野義太郎法学に関する備忘録」戒能通厚・原田純孝・広渡清吾編『渡辺洋三先生追悼論集　日本社

会と法律学——歴史、現状、展望』（日本評論社、2009 年）901-902 頁を参照されたい。

31　武藤秀太郎「平野義太郎の大アジア主義論——中国華北農村慣行調査と家族観の変容」アジア政経学会編『アジア研究』第 49 巻第 4 号（2003 年）55 頁。

32　清水・前掲注（2）24 頁。

33　清水・前掲注（2）41 頁。

34　平野義太郎「暗黒な農村生活 その解決法はないか」『東京朝日新聞』1925 年 1 月 18 日。この論考は末弘厳太郎『農村法律問題』（改造社、1924 年）への書評として執筆されたものである。

35　平野義太郎『民法に於けるローマ思想とゲルマン思想』（有斐閣、1924 年）。

36　平野・前掲注（35）73 頁。

37　平野・前掲注（35）7 頁。

38　平野・前掲注（35）49 頁以下。

39　平野・前掲注（35）96 頁以下。

40　平野・前掲注（35）229 頁以下。

41　平野義太郎『民法に於けるローマ思想とゲルマン思想』（増補改版、有斐閣、1970 年）409 頁。

42　村上淳一は、平野にとってのゲルマン法思想が、解釈論上の一方法にすぎなかった、と判断している（村上淳一『ゲルマン法史における自由と誠実』（東京大学出版会、1980 年）13 頁）。

43　平野義太郎『法律における階級闘争』（改造社、1925 年）。

44　平野・前掲注（43）122 頁。

45　平野・前掲注（43）132 頁。

46　「現代の法律！そは…階級的法律である。…吾人にとって忘るべからざることは、この不合理の法律に代へるのに合理的な制度を以てすること。共同態の理念を実現すること。価値実現のために活動することである。又、既に階級闘争はあらゆる労働運動に、労働争議にあらはれてゐる。しかし、いかなる権力といへどもこの闘争を殲滅できるものではない。」（平野・前掲注（43）、143-144 頁）

47　マルクス／エンゲルス、村田陽一訳『共産党宣言』（大月書店、1983 年）、46 頁。

48　三二年テーゼについては、差し当たり、長岡・前掲注（27）、152 頁以下を参照。

49　平野義太郎『日本資本主義社会の機構』（岩波書店、1934 年）、46 頁。1930 年

第5章　平野義太郎「大アジア主義」の成立　141

代の平野における村落共同体論の欠如を指摘するものとして、長岡・前掲注
(30)、6頁以下を参照されたい。

50　平野義太郎「『家』を中心とせる身分法の成立史」日本評論社編『法律時報』6
巻5号（1934年）13頁。

51　平野・前掲注 (6) 序2頁。

52　平野・前掲注 (4) 274頁以下。

53　鈴木小兵衛『最近の植民地政策・民族運動』（日本資本主義発達史講座第5回
配本、岩波書店、1933年）。平野義太郎が代筆するに至った経緯については、盛
田・前掲注 (24)、229頁注 (16) を参照されたい。

54　たとえば、東京帝国大学で憲法を講じた上杉慎吉は、以下のような見解を表明
している。「私は侵略主義——と云ふと気に入らぬかも知れぬが、——を採つて
此の勃興の我が国民を益々膨張発展せしむる外ないと思ふ。……今日外国領土を
侵略するは至難である。さう云ふ領土は何処にも見当らぬ。そこで私は今日の世
界に於て、一国が外に向つて膨張する形式は所謂連邦の形式の外ないと思ふ。故
に庶幾くは亜細亜連邦を成立せしむるが国策の大方針でなければならぬと切に感
ずる。」（上杉慎吉「世界の混乱と帝国の使命」博文館編『太陽』27巻1号
（1921年）、17-18頁）

55　利谷信義は、平野・前掲注 (21) で展開された議論を「先生の豊かな学識が窺
える」と評している（利谷信義「平野義太郎先生の家族法学」平野文庫編『平野
義太郎著作についての書評集』（白石書店、1991年）53頁）。

56　平野・前掲注 (12) 序6頁。

57　平野義太郎『民族解放の理論的諸問題 第四巻 アジアの民族解放』（理論社、
1954年）299頁。

58　「植民地・半植民地の民族運動と人民民主主義運動は、完全な勝利をたたかい
とらないかぎり、けっして停止するわけにはいかない。それらの斗争はまったく
の正義の斗争であり、それらの斗争は勝利するにちがいなく、また勝利すること
ができる。中国人民の偉大な勝利はこれらにとってもっともよい手本である。」
（平野・前掲注 (57)、247頁）

59　たとえば、加藤哲郎『日本の社会主義——原爆反対・原発推進の論理』（岩波
書店、2013年）217頁は、戦後の平野の活動を、端的に「『大アジア主義』の延
長上」と位置付けている。

60　このような整理が妥当であるとすれば、平野の「転向」は3回生じた、とも言
えよう。

61 岩谷十郎「日本法の近代化と比較法」比較法学会編『比較法研究』65 号（2003 年）32 頁。

62 先に触れた日本法理研究会などは、この範疇に属するであろう。岩谷・前掲注（61）39 頁以下も参照されたい。

第6章　「日本法理」における固有と普遍
——小野清一郎の言説を中心として

出 口 雄 一

序
——松尾敬一と野田良之の問い

「戦中の法思想について戦後に総括的研究が欠如している」ことを松尾敬一が遺稿において指摘し、これらの営為がナチズム・ファシズムの影響下における全体主義の法思想の影響と伝統的日本的思想の発掘といった「坩堝の中に投げ入れられながら、充分に溶融せぬままに、終戦後炉から出され、瓦礫の如く放置されていた感がある」と述べたのは、約40年前の1976（昭和51）年のことである[1]。その重要な一部として「肯定・否定の両側面があったはず」であるにも関わらず、ほとんど検討の対象となって来なかった「日本法理」について[2]、概括的記述として「もっともすぐれて」おり「その批評も最も首肯しうるものを含んでいる」と松尾が評するのが、京城帝国大学法文学部教授としてローマ法を講じ、敗戦後に本土に引揚げた後、1946（昭和21）年4月に依願免となった船田享二が、戦時から戦後にかけて執筆・改稿を行った『法律思想史』に含まれるテクストである[3]。

1943（昭和18）年に公刊された『法律思想史』（河出書房）の第10章「西洋法律思想の影響と日本法律思想の影響」において船田は、明治期以降の西欧法の受容に対して「わが国固有の法及び法理が主張される場合」であっても「いはゆる固有の概念は必ずしも明らかにされず、かやうな主張も

亦、それが真に国民の法律思想を表明し又指導する理論として体系立てられ
るためには、なほ多くの困難を予想せねばならぬ状態にある」として、とり
わけ、「わが国固有の法及び法律思想を別個の体系として対立せしめること」
は、「発展的たるべきわが国の法及び法律思想を過去の歴史的形式の中に固
定せしめ、斯かる固定した法及び法律思想を復活確立しようとする単なる懐
古的主張に陥る危険を伴ふ」と述べた上で、以下のように「日本法理」につ
いて言及を行う。

> 　一方においては明治以来の消極的なヨーロッパ法学継受・受容の態
> 度に反対すると共に、他方、日本固有法論が右の如き困難と危険を蔵
> する弊を指摘して、わが法律思想が一層高く且広い綜合的な立場か
> ら、而も自覚的に展開せしめられねばならぬとする理論が現れる。…
> 斯かるわが国独自の法理とは即ちわが国の法の精神的事理であり理念
> であり日本精神そのものであつて、わが国独自の国体が斯かる日本法
> 理中の法理でありその根本をなす。さうして、斯かる日本法理の自覚
> は日本歴史の反省に基づき、殊に日本精神史又は思想史、特に日本法
> 理思想史の認識によることを必要とする[4]。

松尾が指摘するように、船田がここで「自覚的」という語を用いているこ
とは、その参照先として念頭に置かれているのが、本稿で主な分析対象とす
る小野清一郎の「日本法理」に関する思想であることを示唆している[5]。松
尾は、小野の上述のような思想が「一般的理論的には成立するにしても、そ
れが真に具体的に現実に国民の法律思想を表現すると共に指導し展開せしめ
るに至るためには、歴史的方面にも理論的方面にも、重要かつ困難な多くの
問題が残されてゐる」とする船田の理解を承認した上で[6]、戦後直後に『法
律思想史』が改稿された際（愛文館、1948 年）に船田自身によって加筆さ
れた、戦後の「各般の情勢の急転」に伴い、戦時下で「迎合的に、政治的、

社会的或は軍事的情勢の変転に応じた、無反省な独善的国粋論の立場からの主張」が「全く混乱状態に陥ることを免れなかつた」ことへの批判的な言及と共に、「斯かる国粋論的主張が、時に余りにも普遍的又消極的、受容的な立場に陥ることを免れなかつた従来の法学のために、反省の機会を与へたことは、これを認めなければならない」との船田の留保についても、基本的に賛同しているようである[7]。

　法思想史・法理論史を念頭に置いた松尾の時代区分によると、美濃部達吉・上杉慎吉の間で天皇機関説論争が生じた大正初年から、恒藤恭・尾高朝雄がまとまった成果を発表した時期までの「大正・昭和初期」については、後述する座談会「日本の法学」における「わが国法学の最も花々しかった時代」、及び、鵜飼信成他編『講座　日本近代法発達史（1）～（11）』（勁草書房、1958～1967年）における「法体制再編期」とほぼ一致し、「その区分の根拠もおそらく大差ないであろう」とされているが[8]、その「最終時点」にあたる1936（昭和11）年に公表された宮澤俊義の「わが国の法哲学」[9]と、それに対する小野清一郎の翌年の反論である「「法理学」といふ語について」[10]を、「従来西洋に向けられていた法理学の眼が、近代日本の法理学に向けられた」ものと松尾が評していることは、本稿の問題関心に照らして興味深い点である[11]。法哲学（法理学）におけるこの「わが国」の法への関心は、西洋法との同一化をその第一義的なあり方としてきた日本近代法において、「日本法が西洋法への帰属図式の中ではなく、「自己」言及的な語りの中に展開し始める」動きの一環であると考えられるためである[12]。

　ところで、西洋法への「帰属」ではない形での自国法の「語り」を成立させるためには、彼我の法システムの差異を比較法的に「自覚」する必要がある。周知のように、この「比較法的自覚」とは、外国法の「摂取」の態様に即して大正初年以降の日本法を「自覚的摂取の時代」として時代区分することを試みる、野田良之の営為の中核的な概念である[13]。本稿にとって興味深い点は、その野田がやはり現在から約40年前の1973（昭和47）年に、「日

本法思想」の研究の不振に言及した際、「『特殊日本的』法思想と、『特殊西欧的』法思想とはともに相対的な価値をもつものであり、西欧法思想がそのままで普遍性をもつと考えるのは正しくない」ことを述べ、「《特殊日本的》法思想を、特殊西欧的法思想とは異なる一個の文化の Sonderform として、後者に比して進化の遅れた段階にあるものとしてではなく、理解すること」の必要性を強調したのに対し[14]、松尾が、当時進んでいた「日本への回帰」の志向の顕著化に対する指摘とともに「戦中の日本法理の探求の経験を生かし、前車の轍を踏まぬこと」に注意を促していることである[15]。1916（大正5）年に東京帝国大学のフランス法講座の担当となり、野田の「比較法的自覚」概念のメルクマールを画する人物となった杉山直治郎が[16]、1936（昭和11）年に『法律学辞典』に執筆した「比較法学」の項目において、「我国民は天性の比較法国民であり、汎ゆる外来文明の同化力は我文化発展史を一貫する特長を成す」として「我国法による東洋・西洋両法系の調和と世界法への貢献とが可能にされる為め」の比較法学の重要性を強調していることは[17]、上述の松尾の懸念を裏書きするものにも見える[18]。本稿の検討は、約40年前に二人の基礎法学者が抱いた問いに関する、約80年前の「日本法思想」の「普遍」と「固有」をめぐるテクストから出発する。

1　「日本法理研究会」と小野清一郎

（1）　吾妻光俊の「日本法理」分析

「日本法理」に関しては戦後直後から、上述の船田によるものの他にも、その営為に関する批判的な検討を行ったテクストがいくつか存在する。例えば、1948（昭和23）年に行なわれた座談会「日本の法学」においては、戒能通孝によって、「日本法理」の関係者は「寧ろ市民社会的なものを否定することに力点をおいて」いたことが、その周辺に「団体精神とか公序良俗とか信義誠実とかいうスローガンで武装した法律的厳密さを崩すための法律

学」があったことと併せて、批判的に言及されている[19]。それらの中でも、戦時下に東京経済大学で民法・労働法を講じた吾妻光俊が 1946（昭和 21）年に公表した「日本法理の探究——戦時法理論の回顧」と題するテクストは、短いながらも「日本法理」の全体像を捉えたものとして、現在でもなお参照に値する[20]。吾妻は、「日本法理」に関する営為を、その法哲学的な基礎づけ、現行法理論の構成、法史上の実証の「三個の基準」に照らして検討すると、「個性的なものを求める心情が普遍的なものを全面的に拒否するといふ反動的態度に堕したこと、この反動性が当時台頭しつつあつた独善的近視眼的な政治に端を発し、日本法論の多くが法学をこの政治目的に奉仕せしめんとする卑俗な態度に於て科学性を欠如した」ことにより「混乱に満ち、弛緩し、且つ素朴きはまる諸論考を生み出した」と手厳しく批判する一方で、「充分法学的素養を伴ふものであるだけに、注目さるべきものがなかつた訳ではない」とも述べ、その営為を以下のように評している。

　　法学界の底流に、永き外国法への適応の後に、わが法律学研究の内面的要求に基いて、極めて自然に萌芽し来つた、日本法の個性的把握への動向を看過し得ない。戦争は一面に於て法律学に政治への奉仕を要請し、ためにその着実な発展を阻止したことは事実である。しかし戦争の体験が法をわが国民生活殊に国民経済との密接な関連に於て、個性的に捉へることの必要を痛感せしめたことも否定し得ない[21]。

　吾妻の「日本法理」に対するこのような評価には、1944（昭和 19）年に上述の船田の『法律思想史』に対して吾妻が行った書評との連続性が看取される。この書評において吾妻が、船田が「慣習法を根幹とし、経験を尊び、直截を重んずる性格に応ずる具体性あるわが法秩序をドイツ普通法流の形式論理的な法思想と対立させ、日本固有法の復活を必然とされ乍らしかもその間復古思想に堕するを警めて」いることを好意的に紹介する一方で、船田が

以下のように述べていることにも注意を喚起し、「著者の世界史的な構想に
接するほどの者をして、われわれの当面しつつある日本固有法確立への悠々
迫らざる一歩を踏み出さしむるところ」を高く評価していることは、本稿に
とって興味深い点である。

　　　　日本法学の任務は、斯かる日本法理を体験的・論理的に自覚するこ
　　　とによつてその歴史的展開をたすけることにあるのである。而も、斯
　　　かる展開は日本国家・日本国法の中にのみ限局されるべきものではな
　　　い。日本法理はおのづから大東亜の法理であり、又将来における世界
　　　法の形成を指導する法理とならねばならないのである[22]。

　戦時の吾妻に「固有」と「普遍」をめぐるいささか矛盾した評価を惹起さ
せることになったこの文章は、実は、船田が戦後に同書を改稿した際には削
除されている箇所である[23]。「日本法理」をめぐるテクスト、とりわけ、そ
の中に含まれる「固有」と「普遍」の位相は、1940（昭和15）年の日本法
理研究会の結成から敗戦による活動停止に至る約5年の間に限ったとして
も、大陸から南方への戦線の拡大と戦局の悪化に伴って変化を被っている。
当時は「多くの者が狂気に走った」時代であり[24]、その言説が「法史的・法
思想史的素材を「国体論」のドグマや時流に適合させて叙述した」もので
あったと理解するならば[25]、そのような「日本法理」に多くの法学者・法律
家が何故主体的に関わって行ったのかという問いを立てるにあたっては、同
時代の言説の微細な差異についても意識的である必要があるように思われ
る[26]。このことは、1930年代半ばから前景化する「日本主義／日本精神」論
や[27]、同時代の「アジア主義」をめぐる言説空間の変容と併せて、慎重な検
討を必要とするべき問題であろう[28]。

（2） 「日本法理」と小野刑法学

1940（昭和15）年10月に元司法大臣鹽野季彦を会長として設立された日本法理研究会は、風見章司法大臣、三宅正太郎司法次官、泉二新熊大審院長、岩村通世検事総長の四名に加えて、歴代の司法大臣を顧問に迎えており、鹽野を中心とする司法官と東京帝国大学法学部の関係者がその中核をなしていた[29]。その活動においては、大串兎代夫、増田福太郎等の国民精神文化研究所に所属する文部官僚や[30]、牧健二、瀧川政次郎、細川亀市等の東京帝国大学以外の大学に所属する法制史家を中心とする法学者も加わっており[31]、研究会の「外縁」は必ずしも厳密に画されているわけではなかった[32]。

しかし、日本法理研究会に参加した法学者の中で、東京帝国大学の小野清一郎と末弘厳太郎の両名の存在感は、やはり特筆すべきものであった。満州事変の勃発からアジア・太平洋戦争へと戦局が拡大していく中で、「戦時体制」の下での法のあり方、とりわけ、戦時下において肥大化していく経済統制法令の遵守をどのように担保するかという点に優れて意識的であった小野と末弘は[33]、それぞれの専門領域において行なわれていた「解説法学」の外部へと視野を向ける[34]。同研究会において、小野は「刑事に関する法理の研究部会」である第三部会、末弘は「民事に関する法理の研究部会」である第二部会及び「商法、経済法に関する法理の研究部会」である第七部会の中心人物として、その活動に主体的に参与したのである[35]。

さて、会の綱領の第三に「法の道義性を審にして、日本法の本領を発揚し、以て法道一如の実を挙げんことを期す」旨を掲げ[36]、「西欧の法治主義思想が如何に甚だしく道義と法理を分離せしめて、法道一如のわが精神に添はざるものがあるか」と慨嘆する鹽野を会長とする日本法理研究会にとって[37]、師の牧野英一に背く形で旧派（古典派）刑法学の立場を採り、「道義的責任論」をその理論の中軸に置いていた小野清一郎の刑法理論が大きな影響力を持ったことは、容易に理解することが出来る[38]。1925（大正14）年にビンディング（K. Binding）の所説を紹介する形で、「感情の反動」をその

本質とする「道義的責任」が、法律秩序維持の目的によって規制されるもの
の「旧派（古典学派）の刑法理論に共通する重要の点」であると述べる小野
は、リスト（F. Liszt）を始めとする新派（近代学派）の刑法理論について
「責任の衝動的・主観的本質」を理解しない一方、「社会的責任」論のような
「極端に理知的・客観的見解」にも立脚し得なかったという「共通の弱点」
を持つと批判する。その「道義的責任」を説明するにあたって、この段階の
小野が既に「自然科学的認識」を超えた「深い心情の世界」に言及し、その
「真の根柢は常に一味の非合理者 etwas Irrationales である」と述べている
ことには、注意すべきであろう[39]。周知のように、小野はドイツ刑法学から
構成要件概念を受容し、これを体系化したことで、日本の犯罪体系論の確立
に大きく寄与したが[40]、構成要件・違法性・道義的責任のうち「形而上学的
に最も根本的なものは道義的責任」であると理解していた[41]。その「道義」
観念は、当初は「文化主義的正義観」に基づいて立論されていたが、後述す
るようにその論調は徐々に変化し、やがて「国家的道義性」が強調されるよ
うになる[42]。同じ旧派（古典学派）の立場を採る瀧川幸辰の『犯罪学序説』
に対する 1938（昭和 13）年の書評において、小野は瀧川との「思想的・世
界観的な立場の相違」を表明し、刑法学を修め始める前から自分は「西洋文
化の一方的支配に疑を懐き、東洋文化の綜合的把持者としての日本民族の使
命に対する信念を固め」ており、「欧米に留学しても社会革命を賛美するよ
りは東洋諸民族の解放をおもふことが切であり、それ故に日本国家の体制と
仏教や儒教によつて展開された日本精神との重要性が念頭を去らなかつた」
として、自らの「文化的な東洋主義」及び「日本主義」は「西洋の基督教的
個人主義・自由主義に対立する」旨を述べている[43]。このような小野の主張
の背景には、上述のように、日中戦争勃発を契機に爆発的に増加した経済統
制法令違反に対し、これらを法定犯ではなく自然犯として捉えることでその
倫理性を強調しようとする側面があったことも、併せて指摘しておく必要が
あろう[44]。そして小野は、1940（昭和 15）年の「刑法に於ける道義と政策

第6章　「日本法理」における固有と普遍　151

——改正刑法仮案に対する概括的批判」において、「道義的共同体としての
国家の自覚が今や刑法に於ても中心概念たるべき」であり「我々の刑法は我
が日本国家の自覚に立つて日本民族、日本国民的道義を明徴ならしむるもの
であらねばならない」と述べ[45]、国家主義・日本主義・日本精神、そして
「皇道」の重要性を明示し[46]、その思索の集大成として、1942（昭和17）年
に著名な「日本法理の自覚的展開」を『法律時報』誌上に公表[47]、同年には
同題の単行書として、関連する論稿と併せて上梓するに至ったのである[48]。

2　「日本法理の自覚的展開」

（1）　「経験的事実」としての西洋法継受

　「日本法理の自覚的展開」の論旨は多岐に亘るが[49]、本稿の問題関心から
は、まず、小野清一郎の明治期以降の西洋法継受に対する評価が興味を引
く。小野は、明治初年以降の法学の歴史を、幕末に遡る「性法学（自然法
学）の時期」、ヨーロッパ型の法典に倣った刑法・民法等の法典編纂とドイ
ツ法学の影響下での実定法学を中心とする「謂ゆる概念法学の時期」、19世
紀中葉以降のヨーロッパにおける社会変動の影響下での「社会法学及び自由
法論の時期」、そして、イタリア・ドイツにおける独裁政治の発展と「世界
観の変遷」に伴う「全体主義法学の時期」の四つの時期に区分し、従来の法
学のうち、自然法学と社会法学を「理論的・意識的」に西洋法を模倣したも
の、実定法学と全体主義法学を「無意識的」に西洋法を模倣したものと把握
する[50]。しかし小野は、西洋から継受された法及び法学を、以下のように
「技術的・形式的」な次元のものとして理解していた。

　　　　法の継受とは一の民族の法が全体として他の民族にそのまま移され
　　　ることではない。其は観念的に昇華された技術的・形式的法の継受で
　　　ある。即ち継受されるものは立法殊に体系的な法典であり、それと離

れざる法律学である。…これらの法が継受されても、其は必ずしも民族的法が全体として継受されたことを意味しない。其の技術的・形式的部分だけである。従つて又法の継受によつて継受した国の法が全面的に駆逐されたことをも意味しない。否その国固有の法はなほ民族的な法の実体として依然存在し、妥当してゐるのであり、それが漸次変更を受けるとしても、苟くも民族のあらん限り、その民族的性格は滅びない如く、民族的法の精神、法理も亦失はれることはないのである[51]。

このような把握は、小野が 1920 年代から深めていた法理学に関する思索を通じて到達した、「法律学又は法理学に於ける理論的構成も一旦其の歴史的事実の世界に置かれた以上は、やはり一の具体的な経験的事実として取扱はれる外ない」という理解、とりわけ、法制史はもとより「法律学史、法理学史」も「其の本質上個性記述的 idiographisch なもの」であり、これと「経験的認識に対する「超越的」批判によつて之を発見すべきもの」としての「法律の理念」とは区別されるという理解と順接的に結びつく[52]。

「日本法理の自覚的展開」とほぼ同時期に小野が手がけている日本の刑法及び刑法学の歴史に関する叙述は、小野の上述の把握を裏打ちする。すなわち小野は、刑法学の研究方法のうち「刑法史」について、「法制史の一部門たるべき」であり「此の場合或る民族、或る時代における刑法を一の経験的事実として取扱はなければならないが、法はもともと精神的内実を有する文化であるから、精神史的理解を必要とする」旨を述べ、「これまで我が邦の刑法学は安価な進化論的見解に支配されて、日本刑法の歴史的発展、殊に其の精神史的意義を全く没却してゐた」と批判する[53]。そして、「法は歴史的に発展する精神的文化である」というところから説き起こし、「より実証的に、具体的な民族精神の文化的展開としての刑法を如実に把握」することを課題として、古代から近世に至るまでの日本の刑法史を叙述する際には、中

国律の継受や武家法の変容、江戸期における威嚇主義の後退といった現象が「道義的責任」や「道義的刑法」の観点から分析され[54]、また、明治以降の刑法学を歴史的に分析した論考の末尾では、「思想的・政治的・社会的に大きな転換期」を迎えた今日においては、刑法は「全面的に考へ直さなければならぬ時機に遭遇して」おり、「真に日本的な刑法及び刑法学の現はれるのはこれからのことであらう」との展望が述べられる[55]。

　それでは、経験的事実を超えた「精神科学の一領域としての法学」[56]であるところの「日本法学」はどのようにすれば樹立されるのか。その鍵となる概念が「自覚」である。すなわち小野は、「日本法理思想史は学としては未だ成立してゐない」が「日本精神史的・思想史的事実としては厳然として存在することを疑はない」として、肇国の神話における表現、儒教・仏教等の思想文化の受容、律令の継受の歴史について、「これを批判し、選択し、摂取することによつて日本法理の自覚を深め、日本法理を自覚的に展開して来た歴史」であり「外国の思想文化を媒介として日本自らの精神を自覚し展開してきた歴史に外ならない」と述べ、「明治以後における西洋法律の継受もこの歴史的過程の一齣にすぎない」とした上で、「非連続の連続」としての「歴史」について以下のように叙述する。

　　　現代の法は新なる法であると同時に古き日本の法である。我々は歴史においてその変遷を見ると同時に其の一貫せる内在的精神と事理とを看過してはならない。我々は日本歴史を単に対象的な事実として経験的に認識するに止まつてはならない。真の歴史は抽象的な「価値に関係せる」事実といふ如きものではない。歴史の核心は精神であり、しかも具体的な民族の精神である。我々は日本歴史に内在する精神を捉へ、それにおいて日本道義、日本法理を自覚しなければならない。…自覚とは何であるか。自覚とは自己を意識することである。日本精神の自覚とは、日本歴史を創造する日本民族の精神において、自己を

見出すことである。本来自己なることを「さとる」ことである。其は単に観想的・理論的に認識することではない。実践的・主体的に「さとる」ことである。日本法理の自覚とは日本法の道義的事理をさとることである。其は日本法の本質において自己を見出すことであり、日本法の本質を主体的に意識することである[57]。

　すなわち小野は、西洋法との「同一性」ではなく、自国の歴史に内在する精神を「自覚」すること、すなわち、経験的事実ではなく規範としての「日本法」を「主体的」かつ「実践的」に物語ることによって到達することが可能な、再帰的／自己言及的な営為の帰結としての「日本法理」を想定しているのである[58]。

（2）　「固有」をめぐって

　このように「日本法理」を再帰的／自己言及的な「規範」として理解する小野は、船田が的確に紹介するように、「過去の歴史的形式の中に固定」された「法及び法律思想を復活確立しようとする単なる懐古的主張」としての「日本法理」の探求には批判的であった[59]。とりわけ、「日本固有の「法理」の存在を明かにし、それによつて法学の現状、或は立法、司法の現状に或る変革を齎さんとするもの」として、主として実務家により行なわれていた「固有法」の探求に対しては、その営為が「上代神話を自足的なものとして其の内容を独断的に体系化」するに留まるものであり、「発展する日本法の現実から遊離し、殊に現実の法制とは関係のない神学的観念体系たるに終る虞があるのではないか」と疑問を呈する[60]。この小野の疑義は、戦後直後に吾妻が行った「充分の近代的科学精神の洗礼を受けざるままに法実務に従事し、爾来実務に関係する限りに於てのみ学問に関心を持つたにすぎない高齢の法実務家」、もしくは「政治的動揺期に際会して本格的な学問研究に没頭する余裕なかりし若き学徒」によって試みられた、「凡そ学問上の研究の生

命たる批判的態度を欠如」した実践的な目的を持つ「日本法理」運動への厳しい批判と軌を一にするものであった[61]。この点に関しては、新派刑法学の立場に立ちつつ、独自の科学観に基づいて「日本法理」をめぐる言説を厳しく批判する牧野英一と小野の立場の間にも、実はそれほど大きな差異は見られない[62]。

　一方小野は、主として法制史家が手がけていた「固有法」研究について、日本法の「歴史的発展を認識し又其の内在的精神を探ることは正しい」が、それを「継受法に対立する別個の法として体系化し、例へば、ローマ法に対するドイツ固有法の体系が論ぜられる如くに、日本固有法の体系を論ずるが如きは、発展的なる日本法を過去の歴史的形式に固定せしめて之を現行法と対立せしむるもの」として「大なる疑問をもつ」と述べている[63]。しかしその中で、日本法理研究会にも深く関わっていた牧健二による「家族国家」研究に関しては、「閉じられたる共同体的精神を強調するに止まつてはなら」ず、「日本国体そのものに開かれたる普遍への強き志向が内在することが看過されてはならないであろう」との留保を附しつつも「概ね首肯し得る」と評価していることが注目される[64]。当時の多くの法制史家によって検討の対象とされた、狭義の「固有法」としての「武家法」であっても、「国体との調和の面を捉へて之を論ずる必要があり、またさうすることが出来ると思ふ」と述べ、「最初に羅馬法又はゲルマン法の法理なるものを立てて置きまして、其の見地からして日本の法律を観る」ことによっては「何程それを進めて参りましても、それ以外の法理が出ようとは思へない」と主張する牧の「固有法」論は[65]、後述する小野の仏教思想に裏打ちされた主張と同じく、「国体」あるいはその周辺概念を媒介として「普遍」的性質のものへと展開していく余地を含んだものであったと評することが可能であろう[66]。しかし、そうであるが故に牧の「固有法」論は、戦後の吾妻によって「哲学的論理（乃至宗教的直感）を援用することによつて、真の史的事実の実証を回避している」との批判を浴びるような限界を内包してもいたのである[67]。

この「固有」なるものへの視線という点では、小野が「近時ドイツのナチス的法理思想に観る観念」である「「民族」共同体」観念について、「或る程度まで我が国体法理に近きものがあるかの如くであるが、しかし、偏狭なる人種的観念を基礎とする彼の民族思想は全く日本法理と相容れないものである」と批判的な立場を採ることも注目される[68]。1930年代初頭より強まったナチス刑法の影響は、旧派刑法学においては贖罪思想を応報刑論の一形態として受容することによって、新派刑法学においては罪刑法定主義の解消や常習犯人への刑の加重や保安監置等の評価の形で、「学派の争い」を超えてその双方へと及んでいたが[69]、とりわけ旧派における「日本的なもの」への傾斜は、木村亀二を始めとする新派刑法学者によって盛んに紹介されるナチス刑法学への理論的対抗という側面があった[70]。1930年代後半の思想における対抗図式を刑法学に適用するならば、ナチズム・ファシズム等の全体主義の影響を受けて「革新右翼」に近い立場を採る新派刑法学に対して、「日本法理」に接近する旧派刑法学が「観念右翼」として対峙するという図式を描くことも可能であろう[71]。このことは、同時代の西洋法継受を「全体主義法学の時期」と把握する小野が、「いふまでもなく我が邦本来の国家的精神には謂ゆる全体主義と内面的に契合する点がある」が、日本の法学者には「彼における思想の変遷に追随せんとする者が多く、我を主とする学び方に乏しい」ことを批判し、「北方白人のみが文化創造者であるといふ如きナチス・ドイツ的民族観念は断じて誤である。其は東洋の文化を否定せんとするものであり、日本文化を知らざるものである。この西洋人通有の人種的僻見を克服するためには我々は何処までも抗争しなければならない」との強い拒絶を見せていることと軌を一にするものと思われる[72]。

3 「日本法理」から「大東亜法秩序」へ

（1）　「日本法理」を準備したもの——刑法学の「外部」から

　以上のような内容を持つ「日本法理」に至る小野の法思想は、刑法解釈学の「外部」において 1930 年代に既に準備されていた。上述のように、小野は 1920 年代から法理学に関する思索を深めていたが、その内容は、新カント主義哲学の「文化」概念を、新ヘーゲル主義、更に大乗仏教思想へと発展させる形で変化していった[73]。このうち、「日本法理」における「固有」なるものの固定化を批判する視座となった「普遍」概念の法理学的な位置付けは、ビンダー（J. Binder）の影響による新ヘーゲル主義への転回の過程で小野が重視するようになったものと考えられる[74]。「法律学的実証主義」から出発して、「哲学的批判主義」と「客観的観念論」を経て「絶対的観念論」の立場に到達したビンダーが 1935 年に刊行した『法哲学の基礎』について[75]、小野は同年いち早く書評を行なっている。その中で小野は、西南学派新カント主義哲学の「文化」概念は「個人主義、超個人主義（団体主義）及び超人格主義（文化主義）の三つの世界観的対立を明かにした」が、一方で「其の選択は各人の良心に委ねるといふ相対主義に止まつた」ことを批判し、「ヘーゲル哲学本来の普遍主義」を再興しようとするビンダーの営為を「よし其が道義及び政治の一面に偏し、文化の多様性に正義を与へざる弊があるにしても結局に於て超人格的主義的な、即ち無我を原理とする文化的普遍主義に至るべきである」と評価しているのである[76]。

　1936（昭和 11）年に小野が『中央公論』誌上に公表した「法理学的普遍主義」においては、「普遍主義は個体主義に対して単なる対立観念たるに止まるものでは」なく「真の普遍主義は個体から普遍へといふ思惟の発展をその本質とするものでなければならぬ」と述べられる一方で、上述の『法哲学の基礎』におけるビンダーの営為が「法律の概念と理念とを全く同一視し、

法律とは普遍的意志であり、自由の観念そのものであると為し、法律の本質
に於ける強制の要素をさへ否認するに至つてゐる」として「茲に至れば片面
的な「単なる」観念論に堕する危険がないでもない」とやや懐疑的に紹介さ
れている。小野はその隘路を「物心一如、色心不二の実相」による仏教思想
によって、以下のように乗り越えようとした。

　　真の普遍主義は個体から普遍へといふ思惟の発展をその本質とする
　　ものでなければならぬ。其は個の絶対的実在に対する固執を破すると
　　ころにその生命がある。仏教に於て諸行無常・諸法無我を主張し、空
　　をその原理とするは此の故である。しかも其は単なる観念の弁証法的
　　発展といふ如きものではなく、全体観として、逆に其の一歩一歩に於
　　て一切を包む静止的直感、即ち「止観」でなければならぬ。涅槃寂静
　　とは、此の普遍的世界観の極致をいふであらう[77]。

　小野の法理論が幼少期より育まれた仏教思想に深く支えられていたこと
は、多くの論者の指摘する処であるが[78]、1930年代における仏教思想は「国
体論」と結合し、「皇道仏教」として戦時体制と親和性の高い言説を主体的
に生産していた[79]。仏教界のこのような動向は、1935（昭和10）年の天皇機
関説事件及び国体明徴運動を受けて文部省思想局において編纂が開始され、
1937（昭和12）年5月に刊行された『国体の本義』において「和の精神」
が強調されたこと[80]、更に、宇垣一成内閣の不成立を受けて同年2月に「祭
政一致」を政治方針に掲げて成立した林銑十郎内閣が、その政綱において聖
徳太子による十七条憲法の文言を明示的に引用したこととも連動してい
る[81]。聖徳太子及び十七条憲法は、「国体論」と仏教思想を混在させた「皇
道仏教」の表象として、この時期から盛んに顕彰の対象となっていた[82]。同
時代の小野の言説に頻出する「憲法十七条の世界観は全体的・普遍的な
「公」を原理とする。いはば全体主義であり、普遍主義である。社会学的用

語を以てすれば正に共同体思想なのである」といった理解、あるいは、「和を以て貴と為す」という「普遍」に到達する「思想的媒介」としての儒教と仏教、といった理解は[83]、例えば家永三郎が主張していたような「否定の論理」を通じた仏教思想における「普遍」の探求の営為のように、当時はそれほど特異なものではなかったのである[84]。

　このような小野の「普遍」概念が、明示的に「東洋」へとその射程を拡張する直接の契機となったのが、1938（昭和 13）年に岩波新書として刊行された津田左右吉の『支那思想と日本』における、「日本と支那とは別々の歴史をもち別々の文化をもつてゐる別々の世界であつて、文化的にはこの二つを含むものとしての一つの東洋といふ世界はなりたつてゐず、一つの東洋文化といふものは無い」という主張に対して[85]、翌 1939 年に『中央公論』誌上に公表した「東洋は存在しないか」であった。すなわち小野は「文化的意味において「東洋」が存在するといふ認識は、わが日本において初めて成立したものであり、現に日本を中心として全世界に発展しつつある思想である」として、津田に対して以下のような反論を試みる。

　　　　事物の普遍と特殊との関係を考へる場合、個体の特殊性に重きをおくときは普遍を単なる抽象的な法則性として把握する傾があり、全体の普遍性に重きをおくときは動もすれば特殊の自己法則性を忘れようとする。しかし正しき世界観は飽くまでも特殊の現実性に徹しつつ、しかも有らゆるものの相互連関せる普遍的「世界」の現実性を認識するものでなければならない。仏教の縁起観がそれであり、事事無礙を説く華厳の法界観が其の極致ともいふべきものであらう[86]。

　このような言説は、小野が東京帝国大学仏教青年会のような場で宗教者として「実践」的に活動するときには[87]、「日本民族は文化的に一歩先んじて居るから、指導的な地位に立たなければならない」[88]、あるいは、「日本の文

化と云ふものを、津田博士のやうに、容易に西洋の文化と同一視すると云ふ見解になりますと、西洋人が曾て支那に対して行つたと同じ帝国主義的侵略と植民地化、半植民地化とを、その西洋文化を学んだ日本が代つて行ふといふことになる」といったような[89]、より直截な主張へと結びつくことになる。仏教思想を流入させて高度に観念化された小野の法思想は「歴史的主体の存在を看過し、現実の実定法体系とその論理、あるいはその問題を無視もしくは軽視する可能性」を孕んでいたことが指摘されるが[90]、とりわけそれが「東洋、なかんづく日本の法理」は「本来天地の公道、即ち宇宙的普遍の道に基きながら、しかも人倫の具体的事相に即して実現される道義」、あるいは、「一君万民・君民一体の国体は日本の根本法理であり、最高の道義」であり「一切の国民生活はその最高道義の上に発展する道義生活である」といったような通俗的な「国体論」と結合するとき[91]、再帰的／自己言及的に構築された小野の「日本法理」の理論的厳密性は著しく損なわれることとなるのである。

（2） 「東亜」と「国体」

　日本法理研究会が設立された 1940（昭和 15）年秋から翌 1941 年春にかけての半年間は、「〈戦時挙国一致体制〉下において、もっともはげしい摩擦・相剋が顕在化した時期」であったが、その結果として、「革新」派が主導する新体制運動の敗退、及び、既成勢力のヘゲモニー獲得と並行して、「財界・日本資本主義勢力と皇道主義者との連合」が浮上することとなった[92]。上述の過程で、日本法理研究会設立当時の司法大臣であり、新体制運動推進の中心人物の一人であった風見章が更迭され、後任に平沼騏一郎が就任したことが象徴するように、「司法部のことは他からの掣肘を受くべきでなく司法部自らこれを決定処理すること」を主張する当時の在朝法曹は、概して新体制運動には批判的であった[93]。当時の法学者が「基軸」たる帝国憲法を安定要因として擁護する立場を採ったという指摘も踏まえるならば[94]、この時

期の法学者・法律家の営為は「既成勢力」に近い位置付けにある、自由主義的・保守主義的な性質のものであったと評することが許されよう[95]。

　このことは、上述の時期における国際秩序構想をめぐる動向にも関わる。新体制運動の時期には、1938（昭和13）年に提示された「東亜新秩序」の具体化の方策として、限定的ではあるが「東亜」との協調や連帯を図ろうとする「東亜共同体」論や「東亜連盟」論が模索され、その構想の過程で、天皇制や「国体論」もまた国内変革の可能性と結びつきながら問い直しを迫られることとなった。しかし、新体制運動を推進しようとする「革新」派への批判の高まりの中でこれらの構想は頓挫し、やがて、南方への膨脹を唱える大アジア主義的な日本主義・皇道主義が強まって行くことになる[96]。

　上記の過程に関連して興味深いのは、1941（昭和16）年4月に小野が司法研究所において行った、中華民国新民学院法科生に対する講義「東亜の新なる法律理念」である。「予てより東亜の新たなる法律文化に貢献することを自分の生涯の目標にして」おり「独り日本法に付て研究して居るだけでなく、聊か中華民国、満州国等の法律に付ても研究を致して居る」と講義の口火を切る小野は[97]、「法律に於ても東亜の民族は歴史的に優れた文化を有って居た」として、上述の「日本法理の自覚的展開」の理論展開を踏まえつつ、「民族の生活といふものは極めて具体的なものでありまして、西洋と東洋とは勿論違って居る。又貴国と日本とも明かに異る点があります。併し又此の東洋の諸民族には東洋諸民族共通の文化がある」と主張する。その上で小野は、「日本法理は日本の歴史的伝統、日本の文化的精神に基くものでなければならない」が、それは「日本民族の過去二千数百年の間」に「或は貴国の文化に学び、或は印度の文化に学んだ点が尠くない」ものであり、「外国の文化を容易に利用し、さうしてそれを自己の生活に於て批判的に摂取して居る」のが「日本民族の特色」であるから、「日本法理の闡明は又自ら東亜に於ける法理の闡明になると私は信じて居る」と述べ、以下のように主張するのである。

日本の国体といふやうなことは諸君には少し理解しにくいものであ
　らうと思ふ。或は不可解であると思はれるかも知れませぬ。或は又日
　本の帝国主義的理念であるなどと考へられるかも知れませぬが、それ
　は決してさういふものではなく、日本の国体も只今申しました日本民
　族に於ける道義観念であります。即ち天皇と臣民との人倫的関係であ
　ります。…歴史が違つて居りますから貴国に於て直ちにそれが当て嵌
　るとは申されない。併しながら人倫的道義の観念、民族的道義の観念
　といふものが、其の根柢にあるのであります。其の根柢といふものは
　即ち和の精神、民族的な和の精神、民族的な億兆一心の理であること
　を理解されれば、是は広く東亜の諸民族は勿論世界人類の生活に大き
　な光となるものではないかと思ふのであります[98]。

　このように主張する小野が説く「大東亜法秩序」は、「日本的・東洋的自
然法を其の基礎概念とする一の具体的全体普遍の秩序」であり、西洋国際法
と異なる「日本法理・東洋法理」は「現実の差別に即してしかも其の本質的
平等を認め、そのすべてを一の全体普遍たらしめようとする」ものであると
される。その結果として、「東亜協同体」論は「西洋法理的世界主義を基本
としながら、しばらく其の範囲を東亜に限局せんとするものに過ぎなかつ
た」として、また「東亜連盟」論は「カントの個人主義的法理思想に基き、
第一次世界大戦後の英米の民主主義的世界制覇の意図の下に実現された、か
の国際連盟思想の東亜への適用にすぎない」として、いずれも激しく批判さ
れることになる[99]。

　小野の主張は、1944（昭和19）年に公表された「大東亜法秩序の基本構
造」においては、よりファナティックな形で展開されることになる[100]。「憲
法十七条は儒教、仏教の思想を摂取することによつて日本肇国の精神、日本
道義の精神を日本法理として展開した日本根本法である」と断じるこの時期
の小野にとって[101]、「大東亜の政治組織は組合的な「共同体」でもなく、民

主主義的「連盟」でもない。本然的・宿縁的な一体性の自覚に基く「公」で
なければならない」ものであり、「天皇の御稜威の下に大東亜諸邦が一家と
して八紘一宇の大御業を協翼し奉るのが大東亜の政治」とされるに至っ
た[102]。ただし、ここで指摘しておくべきは、同時代の「国体論」において
は、1941（昭和16）年に刊行された『臣民の道』に見られるような、国民
のより主体的な動員を求める新たな言説が生み出され、「国体論の相剋」と
も言える状況が生じていたことである[103]。戦時下において「日本法理」か
ら「大東亜法秩序」へと弛緩していく小野の法思想には、総力戦の進行に
伴ってアクチュアリティを増していく「国体論」に見られるような動態性は
備わっていなかったのである。

結びにかえて
──「自覚」と「再帰」

　本稿でその変遷を追った小野清一郎の「日本法理」をめぐるテクストにお
ける「固有」と「普遍」の関係は、いささか複雑な構造を持っている。
　戦時下の小野の法思想の理論的な前提となっているのは、新カント主義か
ら新ヘーゲル主義へとその参照先を変えることによって獲得された「法理学
的普遍主義」である。この「普遍」概念を仏教思想と結合させることによっ
て、小野は、法制史家や実務家がしばしば強調した「固有法」概念を相対化
し、「固有」と「普遍」の二項対立を超える「思惟の発展」、すなわち「自
覚」による規範への到達可能性を論じる足場を得た。しかし、小野にとって
重要な知的装置であった仏教思想自体が、1930年代以降の日本主義的傾向
の中で「皇道仏教」へと姿を変えていく過程で、その主体的な「自覚」のプ
ロセスは「肇国の神話」や「国体の精華」といった超歴史的なものへと直結
され、小野の法思想は弛緩する。その背景には、新体制運動の挫折による日
本主義・皇道主義の観念的強化、そして何より、アジア・太平洋戦争の戦局

164

の拡大があった。このような小野の「日本法理」について、戦後直後の吾妻が「他の日本法論のナイーヴな態度から一頭地を抜くもの」であったと評しつつも、「日本法理の独自性を論証されんとするに急なるのあまり、それが世界的法秩序乃至理論の中で占むべき普遍的意味が閑却され、この態度が往々にして日本の実定法乃至その解釈原理を不必要なまでに日本独自のものと強調される結果に導く」結果となったものと評することになったのは、小野の理論的弛緩と、それに伴う思想の捻れの帰結であった[104]。

小野が論証しようとした「日本法理の独自性」が、「規範」を認識するプロセスとしての「自覚」を重視する構造をとることの帰結として、その「規範」に具体的な内実が充填されることを期待するのは困難である。そして、その「自覚」という営為を裏打ちする筈の仏教思想が「国体論」と結合すると、以下のように、むしろその「普遍」的な性質こそが「日本法理の独自性」すなわち、日本法の「固有」な性質であると主張されることになる。

　　　法において変じて変ぜざるものがある。其は皇国日本の道であり、日本道義であり、日本法理である。皇国の道としての日本法理は其の根幹において永遠の相をもつてゐる。法及び道義の枝葉は変じても其の根幹は動かない。日本国家と共に永遠なる道がある。其は客観的な国家の事理として主観的・人為的規定を超ゆるものである。其は神ながらの道である[105]。

しかしここに至ると、同時代において戸坂潤が批判するような、「文献学主義」によって媒介された「古代主義」、すなわち「現在のアクチュアリティーに向って古典を無批判的に適用することの罪」が[106]、自らはそのような実践的な「固有法」の探求を批判しているにも拘らず、小野の営為にもそのまま当てはまると言わざるを得ない。このような、日本文化の「普遍」的な性質を強調する姿勢は、「我国法の特色は一種の連帯精神と東西法律文

化の調和とに在る」と述べる同時代の杉山直治郎の営為[107]、そして、松尾敬一が距離を置きつつ眺めた 1970 年代の野田良之の営為へと接続していくものでもあろう[108]。

　それでは、上述のような隘路に陥らない方途は存在するのであろうか。一つの手法は、小野が「経験的事実」の問題として把握した明治以降の西洋法継受をもその対象に含めた、「規範」のレベルでの法及び法学の歴史を「自覚」を備えて叙述することであろう。小野が刑法史・刑法学史として手がけたように、日本法理研究会においては、前近代の法の歴史に限らず、明治期以降の日本法の歩みをも「歴史化」しようとする試みが見られる[109]。しかし、その中に、例えば「慣習」等を媒介として「固有」なものを見出そうとするベクトルが存在すると、その営為は――たとえ「科学」の名を冠していたとしても――容易に「神意の源泉たる国体」といった形で展開する「普遍」へと直結される[110]。このような「国体論の迷宮」に絡め取られないためには、法と法学を「普遍」へと接続させる戦時下の天皇制による時間感覚の歪みの作用を意識しつつ[111]、一方で、継受された西洋法への過度な帰属的同一性にも陥らないようにも留意しながら[112]、日本の法と法学の歴史を「規範」の歴史として叙述していくための「自覚」が、叙述を行う側にこそ必要となるであろう[113]。

※本稿は、平成 27 年度科学研究費基盤研究（C）「占領管理体制下における「戦後法学」の形成過程に関する法史学的観点からの再検討」の一部である。

〈注〉

1　松尾敬一「戦中戦後の法思想に関する覚書（未完）」『神戸法学雑誌』25 巻 3・4 号（1976 年）152 頁。

2　松尾敬一「「日本法理」の思想」小林直樹・水本浩編『現代日本の法思想』（有斐閣、1976 年）126 頁以下。

3　松尾・前掲注（1）166 頁以下。

4 船田享二『法律思想史』（河出書房、1943 年）398 頁以下。なお、本稿における史料の引用においては、旧漢字は原則として新漢字に改めるなどし、中略部分を「…」で表記した。筆者による補足は〔〕で示した。引用文献の初出時の書誌情報は、必要に応じて適宜注において附した。

5 松尾・前掲注（1）167 頁。

6 船田・前掲注（4）400 頁以下。

7 船田享二『法律思想史』（愛文館、1948 年）399 頁。松尾・前掲注（1）167 頁。

8 松尾敬一「大正・昭和初期の法理論をめぐる若干の考察」『法哲学年報』1969 年（1970 年）23 頁以下。

9 宮澤俊義「わが国の法哲学」『法律時報』8 巻 11 号（1936 年）3 頁以下。

10 小野清一郎「「法理学」といふ語について――同時に我が邦における法理学の小沿革」同『法学評論　下』（弘文堂書房、1939 年）3 頁以下〔初出は『法学協会雑誌』55 巻 4 号（1937 年）、なお、副題は後に附されたものである〕。

11 松尾・前掲注（8）25 頁。

12 岩谷十郎「日本法の近代化と比較法」『比較法研究』65 号（2004 年）39 頁。

13 野田良之「日本における外国法の摂取：序説」伊藤正己編『岩波講座現代法（14）外国法と日本法』（岩波書店、1966 年）174 頁以下。

14 野田良之「日本法哲学の課題」『法哲学年報』1973 年度（1974 年）10 頁以下。

15 松尾・前掲注（2）133 頁以下。

16 野田良之「日本における比較法学の発展と現状」『法学協会雑誌』89 巻 10 号（1972 年）7 頁。

17 杉山直治郎「比較法学」末弘厳太郎・田中耕太郎編『法律学辞典（4）』（岩波書店、1936 年）2247 頁。杉山直治郎の比較法学に関しては、貝瀬幸雄「普遍比較法学の復権――杉山直治郎の比較法学」『立教法務研究』1 号（2008 年）29 頁以下を参照。

18 「非常に勇敢といいますか、国粋主義的な立場から、比較法という問題を出されて」おり「比較法学者の第一人者であられた杉山先生が…比較法ないしその方法論をどう考えておられたか、ということが問題となると思うのです」「〈第二共同討議〉比較憲法学の課題と方法」小林孝輔・和田英夫編『憲法研究入門』（酒井書店、1957 年）190 頁〔和田英夫発言〕。

19 日本評論社編『日本の法学』（日本評論社、1950 年）162 頁以下〔戒能通孝発言〕。

20 戦時の吾妻光俊の思想に関しては、石井保雄「戦時期の吾妻光俊の軌跡──「労働力のコントロール」理論前史」『獨協法学』71 号（2007 年）94 頁以下を参照。

21 吾妻光俊「日本法理の探究──戦時法理論の回顧」『一橋論叢』16 巻 34 号（1946 年）140 頁以下。

22 吾妻光俊「書評 船田享二著『法律思想史』」『一橋論叢』13 巻 1 号（1944 年）87 頁以下。

23 船田・前掲注（4）400 頁。

24 宮澤浩一「小野清一郎の刑法理論」吉川経夫他編『刑法理論史の総合的研究』（日本評論社、1994 年）110 頁。

25 長尾龍一「法思想における「国体論」」同『日本国家思想史研究』（創文社、1982 年）52 頁。

26 「日本法理」についての近時の代表的な業績である、白羽祐三『「日本法理研究会」の分析』（中央大学出版部、1998 年）は、以下で述べる同会の活動の全体像を把握する上で極めて有用であるが、例えば本稿と関連するところでは、小野清一郎の「日本法理」との関わりについて、後掲の「日本法理の自覚的展開」（1942 年）と「大東亜法秩序の基本構造」（1944 年）のうち、「小野が「確信」的理論を展開したと称する」ものである後者の方が「小野の本性がより明確になる」として、前者との差異の検討には踏み込んでいない（304 頁）。一方で、中山研一『佐伯・小野博士の「日本法理」の研究』（成文堂、2011 年）では、後者は「その内容はここで改めて紹介するまでもないものというべきであろう」として、前者のみが検討の対象とされる（198 頁）。

27 近時の「日本主義／日本精神」をめぐる検討に関しては、竹内洋・佐藤卓己編『日本主義的教養の時代──大学批判の古層』（柏書房、2006 年）、植村和秀『「日本」への問いをめぐる闘争──京都学派と原理日本社』（柏書房、2007 年）、井上義和『日本主義と東京大学──昭和期学生思想運動の系譜』（柏書房、2008 年）、田中康二「日本精神論の流行と変容」緒方康編『一九三〇年と接触空間──ディアスポラの思想と文学』（双文社出版、2008 年）等を参照されたい。

28 近時の「アジア主義」をめぐる検討に関しては、米谷匡史「戦時期日本の社会思想」『思想』882 号（1997 年）、有馬学「誰に向かって語るのか──〈大東亜戦争〉と新秩序の言説」酒井哲哉編『岩波講座 「帝国」日本の学知（1）「帝国」編成の系譜』（岩波書店、2006 年）、酒井哲哉『近代日本の国際秩序論』（岩波書店、2007 年）等を参照されたい。

29 日本法理研究会の設立に至る経緯に関しては、白羽・前掲注（26）139 頁以下、矢澤久澄・清水聡『戦時司法の諸相——翼賛選挙無効判決と司法権の独立』（渓水社、2011 年）196 頁以下を参照。なお、拙稿「「日本法理」と「国家科学」——近衛新体制期の法学者・法律家たち」『法史学研究会会報』18 号（2015 年）21 頁以下も参照されたい。

30 国民精神文化研究所に関しては、前田一男「国民精神文化研究所の研究——戦時下教学刷新における「精研」の役割・機能について」『教育史学会紀要』25 号（1982 年）53 頁以下、宮地正人「天皇制ファシズムとそのイデオローグたち——「国民精神文化研究所」を例にとって」『季刊　科学と思想』76 号（1990 年）50 頁以下、今井隆太「国民精神文化研究所における危機の学問的要請と応答の試み——藤澤親雄・大串兎代夫・作田荘一・河村只雄」『ソシオサイエンス』7 号（2001 年）165 頁以下、荻野富士夫『戦前文部省の治安機能——「思想統制」から「教学錬成」へ』（校倉書房、2007 年）92 頁以下等を参照。

31 頼松瑞生「戦中期における日本固有法思想の一断面——牧健二、細川亀市、会田範治」『法学政治学論究』51 号（1992 年）335 頁以下。

32 例えば、吾妻が顕名で取り上げる廣濱嘉雄は、日本法理研究会の活動に直接関わった形跡はない。廣濱の法思想に関しては、服部寛「廣濱嘉雄の法理学に関する一考察——三重構造論とその展開を中心に（1）～（4）」『松山大学論集』26 巻 4 号～28 巻 1 号（2014～2016 年）を参照。

33 末弘厳太郎と「日本法理」の関係については、石田眞「末弘法学の軌跡」六本佳平・吉田勇編『末弘厳太郎と日本の法社会学』（東京大学出版会、2007 年）168 頁以下を参照。この点は、本稿末尾においても若干再論するが、詳しくは別稿において検討することとしたい。

34 「解説法学」に関しては、拙稿「戦時・戦後初期の日本の法学に関する覚書（1）——「戦時法」研究の前提として」『桐蔭法学』19 巻 2 号（2013 年）130 頁以下を参照。

35 日本法理研究会『昭和十七年五月　日本法理研究会事業概要』日本法理研究会（1942 年）2 頁以下。

36 同前 3 頁。

37 鹽野季彦「新日本法の建設——日本法理研究会設立に就て」『法曹会雑誌』18 巻 11 号（1940 年）3 頁。

38 小野清一郎の刑法理論に関しては、宮澤・前掲注（24）475 頁以下の他、中山研一「小野博士の刑法思想」同『刑法の基本思想〔増補版〕』（成文堂、2003 年）

52 頁以下、内藤謙『刑法理論の史的展開』（有斐閣、2007 年）318 頁以下等を参照。小野自身も後年「当時の日本法理研究会の思想的方向について責任を負うべき者は主として鹽野氏と私である」と回顧している（鹽野季彦回顧録刊行会編『鹽野季彦回顧録』（鹽野季彦回顧録刊行会、1958 年）355 頁以下）。なお、拙稿「小野清一郎——「学派の集い」と「日本法理」」小野博司・出口雄一・松本尚子編『戦時体制と法学者　1931〜1952』（国際書院、2016 年）も参照されたい。

39　小野清一郎「公刑罰の成立について」同『刑法と法哲学』（有斐閣、1971 年）185 頁以下〔初出 1925 年、なお文章に多少の修正が加えられ（ただし文末は大幅に改稿されており、引用の最後の箇所は「その根柢には常に或る非合理的者〔ママ〕のあることを認めざるを得ない」となっている）、追記が附されている〕。

40　伊藤研祐「日本の犯罪体系論：いわゆる団藤・小野体系」『法律時報』84 巻 1 号（2012 年）9 頁以下。

41　小野清一郎「構成要件概念の訴訟法的意義」同『犯罪構成要件の理論』（有斐閣、1953 年）428 頁〔初出 1938 年〕。

42　内藤・前掲注（38）322 頁以下。

43　小野清一郎「「理論」刑法学の政治性——瀧川幸辰著、犯罪論序説（昭和一三年）」同前掲・注（10）325 頁以下〔初出 1938 年〕。

44　詳しくは、拙稿「統制・道義・違法性——小野清一郎の「日本法理」をめぐって」『桐蔭法学』20 巻 2 号（2014 年）147 頁以下を参照されたい。

45　小野清一郎「刑法に於ける道義と政策——改正刑法仮案に対する概括的批判」同『日本法理の自覚的展開』（有斐閣、1942 年）所収）204 頁以下〔初出 1940 年〕。

46　宮澤・前掲注（24）501 頁以下。

47　小野清一郎「日本法理の自覚的展開」同前掲・注（45）1 頁以下〔初出 1942 年〕。

48　なお、これに先立って小野は、1941 年 11 月に日本諸学振興委員会第 2 回法学会において「日本法理の自覚的展開」と題する講演を行っている。この講演は「日本法学の樹立——日本法理の自覚を提唱す」と解題の上、小野清一郎『日本法学の樹立　附　東亜の新なる法律理念（日本法理叢書 16 輯）』（厳翠堂書店、1942 年）に収録されているが、その主張はほぼ同旨である。日本諸学振興委員会法学会に関しては、駒込武・川村肇・奈須恵子編『戦時下学問の統制と動員　日本諸学振興委員会の研究』（東京大学出版会、2011 年）589 頁以下を参照されたい。

49 なお同論文に関しては、中山・前掲注（26）159 頁以下において、詳細な検討が行なわれている。

50 小野・前掲注（47）13 頁以下。

51 同前 46 頁以下。

52 小野清一郎『法理学と「文化」の概念——同時に現代ドイツ法理学の批評的研究』（有斐閣、1928 年）390 頁以下。なお、前掲拙稿・注（44）143 頁以下も参照されたい。

53 小野清一郎「日本刑法学序説」同・前掲注（45）194 頁以下〔初出 1941 年〕。

54 小野清一郎「日本刑法の歴史的発展——一つの概観」同『刑罰の本質について・その他』（有斐閣、1965 年）343 頁以下〔初出 1941 年〕。

55 小野清一郎「刑法学小史」同・前掲注（54）423 頁〔初出 1942 年〕。

56 小野・前掲注（47）10 頁。

57 同前 55 頁以下。

58 岩谷・前掲注（12）32 頁以下。この点は、本稿の末尾で再論する。

59 船田・前掲注（4）399 頁。

60 小野・前掲注（47）39 頁以下。ここで直接批判の対象となっているのは、中島弘道「日本固有の法理確認の可能性」『法学新報』50 巻 2 号（1940 年）である。中島弘道に関しては、頼松瑞生「法律学における昭和維新——岩田新、村井藤十郎、中島弘道」『法学政治学論究』18 号（1993 年）249 頁以下を参照。

61 吾妻・前掲注（21）141 頁。

62 牧野英一「日本固有法論と経済法論」『自治研究』17 巻 1 号（1941 年）21 頁以下。なお、拙稿・前掲注（29）25 頁以下を参照されたい。

63 小野・前掲注（47）38 頁以下。

64 同前 95 頁以下。

65 牧健二『日本固有法の体系（日本法理叢書 1 輯）』（厳翠堂書店、1941 年）4 頁以下。

66 頼松・前掲注（31）348 頁以下、山口道弘「牧健二の史学史的研究序論——特に委任制封建制論及び知行論争理解の深化に向けて」『千葉大学法学論集』27 巻 2 号（2012 年）119 頁以下。

67 吾妻・前掲注（21）152 頁。

68 小野・前掲注（47）96 頁。

69 佐伯千仭・小林好信「刑法学史」鵜飼信成他編『講座 日本近代法発達史（11）』（勁草書房、1967 年）283 頁以下。

第6章 「日本法理」における固有と普遍　171

70　佐伯千仭『疾風怒濤　一法律家の生涯——佐伯千仭先生に聞く』（成文堂、2011年）118頁以下。なお、中山・前掲注（26）7頁以下を参照。

71　詳しくは、拙稿・前掲注（29）21頁以下を参照されたい。

72　小野・前掲注（47）34頁以下。

73　千葉正士「戦前におけるわが国法哲学の法思想史的再検討　上」『法学新報』72巻1・2・3号（1965年）17頁以下。

74　内藤・前掲注（38）359頁以下、及び、本田稔「刑法史における法理学的普遍主義の展開」『立命館法学』333・334号（2010年）2747頁以下を参照。

75　ビンダーの法思想に関しては、竹下賢「法思想における全体主義への道——ユリウス・ビンダーの軌跡」ナチス研究班編『ナチス法の思想と現実（関西大学法学研究所研究叢書3冊）』（関西大学法学研究所、1989年）、及び、ラルフ・ドライアー／本田稔訳「ユリウス・ビンダー（1987-1939年）——帝国とナチスの間の法哲学者」『立命館法学』350号（2013年）を参照。

76　小野清一郎「ヘーゲル主義的法律哲学——Binder, Grundlegung zur Rechtsphilosophie（1935）.」同前掲・注（10）70頁以下〔初出1935年〕。

77　小野清一郎「法理学的普遍主義」同前掲・注（10）19頁以下〔初出1936年〕。

78　古賀勝次郎「小野清一郎——仏教と古典派刑法学」同『近代日本の社会科学者たち』（行人社、2001年）、佐々木聰「小野刑法理論の思想的・哲学的背景——仏教思想を中心として」『東洋大学大学院紀要』38集（2001年）、同「小野清一郎の倫理的刑法観に関する一考察——改正刑法準備草案および改正刑法草案に対する批判とその反論を中心にして」『東洋大学大学院紀要』40集（2003年）、宿谷晃弘「小野清一郎博士の罪刑法定主義論および構成要件論の背景的思想に関する一考察——現代刑法学の古層の探求あるいは修復的司法／正義論へのプロローグ」『早稲田大学大学院法研論集』1100号（2004年）、同「大日本帝国の刑罰思想における「内部」と「外部」——刑罰思想史ノート」『東京学芸大学紀要　人文社会系』II-64号（2013年）等を参照。

79　新野和暢『皇道仏教と大陸布教——十五年戦争期の宗教と国家』（社会評論社、2014年）、「〈特集〉日本宗教史像の再構築——トランスナショナルヒストリーを中心として」『人文学報』108号（2015年）等を参照。

80　鰺坂真「「和」の精神と日本精神主義——「国体の本義」の成立過程」日本科学者会議思想・文化研究委員会編『「日本文化論」批判——「文化」を装う危険思想』（水曜社、1991年）158頁以下、長谷川亮一『「皇国史観」という問題——十五年戦争期における文部省の修史事業と思想統制政策』（白澤社、2008年）77

頁以下。

81 寺戸尚隆「十五年戦争期の「日本仏教」の新展開――林銑十郎内閣と聖徳太子鑽仰」『近代仏教』20 号（2013 年）133 頁以下。日本法理研究会会長の鹽野が司法大臣として初入閣したのも林内閣の時である（鹽野季彦回顧録刊行会編・前掲注（38）270 頁以下）。

82 新野前掲・注（79）120 頁以下、寺戸・前掲注（81）136 頁以下、石井公成「「人間聖徳太子」の誕生――戦中から戦後にかけての聖徳太子像の変遷」『近代仏教』19 号（2012 年）59 頁以下。

83 小野清一郎「憲法十七条における国家と倫理」同前掲・注（10）199 頁以下〔初出 1938 年〕。小野はこの時期、憲法十七条に関する論稿を多数執筆している（「小野清一郎教授略歴並びに著作年譜」『愛知学院大学法学研究』21 巻 4 号（1978 年）170 頁以下）。

84 オリオン・クラウタウ「十五年戦争期における日本仏教論とその構造――花山信勝と家永三郎を題材として」同『近代日本思想としての仏教史学』（法蔵館、2012 年）159 頁以下。なお、酒井直樹「否定性と歴史主義の時間――一九三〇年代の実践哲学とアジア・太平洋戦争期の家永・丸山思想史」磯前順一・ハリー・D。ハルトゥーニアン編『マルクス主義という経験――1930〜40 年代日本の歴史学』（青木書店、2008 年）261 頁以下を参照。

85 津田左右吉『支那思想と日本』（岩波書店、1937 年）2 頁。

86 小野清一郎「東洋は存在しないか」同前掲・注（45）262 頁以下〔初出 1939 年〕。

87 この点に関して、大谷英一『近代仏教という視座――戦争・アジア・社会主義』（ぺりかん社、2012 年）80 頁以下を参照。

88 小野清一郎「日本国家の特質」東京帝国大学仏教青年会編『仏教思想講座（6）』（東京帝国大学仏教青年会、1939 年）106 頁。

89 小野清一郎「東洋の存在」東京帝国大学仏教青年会編『仏教思想講座（9）』（東京帝国大学仏教青年会、1940 年）28 頁以下。

90 千葉・前掲注（73）24 頁以下。

91 小野・前掲注（47）127 頁以下。

92 米谷・前掲注（28）96 頁以下。雨宮昭一「大政翼賛会形成過程における諸政治潮流――"権威主義的民主主義派（社会国民主義派）""国防国家派""自由主義派""反動派"」同『近代日本の戦争指導』（吉川弘文館、1997 年）257 頁以下も参照されたい。

93 拙稿・前掲注（29）22 頁以下。

94 米山忠寛『昭和立憲制の再建 1932〜1945 年』（千倉書房、2015 年）261 頁以下を参照されたい。

95 この点は、アカデミズムにおいて新体制運動の中心的役割を担ったのが法学者ではなく、矢部貞治や蠟山政道といった政治学者であったことも含めて、当時の社会科学全般の動向にも関わる問題であると思われる。しかし、本稿では充分に立ち入る余裕が無い。

96 米谷匡史「日中戦争期の天皇制——「東亜新秩序」論・新体制運動と天皇制」『岩波講座　近代日本の文化史（7）総力戦下の知と制度』（岩波書店、2002 年）259 頁以下。

97 小野は、東京帝国大学法学部のスタッフによる「中華民国法制研究会」の刑事法部主任であった（西英昭「中華民国法制研究会——基礎情報の整理と紹介」『中国——社会と文化』21 号（2006 年）226 頁）。

98 小野清一郎「東亜の新なる法律理念」同・前掲注（48）45 頁以下。

99 小野・前掲注（47）146 頁以下。

100 その内容については、分析にやや偏りがあるが、白羽・前掲注（26）306 頁以下を参照。

101 小野清一郎「大東亜法秩序の基本構造（2）」『法律時報』16 巻 2 号（1944 年）5 頁。

102 小野清一郎「大東亜法秩序の基本構造（3）」『法律時報』16 巻 3 号（1944 年）8 頁以下。

103 昆野伸幸「大川周明『日本二千六百年史』不敬書事件再考」同『近代日本の国体論——〈皇国史観〉再考』（ぺりかん社、2008 年）205 頁、同「日本主義と皇国史観」苅部直他編『日本思想史講座（4）近代』（ぺりかん社、2013 年）352 頁以下。

104 吾妻・前掲注（21）143 頁。もっとも、吾妻自身の法学説にこのような戦時下の法のあり方を批判するだけの強固な前提を見出し得るかどうか、という点も、当然に問われるべきであろう（石井・前掲注（20）95 頁以下）。

105 小野・前掲注（47）76 頁以下。

106 戸坂潤「日本イデオロギー論」同『日本イデオロギー論』（岩波書店、1977 年）52 頁以下〔初出 1935 年〕。河野有理「「社稷」の日本史——権藤成卿と〈偽史〉の政治学」松沢裕作編『近代日本のヒストリオグラフィー』（山川出版社、2015 年）156 頁以下を参照。

174

107 杉山・前掲注（17）2247頁。

108 佐々木斐夫「あとがき」野田良之『内村鑑三とラアトブルフ――比較文化論へ向かって』（みすず書房、1986年）259頁以下。この点は、野田による比較法的な観点に基づく日本法の歴史的把握が、「戦後」の法学にとってどのような意味を持っていたか（筆者はこの問題を、1960年代に行なわれた「（旧）現代法論争」とパラレルな現象であったという仮説を持つ。なお、拙稿「「戦後法学」の形成――一九五〇年代の社会状況との関係から」「年報日本現代史」編集委員会編『戦後システムの転形（年報日本現代史20号）』（現代史料出版、2015年）37頁以下を参照されたい）、更には、近代以降の日本の法の歴史をどのように「物語」るべきかという、別の大きな問いへと繋がる問題であるが、これらの作業は別稿にて行いたい。

109 日本法理研究会編『明治初期の裁判を語る（日本法理叢書別冊4）』（1942年）。

110 風早八十二「解題」同編『全国民事慣例類集』（日本評論社、1944年）92頁。なお、末弘厳太郎「法律と慣習――日本法理探求の方法に関する一考察」『法律時報』15巻11号（1943年）2頁以下を参照。

111 片山杜秀『近代日本の右翼思想』（講談社、2007年）142頁以下。

112 岩谷・前掲注（12）32頁以下。

113 この点について自覚的な戦後直後の営為として、熊谷開作「いわゆる日本法制史の成立とその限界」『法律文化』4巻1号（1949年）62頁以下。もとより、戦後直後の言説の限界として、ここには、天皇制への対抗言説としてのマルクス主義への高い期待が反映されている（松下輝雄「マルクス主義――天皇制法イデオロギーとの対決の思想」野田良之・碧海純一編『近代日本法思想史』（有斐閣、1979年）320頁以下）。このことを含め、近現代日本法制史学自体を対象とした「学史」研究も、今後の課題となるであろう。

第7章　ある「法文化」の生成

——誰が裁判嫌いの「神話」を生んだのか*

高　橋　　裕

視角と方法

（1）　「法文化」の捉えがたさ

　法文化に限らず、「文化」を社会科学的に対象化しようとするとき顕在的にあるいは潜在的に逢着せざるをえない一つの難問がある。それは、文化の性質をどのように捉えるか、である。一方で「文化」は多くの場合、持続的ななにものかとして、すなわち静的性質を持つものとして把握される。しかし他方で、社会における現象としておよそ変化を免れるものがあるのか、という自然な発想は、「文化」をもなお動的なものとして捉えるべきという理解を導く[1]。

　そのように考えると、「再帰する法文化」という主題設定は、法文化が持つ動態性と静態性の二つの相を一言で表現する卓抜した着想であることがわかる。法文化とは運動の相のもとにありつつ、ひとところに戻ってくる・その意味では固定的なものだ、という理解が、結晶のようにそこに表現されているのである。そして、そのような定式化はさらに別の問いも導こう。「法文化が再帰するとしたら、それはどのようにか？」という問いを、である[2]。

　しかし、「法文化」がどのように生み出され維持されるのかを具体的に描き出そうとするとき、私たちは別の難問に向き合うことになる。周知のとおり「法文化」をめぐっては、それが社会現象を説明するうえで有意味な概念

装置であるか、という論争がかねてより存在し、しかもそれは「法文化」の概念規定の困難とも結びついて、かなり複雑な様相を示している。この「法文化」論の社会科学的意義をめぐる問いが、私たちの問題へのアプローチをも難しくするのである。論争の状況一般に関する筆者の理解は別稿に譲る[3]が、本稿の関心との関係で特に重要であるのは次の点、すなわち、仮に或る地理的（ないし法圏上の）範囲における一定の特徴を見出しえたとしても、それを「法文化」とみなすことが適切であるかについては——「法文化」が説明因子ないし独立変数として位置づけられるものであるかぎり——決め手を見いだせない、という点である。説明しよう。

　或る法圏・社会の法過程になんらかの特徴的な現象・性質が析出されたとして、さらにその「特徴」をそのようなものとして社会に現出させる要因が常に存在することだろう。しかし他の要素によってその存在を説明されるような「特徴」であるとすれば、今度はそのような他の要素こそが「法文化」と呼ばれるべきものなのではないか——この問いはほとんど無限に後退しうるのであって、もしも「最終」的な特徴があるとすれば、それは研究者の仮想的な措定であるか、あるいはほとんど内実を伴わず社会科学的に空疎ななにものかに帰着せざるをえないように思われる。そして、「法文化」がそのような性格のものであるならば、法文化が再帰する機序・様相を検討する作業というのも、容易ではない。或る法圏・社会において何が具体的な「法文化」であるかが明らかにならないなら、「生み出され維持される」過程として何を描き出すべきかも特定できないであろうから。

　しかし、この困難を突破する手がかりを与えるのもまた「再帰する法文化」という視点自体であると、筆者は考える。法文化が再帰するとすれば、その過程には、再帰させる行為とその主体とがある。そして、「法文化」を主題化するという作業自体が優れて法学固有のものである以上、その過程には、法律家就中法学者がかかわっていると考えて然るべきだろう。そうであれば私たちには、「法文化」をめぐる知的・学術的議論が誰によって、どの

ように成立させられ、そしてどのように展開してきているか、というプロセスに着目する可能性があるのではないか？　法文化そのものを対象化するという第一階的な分析は困難であるとしても、法文化をめぐって行なわれる議論を対象化する第二階的な観察は可能であり、そしてまた、法文化をめぐる議論自体が「法文化」の再帰過程にかかわっているはずだ、と考えるのである[4]。

（2）　視角と方法

　そのような発想から、本稿では、「法文化」がどのように生み出され維持されるのか、に焦点を合わせながら法学者の議論を観察することを試みる。しかしその際、広く「法文化」一般にかかわる議論を扱おうとすれば、検討の拡散を招く危険を伴う。そこで、本稿では、ケーススタディとして、〈日本における民事紛争の解決の態様をめぐる議論〉に目を向けることとしたい[5]。すなわち、以下で探索されるのは、〈民事紛争解決の態様をめぐる議論を法文化に強くかかわる事柄として扱う〉という問題設定（以下ではこの問題設定を「紛争行動－法文化論」と呼ぶことにする）がどのように法学者の間で、論じられるべきものとして共有されるに至ったか、である。

　その作業を行なうにあたってもさまざまな接近法があると考えられるが、本稿では法学の教科書、なかでも法学への導入を行なう教科書に注目してみよう[6]。執筆者の「それぞれが、己れの殻に似せて個性的に造型する以外にはない」と評される法学導入書であるが、その多くにおいて「紛争行動－法文化論」が取り上げられている時期がもしもあるとしたら、それは、この問題設定が、広い範囲の法学者に、論及に足るものだと共同的に理解されている、ということを意味しよう。法学という知的領域に足を踏み入れた者がその最初期に読むものである以上、その内容が将来の法学者を含む多くの者にとっての共通体験となり彼ら・彼女らの思考の範型として刻み込まれる、という可能性にもつながる。そのような発想から、以下では、総称的に「法学

入門」ないし「法学概論」と呼ばれる（また、かつては「法学通論」と呼ば
れることが一般的であった）、法学への導入の役割を果たすことを期して執
筆されている一群の教科書——このような教科書を、以下では「法学入門
書」と記す——に焦点を合わせる[7]。なお、「教科書」自体、定義は拡散する
ものであるけれど、本稿の関心からすれば、法学への関心を有し始めた段階
の知的公衆の手に取られる可能性の高い書籍——たとえば啓蒙的な新書版の
書籍など——も必要に応じて検討の対象に含まれてくる。

　こうして、私たちの検討する課題をさらに限定するならば、〈法学入門書
において、「紛争行動-法文化論」がどのようにして扱われてきたのかを明ら
かにすること〉となる。驚くほど膨大な種類のものが刊行されている法学入
門書のなかで筆者が参看し得たものはもとより限定されており、以下は試論
の域を超え出でない。しかし、「法文化」の生成の過程を辿るという課題の
究明に向けたあり得る貢献に加えて、今日の研究状況——法学的な理論ない
し問題設定が構築される過程の第二階的な観察自体がこれまで日本において
あまりなされておらず、したがって、法学者および法律家の実践を社会科学
的・経験的な検討の対象にする作業が進んでいない[8]——に照らしても、本
稿の試みには一定の意義があるものと考える。

（3）　「紛争行動-法文化論」

　本節の最後に、「紛争行動-法文化論」と本稿で呼ぶ問題設定が、細密化す
るならばどのような内容のものであるのかを確認しておこう。「紛争行動-法
文化論」とは、本稿の関心に沿って考えるならば、以下のようなテーゼに
よって構成されているものだと整理できる[9 10]。

　　(a)「日本人」がとる行動は、それ以外の者の行動との対比で、論点化し
　　　うる。
　　(b)「日本人」の行動のうち、民事紛争をめぐる法利用行動が特徴的で
　　　ある。

第7章 ある「法文化」の生成 179

- (c) 法利用行動のなかでも、紛争解決行動、特に訴訟制度の利用の態様と和解的な紛争解決機構の利用の態様とが特徴的である。
- (d) 訴訟制度・和解的紛争解決機構の利用の態様は、数値によって測定されうる。
- (e) 法利用行動・紛争解決行動のあり方を規定する要因が何か、が論点として重要である。
- (f) 法利用行動・紛争解決行動のあり方を規定する可能的要因として、行為者の内面的要素を挙げうる。
- (g) 法利用行動・紛争解決行動のあり方を規定する可能的要因として、制度設計ないし政策のあり方という、個々の行為者にとって外在的な要素を挙げうる。
- (h) 行為者の内面的要素は、「文化」の文脈に位置づけられ、固定的な性質を有する。

では、このように相当数のテーゼの複合であると考えられる「紛争行動-法文化論」とは、どのように法学入門書に現われてきたか？

法学入門書の系譜と「紛争行動-法文化論」

（1） はじめに

「市井に在って地方の行政実務などにたずさわっていると、住民の多くは、"法律は無縁の学"であり"法律はむずかしく、こわいもの"であり、従って"法律から逃げなくては"というように努めているように感じられることがよくある。その局部的な現象を……"訴訟を好まない"傾向にスポットをあててみると、あながちその一半である「判決が遅れるとか、訴訟費用」の問題ばかりではないようである。判決とか経費の点に焦点を絞り得る部類は上の部であって、実はそれ以前の問題が根強く潜在していることに気

づく。一言でいうなら、"考え方"なのである。法律をどのように評価し、訴訟をどのように考えているかという考え方なのである」。

現時点で読むとひょっとすると川島武宜の『日本人の法意識』第5章の要約とも思われるかもしれないこの文章——紛争行動-法文化論を構成するテーゼのうちの (c)・(e)・(f) の要素を明示的に含み、また (a)・(b) の要素も暗示する——は、一市民からの投書として1961年に『書斎の窓』誌に掲載されたものであった[11]。このような見方が法学書籍出版社のＰＲ誌に掲載されたということは、その当時においてこうした発想が必ずしも当然のものではなかったということを示唆しはしないか？ 以下で行なうのは、このような言説の生成を法学入門書の系譜の探索を通じて辿る作業である[12]。

（2） 1945年まで

まず、ごく簡単に戦前の法学入門書について触れておこう。法利用行動を規定する要素として「意識」に焦点を合わせ、かつ、それが日本人において特異である、という認識を示した例は、古い時期にまで遡って見いだしうる。たとえば岸本辰雄——彼は「法学通論」と題する書籍をものした最初の法律家の一人であり、また、その改訂を重ねた法学者であった[13] が、1898年9月執筆という記載がある法学通論序文において次のように述べる：「顧ミテ我国民ノ状態ヲ案スルニ封建ヨリ来ル数百年ノ積習ト儒教ヨリ来ル一種ノ誤解トヨリ上命下服、夫唱婦和、盲従惟レ事トシ壓抑、干犯、背信、違約之ヲ行フテ顧ミス之ヲ受ケテ憤ラス卑屈慴伏所謂抗争ニ至テハ看テ以テ一大悪徳ト做シ権利ノ思想、法律ノ観念蕩然曾テ存スルアルヲ見ス」[14]。ここには、上で示した諸要素に重ねるならば、(a)・(c)・(e) の発想が（そして読み方によっては (h) の発想も）既に示されていると言える。岸本自身の問題意識は、日英通商航海条約を初めとする改正条約の発効を直前に控えて国際的競争にいかに処していくべきか、という実践的なものであったと考えられるが、そうした歴史的背景を捨象するならば、ここに「紛争行動-法文化

論」の発想が既にはっきり現われている、と思われるほどである。

　しかし、我々の関心との関係で重要なのは、このような岸本の考えが、彼の『法学通論』の本論の中に、換言すればその体系のなかに組み込まれていない、ということである。これはすなわち、紛争行動-法文化論が、岸本の教科書において、論じられ・解答されるべき問いとしての地位を与えられていない、ということを意味する。

　そして、管見の限り、昭和戦前期までの法学入門書において紛争行動-法文化論が教科書の本論に現われた例はなかった。一般的にいって、1945年までに刊行された日本の法学入門書とは、法概念論・権利論・国家論・（法解釈方法論を含む）法学論および実定法体系論の五つを柱として（それらの一部が欠けることはあり得る）それぞれの分類を提示するものであって[15]、静態的に法・政体および法学の体系を示すに留まり、法の作動の動態や、法の運用にかかわる制度などには叙述の重点が置かれない。そのことを端的に示すのは、どの法学入門書をみても、司法制度、とりわけその運用主体にかかわる詳しい説明が欠けている[16]、という事実である[17]。

（3）　1945～1954年

　太平洋戦争の敗戦後、一転して法学入門書にも多様化が生じる。そのことを象徴的に示すのが表題の変化であって「法学通論」という題は戦後は一部の著者によるものを除いては用いられなくなったが、もちろん変化は表題以外にも及ぶ。最初期に現われたのは、筆致における転換であった。すなわち、1949年頃から刊行が始まった新たな法学入門書の一部は、構成の面では戦前のものの志向性を引き継ぎつつ、しかし書き方の工夫を通じてわかりやすさを追及するとともに、執筆者独自の検討の成果をも示そうとする。代表は尾高朝雄の『法学概論』[18]であり、また、田中周友の『法学概論』[19]や峯村光郎の『法学入門』[20]もここに含めることができるだろう。

　また、執筆形式でも顕著な変化が生じる。戦前には見られなかった共著型

のものが叢生し始めたのである。横田喜三郎と宮澤俊義の編集にかかる『法学』[21] や中川善之助・木村亀二（編）『法学概論』[22]、舟橋諄一・青山道夫（編）『法学概論』[23] などをこの例として挙げうる[24]。共著形式のものが増えた背景には、新制大学の発足に伴い教養科目としての「法学」の授業が開講されることとなったため各大学で行なう授業に合わせた教科書を刊行する必要が生じたという事情に加えて、敗戦に伴い新法の制定が相次ぎ、各分野の専門家でなければ正確な知識を有することが困難であったという事情があったようである（それはまた、このタイプの法学入門書が法分野ごとの解説を主な内容にしていたということを意味し、さらには、戦後まで継続したという「解説法学」の傾向[25] が法学入門書にまで及んでいたと考えられる、ということでもある）。

　ただし、そうした動向と並行しながら、構成面・内容面での新規性・独自性を露わにするものも現われてくる。この系統に属するものとしては、近年も評価の機運がある穂積重遠の『百万人の法律学』[26] や、技術的な事項の解説よりも法的な思考法の分析に重点を置いた吾妻光俊の『法学』[27] があり、また、マルクス主義的な視座からの説明を試みた[28] 山中康雄の『新法学概論』[29] と宮川澄の『法律学入門』[30] もこの系統での顕著な達成といえよう。

　ただし、我々の問題関心との関係では次のことを指摘しなければならない。すなわち、これらの展開の下において、紛争行動−法文化論は法学入門書の枠組みの中に現われてこないということを、である。それが法学入門書の中で明確に問題として設定されるようになるまでには、なおしばらくの時間が必要であった[31]。

（4）　1955〜1959 年

　私見では、1950 年代の法学入門書の展開のなかで一つの分水嶺をなしたのは戒能通孝の『法律入門』[32]（岩波書店、1955 年）である。その目次[33] を一瞥しただけでも同書の独特な構成は明らかであるが、ここでは序文の抜粋

も掲げよう。「「法とは何か」、「権利とは何か」の問題が、今ほど深刻にわれわれの前にそびえている時期は、日本の歴史にも少ないのではあるまいか。「法がわれわれのものであり得る」という状態は、日本では殆んど未知の現象だった。しかしわれわれが「法を自己のものにする意思」をもつかぎり、現在では夢物語ではなくなった。それだけに、法をめぐる激しい闘争が、眼にみえた、もしくは眼にみえない形態で、日本国内に渦まくのは当然のことである。この書が『法律入門』と題しつつ、現行法規の叙述的説明を殆んどしていないのは、看板に偽りあって申しわけないが、もし右のような現象を前にして、法をわれわれのものにするための条件を探すため、少しでも役立つものになり得るならば、全くありがたいことである」[34]。そこに明瞭に見られるのは、法の体系や分類を整序して示すことを放棄してまでも、読者を法形成過程の主体として位置づけたうえでその過程への主体的参加を促そうとする、著者の強い目的意識である。そのような志向性はまもなく、松尾敬一執筆の二幅対をなす『法学入門』と『法律入門』へと受け継がれる[35][36]（法形成過程への意識的な注意喚起を法学入門書の中で行なう先蹤が末弘『法学入門』にあったことは注（17）に述べた）。

　そして、〈法を用い変革する主体〉への注目の延長線上で現われてくるのが、市民の権利意識という要素の強調を前面に打ち出す法学入門書であった。その代表は、広く読まれた渡辺洋三の『法というものの考え方』[37]であり、また、今では言及されることが少ないが出色の松本暉男『市民のための法律学』[38]である。いずれも川島武宜からの影響が顕著である[39]が、同時に、意識という要素が紛争解決行動・訴訟利用行動との関係において位置づけられているわけではないこと[40]、また、統計数値を用いた検討は行なわれておらず、国際比較の観点が明示されているわけではないという点にも、注意する必要がある。法主体としての市民という発想が、未だ紛争行動-法文化論としての形をとるには至っていない、ということである[41]。

　以上を要するところ、1950年代には、紛争行動-法文化論は法学入門書に

184

現われてこなかった[42]。

（5）　1960〜67 年、そしてその後

　続く 1960 年代に至って遂に、紛争行動−法文化論を構成する要素の大半が
法学入門書の中に現われてくる。それも、60 年代に入って直ちにではなく、
数年を経て[43]。その先駆けは伊藤正己と加藤一郎が編集した『現代法学入
門』[44] であった。刊行は、臨時司法制度調査会の活動の最中の 1964 年春。同
書は、構成面では戦前からの法学通論の系譜に従うものと言いうるが、その
序章「法とは何か」中の「権利と義務」の末尾に「権利意識と順法精神」と
いう項目を設けて、日本人における「権利意識」の低さという指摘を行な
う。曰く「わが国では、欧米の社会に比較して、国民の権利意識が低かっ
た。……たとえば不動産の賃貸借をめぐる争いや相隣者間の紛争が、警察へ
の相談や町の有力者のあっせんによって、法をはなれ、権利義務の問題とし
てよりは、別の考慮から解決されることが少なくないが、それらは市民とし
ての権利意識の不足に一つの原因があるといってよいであろう」[45]。ここに
は (a)・(b)・(c)・(e)・(f) の要素を読み取ることができる[46]（そしてま
た、法学入門書においてこの時期に漸くこうした叙述が現われたということ
に照らせば、1961 年の時点では、先に示した一市民の投書の内容とは思い
ついて当たり前のもので決してなかった、ということもよく理解できよう）。

　さらに、紛争行動−法文化論をより明確に扱うのが、翌 1965 年に刊行され
た田中英夫（編著）『実定法学入門』[47] である。法解釈学を学ぶ者にとっての
実践的手引きたらんとする点、および判例への強い関心を示す点で——構成
は全く異なるものの——末弘の『法学入門』の系統に連なると位置づけうる
同書は、法形成過程という視点を前面に打ち出しながら「司法制度」という
一章を設け、「わが国における法的機構と国民との疎隔」および「わが国に
おける法意識」という叙述を行なう[48]。同章において、「意識」という要素
と並んで、法曹人口や費用をはじめとする制度的要因への目配り（そしてそ

れらとの「意識」との対比）がなされていることも、周知であろう[49]。ここに至って（c）・（d）・（e）・（f）・（g）の要素が法学入門書の構成のなかに組み入れられるようになるのである[50]。

続いて、1967年初頭に刊行された渡辺洋三編集の『法の常識』[51] では、権利意識・権利観念の要素を強調しつつ市民を鼓舞するという文脈のもと、市民の紛争解決行動への論及がなされる。同書は、（a）・（b）・（c）・（e）・（f）の要素を備えるとともに、戦前の日本の社会において「権利＝法の観念」が定着しなかったのは「天皇制国家権力が意識的に採用した政策」の結果であった、すなわち意識のありかた自体が政策によって規定されるものだという見方を採用する[52]。後のヘイリらとは異なる仕方で（g）の要素も取り込んでいるわけである[53]。

そして、そのような法学入門書の積み重ねの過程のなかで、川島武宜による『日本人の法意識』[54] が現われる。1967年秋のことである。同書——法学入門書と位置づけるのは困難だが、それは措いたとして——にはもちろん、前掲の（a）から（h）までの全ての要素が含まれている。ただしここでは、次の点にも注目してよい。この1967年というのは、現在でも入手可能な法学入門書が相次いで刊行された年であったが、そのいくつかは紛争行動-法文化論を正面から扱っていない、ということである。たとえば末川博編集の『法学入門』[55] は戦前以来の伝統的な構成を採用し、紛争行動-法文化論への言及はほとんどなく、碧海純一の『法と社会——新しい法学入門』[56] は、法を文化現象として捉える視角を鮮明に打ち出すものの、紛争行動論との関係での行論を前面に押し出さない。これはすなわち、1960年代中盤の時点でも、法学入門書の編著者たちにおいて、紛争行動-法文化論は論ずるに足ると広く一般的に考えるには至っていなかった、ということを意味する。

当時の代表と呼びうる法学入門書の多くが紛争行動-法文化論にかかわる説明にページを割くようになるのはそれからさらに数年を経てからのことであった。1970年代に入って間もなくのものとしてまず片岡昇（ほか編）『法

学の基礎』[57]があるが、傾向として顕著となったのは 73 年に団藤重光の『法学入門』[58]や米倉明の『法律学教材：法学入門』[59]が現われ、やがて、井上茂・矢崎光圀（編）『演習　法律学概論』[60]や八木鉄男（編）『法学入門』[61]、磯村哲（編）『現代法学講義』[62]などが続いてからであろう。70 年代終盤には象徴的なこととして、『法というものの考え方』の新版というべき著作として 1979 年に刊行された渡辺洋三『法とは何か』のなかでも、新たに「裁判に対する国民意識」という一節が置かれ、紛争行動-法文化論にかかわる叙述が本文中でなされるに至る[63]。

そうであれば、紛争行動-法文化論が法学入門書の中に或る程度確固たる位置を占めるようになったのは、1970 年代、それも中盤に至る頃と評するべきではないか。しかも、それにもさらに一定の留保をつけなければならない。ここまで見たところでも示唆されてきたように、60 年代半ば以降、70 年代終わりまでを通じて、法行動のあり方を規定する要素として「文化」を挙げる法学入門書はほとんどないのである[64]。それらの法学入門書においてはむしろ、法制度利用に影響を与える要素として司法制度設計のあり方があることが強調され、さらには、法行動の帰趨を定める意識・観念をさらに規定する要素として政策のあり方があるとも指摘されるなど、日本における紛争解決行動の特徴を「文化」と無媒介に結びつけることへの留保がしばしば示されているのであった[65][66]。

（6）　小括

かくして、注（9）で示した如く「驚くほど遍く信じられている」とジョン・ヘイリによって評された「神話」とは、日本において法学的な問題設定として姿を現わし始めたのが 1960 年代半ば、そして法学入門書の多くで言及されるにまで至ったのは、彼がその「神話」の存在を指摘した 1978 年から数年も遡らない時点であった。また、ヘイリはその「神話」をして 'deeply rooted cultural preference for informal, mediated settlement of private disputes'という内容を含むものだと理解するところ、大半の法学入門書に現われた議論では紛争行動を規定する因子に対して「深く植えつけられた文化」という性質は与えられず（すなわち、上述でいう（h）の要素を欠き）、紛争行動とはむしろ自覚的ないし政策的にコントロールされうるものとみなされていた[67]。

このような状況に照らすと、ヘイリの論考の有した画期的な意義が浮かび上がってくる。すなわちヘイリの「裁判嫌いの神話」論というのは、それ以前には必ずしもそのような形をとっていたわけでなかった「紛争行動-法文化論」という問題設定を新たに成立させたものであった、と位置づけるのが適切なのである。彼は、紛争行動-法文化論における「文化」の要素を強調することを通じて、自らの意図におそらく反して、自己が否定しようとする「文化」論をむしろ再帰的に表出することになった。そうして、以後、紛争行動をめぐる文化と制度との関係について論及する法学入門書が現われるようになるのである[68]。

結びに代えて

以上で本論を終えるが、結びに代えて、関連する若干の問題について触れておきたい。1960年代半ばに「紛争行動-法文化論」が法学入門書の中に姿を現わし始めるようになるためにはさまざまな事情がかかわっており、それらのうちのいくつかは「法文化」の再帰を成立させるうえでの与件と呼ぶべきものであったろう。以下で触れるのはそのうちの二つである[69]。

①民事司法統計の「発見」

「紛争行動-法文化論」とは、民事司法制度利用に関する統計的数値の分析を重要な柱の一つとする問題設定であった。したがって、「紛争行動-法文化論」の成立にとって、司法統計への注目は前提条件である。しかるに、日

本の民事訴訟制度・司法制度の利用状況を数値によって測る作業が研究者に
よってなされ始めたのは——司法統計資料の収集・整理が明治初年から詳細
に行なわれていた[70] にもかかわらず——さほど古いことではない。やや大胆
だがピンポイントに特定するとすれば、その作業の兆しは 1957 年にあり[71]、
1958 年からは体系的な探索の試みが始まり[72]、制度改革のための司法統計の
重要性が法学の世界において広く認識され始めたのが 1959 年[73]、そして
1960 年に民事司法統計の重要性が明確に意識され[74]、以後、一部の論者によ
り積極的に活用されるようになった[75]、というのが現時点での筆者の理解で
ある。もしそうであれば、法学入門書において、「紛争行動–法文化論」の文
脈のもと統計資料が利用されるようになったのがそれからさらに数年を経て
からであったのは、無理もないことだったと言うべきであろう。

②集団的コミットメント

　本稿で「紛争行動–法文化論」と呼んだ問題設定は、今日では多くの法学
者・法律家・知的公衆がおそらく、まずは川島武宜の名前、そして『日本人
の法意識』という書名とともに、想起するのではないかと思われる。そして
実際彼は、1960 年代までに世に問うた多くの著作・論考を通じてそのよう
な問題系の確立に中心的な役割を果たした[76]。しかし、こと法律の世界へ初
学者を導入するという局面では、川島のみならず彼以外の者、それも、川島
よりも若い世代の研究者たち[77] が重要かつ積極的な役割を果たしている。さ
らにいえば、そのうちの幾人かは、川島の影響を強く受けながら各自の研究
活動を展開していった者たち——しばしば「川島シューレ」と呼ばれる集団
に属する法学者[78]——であった。

　かくして、「紛争行動–法文化論」とは、「川島シューレ」をそのうちに含
む当時の中堅研究者たちの著述活動があったからこそ、基盤を 1967 年まで
に整えることができ、そしてまた、1970 年代中盤以降に確固たる展開をな
しえたように思われる。クーンは、パラダイムの生成・維持にとっては、各

研究者が個人として当該パラダイムの内容にどのような理解を持つか、より
も、科学者の集団的なコミットメントが成立しているか、こそが重要な意味
を持つ、ということを指摘している[79]が、「紛争行動-法文化論」の生成・維
持にとってもそれは同様であっただろう。「紛争行動-法文化論」とは、或る
法学者集団のメンバーの一定期間に亘る共同作業の帰結であった。

　そうして、もし、法文化というのが、これまで示してきたような過程を通
じて「再帰」するものであるとすれば、それはとりもなおさず、法文化とは
常に同じようなものとして再生産されるものではない、ということを意味す
る。法文化と考えられるものには消長がある、ということである。「紛争行
動-法文化論」ももちろんそうした消長から免れえまい。「紛争行動-法文化
論」がこれからどのような再帰の過程を経るのか、換言するならば、今後ど
のように維持され、展開させられ、あるいは維持されないのか——それは、
引き続き観察されるべき事象である。

〈注〉
＊本稿は、2014 年 11 月 22〜23 日に開催された第 17 回法文化学会大会における報
　告「法文化論と川島武宜の法社会学」の原稿に加筆したものである。報告の機会
　を与えてくださった岩谷十郎教授、諸調整に尽力くださった出口雄一教授に、こ
　の場をお借りして御礼申し上げる。なお、以下では、検討課題の性質上、多くの
　法学者の名前が現われることになるが、全て敬称を略させていただいた。ご了解
　を乞う。
1　たとえば、尾崎一郎「日本における法文化の変容と法のクレオール」長谷川晃
　（編）『法のクレオール序説——異法融合の秩序学』（北海道大学出版会、2012
　年）33-50 頁、特に 34 頁参照。
2　尾崎が、文化の「一定の安定性」に言及しつつ「文化は意味の基本的枠組みと
　して作動すると同時に、再生産され続ける」と述べたうえで、「そのメカニズム
　とダイナミズムを理解しておく必要がある」と指摘するのも、同様の問題意識に
　基づくものであろう（尾崎・前掲注（1）「日本における法文化の変容と法のクレ

オール」35 頁)。

3 筆者がこれまでに公表した論考のうちで「法文化」という主題に直接かかわるのは、主に方法論的側面を論じた高橋裕「法文化 legal culture の概念と法社会学研究におけるその位置——英国法社会学の議論を中心に」『法社会学』71 号（2009 年）171-187 頁および高橋裕「「日本人の訴訟嫌い」？ ——問題設定の細密化を目指して」『ＪＣＡジャーナル』57 巻 4 号（2010 年）2-6 頁と、日本における法過程の特徴についての分析を試みた高橋裕「訴訟利用行動にかかわる諸要因——借家紛争に即して」太田勝造・濱野亮・ダニエル・H・フット・村山眞維（編）『法社会学の新世代』（有斐閣、2009 年）222-250 頁および Hiroshi Takahashi "Toward an Understanding of the "Japanese" Way of Dispute Resolution: How is it Different from the West?," in D. Vanoverbeke/ J. Maesschalck/ St. Parmentier/ D. Nelken [eds.], *The Changing Role of Law in Japan: Empirical Studies in Culture, Society and Policy Making* (Cheltenham, Edward Elgar, 2014) pp. 95-110、である。

4 このような問題意識との関係で、把握しようとする者の視点・関心（「ポジショナリティ」）によって「法文化」の記述が多様に構築されることを明らかにしようとしたケーススタディ、馬場淳「法文化の発明とポジショナリティ——統合と多様性の間でたゆたうパプアニューギニアを事例にして」角田猛之・石田慎一郎（編）『グローバル世界の法文化——法学・人類学からのアプローチ』（福村出版、2009 年）109-129 頁、も参照せよ。

5 これは、或る時期以降、法文化を論じる際に民事紛争解決過程の態様がその素材として取り上げられることが多い、という事実に基づく選択である（たとえば、六本佳平『日本法文化の形成』（放送大学教育振興会、2003 年。「紛争処理と法文化」・「司法過程と法文化」（後者の後半は刑事司法過程を扱う）という章を設ける）／尾崎・前掲注 (1)「日本における法文化の変容と法のクレオール」／棚瀬孝雄「訴訟利用と近代化仮説」青山善充・伊藤眞・高橋宏志・高見進・高田裕成・長谷部由起子（編）『民事訴訟法理論の新たな構築　上巻』（有斐閣、2001 年）287-322 頁、など。また、国外の例として、クリスチャン・ヴォルシュレーガー（佐藤岩夫訳）「民事訴訟の比較歴史分析——司法統計からみた日本の法文化 (1) (2・完)」『法学雑誌［大阪市立大学］』48 巻 2 号（2001 年）62-100 頁／ 48 巻 3 号（2001 年）25-70 頁／エアハルト・ブランケンブルク（村山眞維訳）「比較法文化論」『ジュリスト』965 号（1990 年）80-85 頁、など参照）。

6 筆者の発想の理論的基礎はトーマス・クーン Thomas S. Kuhn のパラダイム論

である。クーンが「パラダイム」と呼んだのは、「或る特定の科学コミュニティ
において、爾後の科学の実践の基礎を与えるものと一定の期間みなされる一つな
いし複数の過去の科学上の達成」であって、しかも (1) 科学的活動のやり方と
してそれまで大勢を占めていた別の方式から移行する持続的な科学者集団が現わ
れるほどに革新的であることと、(2) そのような集団に属する科学者にこれから
探究すべき問題を提示する（が、解答までは示さない）ものであることという二
つの条件が満たされる場合であった（Thomas S. Kuhn, *The Structure of Scientif-
ic Revolutions* [4th ed.]（Chicago, The University of Chicago Press, 2012）pp.
11-12。同書には中山茂訳（クーン『科学革命の構造』（みすず書房、1971 年））
があるが、ここでは筆者の訳を示した）。新しいパラダイムを通じて、何が問わ
れるべき問題であり、その問題の解明にとって観察するべき事象はどのようなも
のであり、さらに、どのように観察することが適切であるか、が当該パラダイム
を内面化する者たちに伝えられる、というのである。そして、そうした筋道と発
想法とを伝える媒体としてクーンが重視するのが教科書である（*Ibid.*, pp.
135-142）。

　なお、クーン自身は社会科学の諸領域におけるパラダイムの成立に懐疑的であ
り（*Ibid.*, p. 15）、また、社会科学と自然科学とでは「教科書」の構成・内容が異
なると考えていたようだが（Thomas S. Kuhn, "Essential Tension: Tradition and
Innovation in Scientific Research," in Kuhn, *Essential Tension: Selected Studies
in Scientific Tradition and Change*（Chicago, The University of Chicago Press,
1977）pp. 225-239, esp. pp. 228-229。同論文集には邦訳として我孫子誠也・佐野
正博（訳）『科学革命における本質的緊張——トーマス・クーン論文集』（みすず
書房、1987/ 1992/ 1998 年）がある）、本稿では以下でいわゆる「紛争行動-法文
化論」がパラダイムしての地位を得たかどうかを直接探ろうとするものではな
い。

　クーンの理論については、その変遷と反響・影響も含め、野家啓一『パラダイ
ムとは何か——クーンの科学史革命』（講談社、2008 年。初版 1998 年）が参考
になる。

7　「法学入門」と「法学概論」とは異なる、とも考えられるが、時にそれらの違
　い自体が論じられる（たとえば、三ヶ月章『法学入門』（弘文堂、1982 年）4-5
　頁および田中英夫「法学概論と法学入門——三ヶ月章「法学入門」をめぐって」
　ジュリスト 774 号（1982 年）75-77 頁参照。なお、本文で引用した「己の殻」と
　いう法学入門書理解は三ヶ月『法学入門』3 頁に見られるものである）のは、両

者がむしろ混淆されがちであったからこそでもあり、本稿ではそれらの違いに意を用いない（なお、「法学概論」という表題の書籍が新たに刊行されることは1980年代以降珍しくなり、混淆は自然解消したように見える）。

なお、法学入門書を含む法学教科書のあり方をめぐっては、近年では大村敦志が精力的に検討を加えている（大村敦志「問題提起──「法学入門」の歴史と現状」大村『法源・解釈・民法学──フランス民法総論研究』（有斐閣、1995年）3-19頁（初出1991年。フランスの状況を扱う）／大村敦志「書評　星野英一著『法学入門』──架橋する法学・開放する法学」『書斎の窓』603号（2011年）54-61頁／大村敦志・小粥太郎『民法学を語る』（有斐閣、2015年）94-98頁、など）。

8　先行研究として、松村良之・太田勝造・岡本浩一「裁判官の判断におけるスジとスワリ」（初回は『判例タイムズ』911号（1996年）89-86頁。現時点で未完）があり、近年では小宮友根『実践の中のジェンダー──法システムの社会学的記述』（新曜社、2012年）／山田恵子「リーガル・カウンセリング論の再文脈化」西田英一・山本顯治（編）『振舞いとしての法──知と臨床の法社会学』（法律文化社、2016年）151-171頁、などがある。ただしこれらはいずれも、本稿とは異なる接近法を採用する。

9　たとえば、「紛争行動-法文化論」をめぐる代表的論考であるジョン・Ｏ・ヘイリ John Owen Haley の "The Myth of the Reluctant Litigant" の冒頭・末尾を参照されたい：「〈日本人は並外れて非・訴訟的な人々である〉とは、驚くほど遍く信じられている。日本の内外を問わずおおよそ全ての論者が、〈日本人は、私人間の紛争を解決するにあたって非公式の調停に基づく和解を好むという性質を持っており、その選好は深く文化に根ざした・ほかでは見られないものである／そしてそのことの系として、日本人は裁判所で行なわれる公式の裁定の仕組みの利用を嫌悪する〉と考える点で一致しているのである」；「日本に関する誤解のなかでも、〈日本人は訴訟提起を嫌がるという独特の性向を持つ〉という神話ほど広く行き渡りかつ有害なものはない。訴訟へのこうした反応が日本に特異なものだと強調するに際して、ほとんどの論者は、訴訟を嫌悪し非公式の紛争解決を好むというのは多くの社会で共通して見られる現象だということに目をつぶっているのである。……日本が他の社会と異なっているのは、訴訟利用への禁制が、制度設計を通じて首尾よく達成されている、という点においてである」（John Owen Haley "The Myth of the Reluctant Litigant," *Journal of Japanese Studies*, Vol.4, No.2 (1978), pp. 359-390. 引用のうち前者は p. 359、後者は p.389。同論考

の邦訳としてジョン・O・ヘイリー（加藤新太郎訳）「裁判嫌いの神話（上）（下）」『判例時報』902 号（1978 年）14-22 頁 / 907 号（1979 年）13-20 頁がある（ただしここには筆者の訳を示した））。

同論考への批判的考察として、六本佳平「日本人の法意識論再訪——ヘイリー教授の「神話」説によせて」望月礼二郎・樋口陽一・安藤次男（編）『法と法過程——社会諸科学からのアプローチ』（創文社、1986 年）280-305 頁、および田中英夫「日本におけるアメリカ法研究・アメリカにおける日本法研究」田中『英米法研究 3　英米法と日本法』（東京大学出版会、1988 年）422-446 頁（初出 1980 年）、を参照。同論考にかかわる筆者自身の検討としては高橋裕「ＡＤＲの生成」和田仁孝（編）『法社会学』（法律文化社、2006 年）261-287 頁、がある。

10　筆者は別稿（前掲注（3）「「日本人の訴訟嫌い」？」）においても「紛争行動-法文化論」に現われている論点の細密化を試みたことがあるが、その際の問題関心は、この問題設定に対する経験的な検討を適切に行なうための準備を行なうことにあった（前掲注（3）"Toward an Understanding of the "Japanese" Way of Dispute Resolution" は筆者自身による解答への取り組みの実践である）。他方、本稿で以下行なおうとするのは、この問題設定の生成をめぐる通時的な観察という作業であり、このような関心の違いに応じて、整理のしかたにも変化が生じている。

11　石井保夫「訴訟と法律——読者の声」『書斎の窓』94 号（1961 年）11 頁（原文の改行は省略した）。この投書は、「日本では、法律は紛争解決のための有力・有効な手段とは必ずしもなっていない」という一節で本論を始める加藤一郎のエッセイに触発されたものであった（加藤一郎「日本の法律学の特異性」『書斎の窓』91 号（1961 年）1-3 頁）。

12　以下では多くの法学入門書について言及するが、その際には、引照の対象とする版についてのみ書誌情報を掲げる。なお、各法学入門書の内容が、そのときどきの研究の水準・進展状況を反映することは言うまでもなく、したがって本稿のとるアプローチのもとでもそこまでを視野に入れて検討を進めるのが望ましいが、その作業にはまた別稿を要しよう。さしあたり、最終節および注（67）（68）での若干の検討に留める。

13　岸本をめぐっては、村上一博「序文——日本近代法学の先達　岸本辰雄」岸本辰雄（著）・村上一博（編）『日本近代法学の先達　岸本辰雄論文選集』（日本経済評論社、2008 年）i-xv 頁およびそこに掲げられた「岸本辰雄関係文献一覧」を参照。

14　岸本辰雄「再版法学通論自叙」岸本『法学通論』（明治法律学校出版部講法会、
　　筆者は第14版（1902年9月）を参看）1頁。

15　田中耕太郎『法律学概論』5-11頁に、日本における戦前の法学入門書の性格
　　をめぐる論述がある（同書初出は同題で『現代法学全集』31/32/33/34/35/36/38
　　巻（日本評論社、1930-1931年）、加筆修正のうえで『法律学概論』（学生社、
　　1953年）として刊行。前掲引照箇所は現代法学全集版では2-10頁）。田中『法
　　律学概論』は法学への導入とともに法学学修の締めくくりたることをも期した本
　　であるが、伝統的な法学入門書の構成を意識しながらその扱う範囲を広げまた検
　　討を深めた、戦前の法学入門書の到達点といえる（なお、「法律学概論」という
　　題名自体とその含意とが有する・初出時点での斬新さへの自認が、現代法学全集
　　版9頁に記されている）。

16　大正末期に至り文部省より高等学校高等科における「法制及経済教授要目」
　　（1926（大正15）年3月文部省訓令第4号）が定められ、法制の授業で教授され
　　るべき項目の指針が示されたことも法学入門書の画一化と関連している可能性が
　　ある（たとえば、孫田秀春は自身の『法学通論』（有斐閣、1926年）の「はしが
　　き」で同要目への留意を明言する）。同要目の内容は以下の通り（漢数字をアラ
　　ビア数字に改めた）：

　　1　社会　個人及国家　法律生活
　　2　法ノ本質　法ト道徳　法ト習俗　法ト宗教　法ト経済
　　3　国家及法律思想ノ発展
　　4　成文法　慣習法　條理　判例　法ノ解釈
　　5　権利及義務法律上ノ人格
　　6　法ノ分類
　　7　帝国憲法ノ特色　皇室典範
　　8　天皇　帝国議会　国務大臣　裁判所
　　9　臣民ノ権利義務
　　10　行政組織　行政作用
　　11　私法ノ性質　私権ノ主体　法律関係　物　法律行為
　　12　物権　債権　商法
　　13　親族　相続
　　14　刑法ノ基本概念　犯罪及刑罰
　　15　民事訴訟法及刑事訴訟法ノ主要問題
　　16　国際法ノ基本概念　條約　国際連盟

第7章 ある「法文化」の生成 195

17 法律学 法律学派

17 このように考えると、末弘厳太郎の『法学入門』が昭和戦前期までの法学入門
書の中で占めた例外的位置も浮き彫りになってこよう。同書には、対話形式とい
うような体裁面の特色もあるが、特に本稿の問題関心と関連する事柄としては次
の点を指摘できる。第一に、法学学習の方法を具体的に示すことが心がけられて
いる。そこに書かれた知識を読者が得るだけで十分と考えるのでなく、むしろ、
そこで示された方法を読者が引き続き用いて自ら力を涵養することを期待してい
るということである。第二に、国家法以外の法の存在も明示的に認めている。す
なわちそこでは、〈国家実定法の注釈者としての法律家〉という見方への対抗が
図られている。第三に、それまでの法学入門書と全く異なり、判例に注目し、ま
た、法の解釈適用過程に注目することの必要性をはっきりと述べている。このこ
とは、末弘が法形成過程という視点を有し、かつ、法形成過程への注意喚起を読
者にも促している、ということを意味する。

18 尾高朝雄『法学概論』（有斐閣、1949 年）。

19 田中周友『法学概論』（有信堂、1949 年）。

20 峯村光郎『法学入門』（要書房、1952 年）。

21 横田喜三郎・宮澤俊義（編）『法学』（勁草書房、1950 年）。

22 中川善之助・木村亀二（編）『法学概論』（角川書店、1950 年）。

23 舟橋諄一・青山道夫（編）『法学概論』（有斐閣、1952 年）。

24 また、この文脈において、学習の手引きとして文献案内をもっぱらとした書籍
が現われたことも附言しておいてよいかもしれない。たとえば東京大学学生文化
指導会（編）／菊井維大・横田喜三郎・我妻栄（監修）『法学研究の栞（上・
下）』（東京大学学生文化指導会、1950 年）や戒能通孝（編）『法律学入門』（一
粒社、1952 年）などがそれに当たる。なお、後者は、分野別の編成を採用する
法学入門書において「法社会学」が単独項目として立てられたおそらく最初のも
のである。

25 出口雄一「戦時・戦後初期の日本の法学についての覚書――「戦時法」研究の
前提として（2・完）」『桐蔭法学』20 巻 1 号（2013 年）33-88 頁、特に 40-42 頁
参照。

26 穂積重遠『百万人の法律学――やさしい法学通論』（思索社、1950 年。『穂積
重遠法教育著作集 われらの法 第 1 集 法学』（信山社、2011 年）に復刻収
録）。これが、中川善之助の補訂を経て『やさしい法学通論』（有斐閣、1954 年）
となる。ただし、同書の構成は 1931 年の著作（穂積『法律五話』（社会教育協

会，1931年））に遡るという指摘を大村敦志が行なっている（大村敦志『穂積重遠――社会教育と社会事業とを両翼として』（ミネルヴァ書房、2013年）136-137頁）。

27　吾妻光俊『法学』（新紀元社、1952年）。わずかな補訂を経て吾妻『法学序説』（青林書院、1958年）となった同書は、その志向性において末弘『法学入門』と共通するところが多いように筆者には思われる。

28　再び出口雄一の理解を参照すれば、「解説法学」から「戦後法学」への遷移（出口・前掲注（25）「戦時・戦後初期の日本の法学についての覚書（2）」43頁以下参照）もまた、法学入門書に現われていた、ということである。

29　山中康雄『新法学概論』（法律文化社、1951年）。

30　宮川澄『法律学入門』（新興出版社、1952年）。

31　なお、1950年前半までに刊行された法学入門書の概観は、東京大学学生文化指導会・前掲注（24）『法学研究の栞（上）』54-66頁（尾高朝雄・小林直樹執筆）、1952年初頭までに刊行されたものの概観は、「なにを読むべきか――法学概論について」ジュリスト7号（1952年）36-39頁、にそれぞれある。

32　戒能通孝『法律入門』（岩波書店、1955年）。

33　第一章　法とは何か／第二章　法と国家／第三章　資本家的国家法とその支柱／第四章　「法の支配」／第五章　「法の支配」と議会制度／第六章　「法の支配」と資本の支配／第七章　基本的人権と反抗権／第八章　憲法と基本的諸人権

34　戒能・前掲注（32）『法律入門』iv頁。

35　松尾敬一『法学入門』（社会思想研究会出版部、1955年）／松尾敬一『法律入門――生活のなかの人権』（日本評論新社、1957年）。前者は、林信雄『法律学入門』（社会思想研究会出版部、1957年。これは、戦前からの構成を受け継ぐタイプのものである）と並んで、今日に至るまで類例のごく少ない文庫版の法学入門書である。

36　1957年前半までに刊行された法学入門書の概観は、「なにを読むべきか――法学概論について」ジュリスト134号（1957年）99-102頁、にある。

37　渡辺洋三『法というものの考え方』（岩波書店、1959年）。

38　松本暉男『市民のための法律学』（法律文化社、1959年）。同書は、マルクシズム的視角にも意を用いつつ、しかしそれよりもむしろ米国流の経験科学的視角から法現象を説明しようとしたものであり、当時の先端の成果を盛り込んだ一冊といってよい。

39　これらへの川島の影響は、本稿の関心からすれば、二つの方向性から注目され

る。一つは「意識」への着目がなされている点（これにかかわり、川島自身において
は、1950年前後に微妙な、しかし重大な理論枠組みの転換がなされている
が、その点についてはここでは触れない。高橋裕「川島武宜の転換
——1951〜1955年」大島和夫・栩澤能生・佐藤岩夫・白藤博行・吉村良一（編）
『民主主義法学と研究者の使命』（日本評論社、2015年）37-55頁のうち、特に
42-46頁を参照）であり、もう一つは、巨視的な方法論的パースペクティブの採
用がなされている点である。私見では川島の方法論的視座は1952〜53年の病気
療養時に一つの転機を迎える（この点については、高橋・同前49頁（注37）お
よび高橋裕「戦後日本における法解釈学と法社会学——川島武宜と来栖三郎にお
ける事実と法」『法と社会研究』1号（2015年）33-63頁を参照）ところ、渡辺
はそれ以前の川島の影響下にあり、松本はそれ以後の川島の影響下にある。

40　たとえば『法というものの考え方』では、「まえがき」において「市民と市民
の争いにおいても、従来は法以前の考えかたで処理されてきたものが、今日で
は、法による解決をもとめる考えかたがふえてきている。裁判事件の激増がそれ
をものがたる」という一節がみられるが（渡辺・前掲注（37）『法というものの
考え方』i-ii頁）、本文中においては市民間の紛争をめぐる解決行動に関する叙述
はない。

41　なお、意識の要素を強調するものではないが、読者像として〈法利用主体とし
ての市民〉を明確に意識しながら編まれた我妻栄・海野普吉（編）『新版　家庭
の法律百科』（日本評論新社、1958年）についても、ここで紹介しておこう。
「権利を主張するに忠実なれ！　法律が正しく行われるように、正義の戦士た
れ！」と読者の奮励を促す同書（同前10頁）は、一方で市民における裁判所の
「敬遠」という事実に、他方で市民の訴訟利用を阻害する可能的要因としての金
銭的コスト・時間的コストに、それぞれ言及するなど、紛争行動-法文化論に通
底する叙述を含む。叙述の水準は高く、今日忘却されるには惜しい一冊である。

42　この時期にも伝統的な構成の法学入門書の系譜を辿れることはもちろんであ
る。その代表は山田晟『法学』（東京大学出版会、1958年）であろう（もとより
その内容・叙述の仕方は、戦前の法学入門書と大きく異なる）。

43　なお、法学入門書ではないが、1963年に刊行された『日本人の法意識』と題
する書籍（長谷川正安・宮内裕・渡辺洋三（編）『日本人の法意識〔新法学講座
第1巻〕』（三一書房、1963年）においても、紛争解決行動と「法意識」とのかか
わりが全く論じられていないことに注意されたい。

44　伊藤正己・加藤一郎（編）『現代法学入門』（有斐閣、1964年）。

45 同前 28 頁（伊藤正己執筆）。

46 さらに、同書の姉妹篇であった伊藤正己・加藤一郎（編）『教材法学入門』（有斐閣、1965 年）の中で（家族法をめぐる箇所においてだが）統計資料が用いられている（142-145 頁、加藤一郎担当）ことにも、本稿の問題関心との関係で注目しておきたい。関連して後出注（72）参照。

47 田中英夫（編著）『実定法学入門』（東京大学出版会、1965 年）。

48 田中・同前 196-204 頁。

49 同書の特徴をめぐっては、三ケ月章「《紹介》田中英夫編著「実定法学入門」」三ケ月『民事訴訟法研究 第 3 巻』（有斐閣、1966 年）395-406 頁（初出 1965 年）、特に 401-402 頁参照。

50 また、法の継受の過程を素材にする独特の接近法のもと、今村成和・小山昇（編）『法学』（有斐閣、1965 年）にも関連する問題意識が示される（13-43 頁の「日本の法」参照。執筆は小菅芳太郎）。

51 渡辺洋三（編）『法の常識』（有斐閣、1967 年）。

52 同前 11 頁（渡辺洋三執筆）。

53 また、同時期に刊行され、法システムの説明を多く含む点で当時まだ例外的であった法学入門書、瀧川春男（編）『法律を学ぶ人のために』（世界思想社、1967 年）は、「現在のわが国で、調停や和解の利用率が非常に高いということは、なによりも、訴訟の機能不全を物語っているのである」と端的に断ずる（240 頁。執筆は中野貞一郎）。

54 川島武宜『日本人の法意識』（岩波書店、1967 年）。

55 末川博『法学入門』（有斐閣、1967 年）。

56 碧海純一『法と社会──新しい法学入門』（中央公論社、1967 年）。

57 片岡昇・乾昭三・中山研一（編）『法学の基礎』有斐閣、1970 年。「権利意識と法意識」を題する章（175-186 頁。甲斐道太郎執筆）を収める）。なお、この他にも 1970 年前後にさまざまな法学入門書が現われるが、それらにおける特徴の一つは、田中『実定法学入門』に引き続いて、判例を重視したものが目立つようになってきたことである（たとえば、中川淳・山手治之（編）『ケースメソッド法学入門』（有信堂、1969 年）／中川善之助（編）『判例による法学入門』（青林書院新社、1971 年）／やや後れて野村好弘・竹内保雄・木村実『現代法学──判例を中心として』（東海大学出版会、1974 年）など）。この時期にはまた、紛争解決過程への関心の高まりが強く反映された法学入門書も刊行された（甲斐道太郎・鈴木正裕（編）『現代社会と裁判』（有斐閣、1972 年））。

第 7 章　ある「法文化」の生成　199

58　団藤重光『法学入門』（筑摩書房、1973 年）168-172 頁（あわせて 3-7 頁も）参照。

59　米倉明（編著）『法律学教材：法学入門』（東京大学出版会、1973 年）417-418 頁参照。同書も判例を多く盛り込んだ法学入門書である。

60　井上茂・矢崎光圀（編）『演習　法律学概論』（青林書院新社、1973 年）30-31 頁参照（及川伸執筆）。

61　八木鉄男（編）『法学入門』（青林書院新社、1975 年）57-58 頁（清水征樹執筆）参照。

62　磯村哲（編）『現代法学講義』（有斐閣、1976 年）50-51 頁（石部雅亮執筆）および 277-297 頁（棚瀬孝雄執筆、その末尾では川島『日本人の法意識』が「一度は目をとおしておくべき必要文献」として紹介される。ただし棚瀬自身の叙述の主眼は、紛争解決システムの社会的機能不全状況への対応として、政策的かつ総合的な制度設計のあり方を重視する点にある）。

63　渡辺洋三『法とは何か』（岩波書店、1979 年）217-218 頁。その末尾に見られるのは、「日本人が裁判を敬遠するのは、伝統的な法意識以上に現代の裁判制度そのものに問題があるからである、といえよう」というパッセージである。関連して、後出注（68）【補論】も参照。

64　さらにいえば——法学入門書というもの性質故である可能性があるが——先に示した紛争行動-法文化論を構成する要素のうち（d）を正面から取り扱う、すなわち統計的な数値を詳しく用いて検討するものも多くなく、この時期までのものでは田中英夫『実定法学入門』（前掲注（47））と後出の平井宜雄「現代法律学の課題」（後掲注（68））を見いだせる程度である。

65　ヘイリにおいては文化的因子と心理的因子との混同が生じているという重要な批判が六本佳平からなされている（後出注（67）参照）が、当時の日本の論者たちはヘイリに比してその点についてより厳密な区別を行なっており、文化を説明因子として直ちに持ち出すことに慎重であった、ということであろう。

66　そしてまた、この時期においてなお紛争行動-法文化論に論及しない法学入門書も珍しくない。たとえば、伊藤正己（編）『法学』（有信堂、1975 年）／遠藤浩・久保田きぬ子（編）『法学入門　法学・日本国憲法』（有斐閣、1976 年）／加藤正男（編）『現代法の基礎』（法律文化社、1978 年。基礎法学の領域にも目を向けた特徴ある一冊である）などを見よ。また、著名な我妻栄『法学概論』（有斐閣、1974 年）も紛争行動-法文化論について言及しない——ただし同書の内容は、そもそも「法学」概論と呼ぶのが相応しいかからして議論になろうが。

67 そしてそれは、より専門的な議論の水準で見ても、同様であった。すなわち、ヘイリ自身の文献引照の試み（Haley・前掲注（9）"The Myth of the Reluctant Litigant" pp. 359-360（n.（1）））にもかかわらず、それらのうちの主要なもののいくつかは、法行動のあり方を制度的な要素とかかわらせて論じることの必要性を主張するものであったというのは、六本佳平が夙に指摘することである（六本・前掲注（9）「日本人の法意識論再訪」300 頁（注7）参照。また、ヘイリが「文化的選好」のコロラリとして措定する「訴訟そのものに対する嫌悪」とは実のところ個人的・心理的な因子の性質を強く有するものであり、彼の立論が川島の議論の正確な理解に基づかない、という指摘（同前 284-295 頁）も重要である）。

　なお、紛争解決行動を含む日本人の法行動を、固定的な性質を伴う「文化」現象として把握する当時の見解としては、野田良之のもの（たとえば、野田良之『内村鑑三とラアトブルフ——比較文化論へ向かって』（みすず書房、1986 年）所収の論考を参照）がある（関連して、彼の著した日本法の仏語教科書（Yoshiyuki Noda, *Introduction au Droit Japonais*（Dalloz, Paris, 1966））の或る項目において "On n'aime pas le droit au Japon"「日本人は法を好まない」という題（p.175）が掲げられたこともよく知られていよう。ただし 1976 年に刊行された英語版では——野田に特徴的な国民性格論は維持されているもの——それに相当する標題は見られない（cf. Yoshiyuki Noda（tr. and ed. by Anthony H. Angelo）, *Introduction to Japanese Law*（Tokyo, University of Tokyo Press, 1976）p.159ff.））。

　以上に関連して、紛争行動との関係を含む「日本人の法意識」関連研究の 1980 年代初頭までの概観（および関連文献一覧）については、六本佳平「「日本人の法意識」研究概観——法観念を中心として」日本法社会学会（編）『法意識の研究［法社会学 35 号］』（有斐閣、1983 年）14-33 頁、参照。

68 ヘイリの問題提起に直ちに応答したものとして、たとえば平井宜雄（編著）『社会科学への招待　法律学』（日本評論社、1979 年）がある。同書は紛争行動-法文化論という問題設定を明確に意識した構成を持つ法学入門書であり、平井自身の「現代法律学の課題」（同前 7-40 頁）がヘイリの議論を検討対象とし、長尾龍一「日本社会と法」（同前 191-216 頁）も異なる角度から紛争行動-法文化論に接近する（さらに村上淳一の「ヨーロッパ近代法の諸類型——英仏独における「国家と社会」」（同前 41-62 頁）も、諸個人の行動に焦点を合わせるものではないが、「法文化」という把握への批判的考察を行なうという点でそれらと関心を

共有する）。また、同年刊行の五十嵐清『法学入門』（一粒社、1979 年）も、「法意識」・「権利意識」・「西欧と日本の間の文化の相違」をめぐる叙述で同書を結んだ。

【補論】ここで、1980 年以降の状況についても簡単に触れておこう（なお、私見では、法学入門書は 1992〜93 年頃に大きな変化を迎えており、それ以降のものには言及しない）。

80 年代初頭に刊行された法学入門書の代表と言うべき三ケ月章『法学入門』（弘文堂、1982 年。前掲注（7）も参照）は、一方で「法」を文化的・歴史的現象として把握しながら、他方で法制度とりわけ法運用主体のあり方を重視し、紛争行動-法文化論にかかわる叙述（264-267 頁）も含む（ただしヘイリの論考への直接的言及は見当たらない）。また、伊藤正己（編）『法学〔第 2 版〕』（有信堂、1982 年、初版について前出注（65）参照）においては、「日本に民事訴訟が非常に少ないこと、和解や示談が好まれることなどの現象について、色々研究や論評が行われている」という文を含む短い一節が加筆され（40 頁。執筆は長尾龍一）、ヘイリらの議論の登場に反応しているかのようである。

その後、やや間を空けて、田宮裕『現代の裁判』（放送大学教育振興会、1985 年）が「「裁判嫌い」と「裁判好き」」という章を、また倉沢康一郎『プレップ法と法学』（弘文堂、1986 年）が「法と文化——日本人にとって法とは何か」という章をそれぞれ設け、さらに渡辺洋三が『法とは何か』の姉妹篇として著わした『法を学ぶ』（岩波書店、1986 年）において、紛争解決行動と法意識との関係を一定程度詳細に論じることとなる。これらを通じて、法学入門書において紛争行動-法文化論が——どちらかといえば、紛争行動を「文化」と直接に関係させて把握する見方という形で——提示される傾向が次第に強まっていったように思われる（その背景には、80 年代前半の研究上の展開と社会的状況との両方がかかわっていただろう。すなわち研究の面では、たとえば日本法社会学会における 3 年間の共同研究を通じて「法意識」をめぐる多くの研究成果が積み重ねられ（日本法社会学会（編）『法社会学』35 号［前掲注（67）］・36 号・37 号）（有斐閣、1983-85 年））、また、モノグラフとしても大木雅夫『日本人の法観念』（東京大学出版会、1983 年）が刊行されるなどして、紛争行動との関係で「法意識」が論及されるべき主題であるといっそう認識されやすくなったことがあり、社会的には、「隣人訴訟事件」が 83 年以降広い関心を集め（たとえば、星野英一（編）『隣人訴訟と法の役割』（有斐閣、1984 年）参照）、訴訟提起・裁判所利用に対する拒否反応の日本における存在が実感を伴ってクローズアップされたこと

が、この時期に重なったのである。これらの状況への早い時期の反応として、た
とえば、田中成明『現代法理論』（有斐閣、1984 年）「第 2 章　日本の法文化の
伝統と現況」（13-27 頁）／利谷信義『日本の法を考える』（東京大学出版会、
1985 年）「Ⅲ　日本人の法意識」（139-205 頁）ならびにそれぞれに掲げられた参
考文献の提示の状況を参照されたい）。

　その後も、本注前掲の五十嵐清『法学入門』が、こうした研究動向の展開や隣
人訴訟の発生に言及する形で補訂を行ない（p. 255 注（87）参照。同書は、2001
年まで「新版」（ないし「補訂」）といった語を掲げないが、実際には、刷りを重
ねるごとに引照判例や注などを書き換えることを通じて、継続的なアップデイト
を図っていた法学入門書である）、座談会形式の小さな法学入門書、佐藤幸治・
田中成明『現代法の焦点法――感覚へのプロローグ』（有斐閣、1987 年）では
「日本人の権利意識」を論じる短い一節が含まれ、また、矢崎光圀『法学入門』
（放送大学教育振興会、1990 年）が隣人訴訟を素材にした叙述を行なうなどして
いる。

69　法文化学会研究大会での報告においては、他に、「裁判批判」の高潮／臨時司
　　法制度調査会意見書（1964 年）でいったん頂点を迎えた司法制度改革の展開／
　　留学および在外研究の盛行に伴う国際比較の気運の高まり、といった要素も指摘
　　した（これらのうち「裁判批判」については後出注（75）後段を参照）。

70　明治期からの日本の司法統計資料の整備状況については、林真貴子「日本の司
　　法統計」佐藤岩夫・小谷眞男・林真貴子『ヨーロッパの司法統計　Ⅱ――ドイ
　　ツ・イタリア・日本〔東京大学社会科学研究所研究シリーズ No. 39〕』（東京大学
　　社会科学研究所、2010 年）131-146 頁、参照。

71　この年、『ジュリスト』誌に「不思議な数字」という小論が匿名で掲載された
　　（『ジュリスト』132 号（1957 年）41 頁）。西ドイツの司法官が書いた日本視察記
　　を紹介するという形式をとりつつ、日本と西ドイツの間での司法制度の作動の仕
　　方の違いを、一方で文化的現象として捉え、しかし他方で制度のあり方の違いの
　　帰結として理解することの重要性を論じるものであり、日独の法曹人口の比較も
　　数値をもってなされている（同稿の執筆者が三ケ月章であったことは 2005 年に
　　明らかにされた。三ケ月章『一法学徒の歩み』（有斐閣、2005 年）61-65 頁）。な
　　お、同誌同号には、日本と米国との司法システムの比較を行ないながら川島武宜
　　の権利意識論にも言及するアーサー・ヴァン・メーレン（久保田きぬ子訳）「日
　　米法律制度の相違」も掲載されている（同前 26-29 頁）が、そこでも――具体的
　　な数値は示されていないものの、日米間での法曹人口の違いが指摘される（29

第7章　ある「法文化」の生成　203

頁）。ちなみに、「法曹人口」ということばは1958年頃に至って人口に膾炙し始めたものだという観察がある（「編集後記」『法曹時報』11巻1号（1959年）173頁））。

72　この年＝1958年に加藤一郎の「図説家族法」の連載が『ジュリスト』誌で始まった（初回は160号に掲載。以後、240号（1961年）まで断続的に計14回連載され、加筆を経て加藤一郎『図説家族法』（有斐閣、1963年）として刊行）。これが、研究者による司法統計資料のシステマティックな活用の嚆矢ではないか。加藤自身、連載の冒頭で「［人口動態統計や司法統計年報（家事編）といった］資料は、公刊されていないものもあるが、利用しようと思えば利用できるものである。これを検討するのは法的な事実を把握するものである点で、法社会学の一部をなすものといえようが、しかし、いままでのところ、法社会学者も含めて、法律家のうちごく一部の人々しかそれを利用していないようである」と述べる（『ジュリスト』160号34頁）。

73　この年＝1959年の4月に開催された民事訴訟学会第20回大会で、畔上英治によって「民事訴訟実態分析の必要」という報告がなされた（「学会雑報」『民事訴訟法雑誌』6号（1960年）271頁参照）。同報告は、当時の民事訴訟の平均審理期間や上訴の状況について統計的数値を示すとともに、その数値を実務の実際（および解釈理論の動向）と突き合わせるという作業を行なうものであったようである（畔上英治「民事訴訟実態分析の必要について」『民事訴訟法雑誌』6号（1960年）252-259頁。同稿の末尾で畔上は言う：「理論物理は実験物理によって裏付けられ、また推進されるように、訴訟法学も訴訟の実態分析を伴わねば正常な発展を期待し得ないのではなかろうか」（同前259頁））。そのうえで畔上は1960年初頭には統計資料を多く用いた「民事訴訟における非能率——第一審を中心として（1）（2・完）」を発表しながら（『法曹時報』11巻1号（1960年）13-57頁／11巻2号（1960年）53-76頁）、裁判所内における統計諸資料の一般的な不活用につき慨嘆した（同前（2）73-74頁参照）。

74　この1960年という年の意義を、川島武宜の研究活動に即しながら見てみよう。米国での1年余に亘る研究・教育活動を終え1959年に帰国した川島は、60年6月に代表作の一つ「社会構造と裁判」を発表し（川島武宜「社会構造と裁判」『思想』432号（1960年）1-17頁）、その中で、自らの見解を支える論拠の一つとして明治初期からの司法統計資料を引照する（同前8頁以下参照）。同稿を一読して読者がすぐに気がつくのは、用いられるデータが1878年・1888年・1905年・1925年・1930年のものとされ、いかにも不規則であることだろう。これに

はもちろん、当時の川島において『帝国司法省民事統計年報』等の資料を利用するうえでなんらかの制約があったことがかかわっているのであろうが、それにしてもなお統計的情報の利用の仕方としては体系性を欠くと言わざるを得ない。川島にとってその時の司法統計の利用とは端緒的な試みであったということを暗示しないか？　また、川島は同年、（おそらくは同稿の脱稿後に行なわれた）座談会「民事裁判の方向――戦後の歩みのなかから、そのあるべき理念をさぐる」（『法律時報』32巻10号（1960年）30-58頁）の席上、西迪雄らに対して、戦前の状況も含めての民事司法利用をめぐる統計的数値について積極的に尋ねている（同前31頁など。なお、この座談会には三ケ月章も参加していた）。そしてそれらを経て、1961年に米国にて開催されたシンポジウムで発表したペーパーにおいては、より詳細に司法統計資料を活用することになる（Takeyoshi Kawashima, "Dispute Resolution in Contemporary Japan," in Arthur Taylor von Mehren（ed.）, *Law in Japan: The Legal Order in a Changing Society*（Tokyo, University of Tokyo Press/ Cambridge, Mass., Harvard University Press, 1963）, pp. 41-72）。自身が述べているように、川島はおそらく――それ以前ではなく――1960年に至って初めて、明治期以降の司法統計を「発見した」のである（川島武宜『ある法学者の軌跡』（有斐閣、1978年）261頁／川島武宜「解題」『川島武宜著作集　第三巻』（岩波書店、1982年）393-418頁、特に397頁参照）。

75　ここでも教科書に――ただし法学全般の入門書ではなく、民事手続法の教科書に――目を向けるならば、統計資料や図表を多く盛り込んだ、当時としては類書のない『ケースブック民事訴訟法』が1961年に刊行されている（中田淳一・三ケ月章（編集代表）『ケースブック民事訴訟法』（有信堂、1961年）。同書では、日・西独・米・英・仏の単位人口当たり弁護士数の比較や、日・西独の第一審係属訴訟件数の比較などもなされている）。1961年に開催されたシンポジウムに川島武宜が提出したペーパーにおいて司法統計資料をふんだんに用いたことは、前注で述べた。

　　なお、本文および本注で示したような1950年代後半からの展開をもたらした理由のうちには、砂川事件や松川事件をめぐる司法的判断ともかかわった「裁判批判」の高潮に伴う裁判制度の運用主体への社会的・政治的・学術的注目の高まり、などもあったと考えられるが、そうした要因まで視野に入れて検討することについては他稿を期したい（これに関連して、さしあたり千葉正士「法哲学・法社会学」『法律時報』32巻14号（1960年）30-32頁、特に30-31頁を参照）。

76　六本・前掲注（9）「日本人の法意識論再訪」286-291頁。

77 川島武宜は1909年生。本稿で「紛争行動–法文化論」にかかわる記述を含む著書の編者・執筆者として挙げた法学者のうち、川島に比較的近い世代のものは野田良之（1912年生）と団藤重光（1913年生）のみである。

78 法学の領域で「シューレ」ということばが用いられることは多くないが、例外的に、「川島シューレ」はしばしばその存在を語られてきたといってよいだろう（いくつかの例として、五十嵐清「北海道法社会学ことはじめ」日本法社会学会創立五〇周年記念事業実行委員会（編）『法社会学への出発』（日本法社会学会事務局、1997年）8-9頁（関連して、五十嵐清（著）山田卓生・山田八千子・小川浩三・内田貴（編）『ある比較法学者の歩いた道——五十嵐清先生に聞く』（信山社、2015年）75-76頁も参照）／鈴木禄彌『一民法学者の思い出ぼろぼろ』（テイハン、2005年）37頁／星野英一『ときの流れを超えて』（有斐閣、2006年）73頁／笹倉秀夫「法解釈学における理論構築と基礎法学」『法律時報』84巻3号（2012年）73-77頁、特に74頁、など。また、「川島シューレ」に属しているか否か、を当時の研究者たち自身が意識していたことを物語るエピソードについては、平井宜雄「潮見俊隆先生の思い出」平井『教壇と研究室の間』（有斐閣学術サービス、2007年）284-287頁（初出1997年）、参照）。その他には、たとえば「尾高シューレ」が語られる場合がかつてあったろうか（いずれも小林直樹が発話者としてかかわるものだが、座談会「尾高法哲学を語る（2）」『書斎の窓』47号（1957年）1-7頁／小林直樹「尾高朝雄先生と若き学徒たち」『ジュリスト』960号（1990年）2-3頁参照）。

79 Kuhn・前掲注（6）*The Structure of Scientific Revolutions*, pp. 181-186。

［編者・執筆者一覧（掲載順、＊は編者）］

岩谷　十郎（いわたに・じゅうろう）＊

1961 年生まれ。慶應義塾大学大学院法学研究科後期博士課程単位取得退学。慶應義塾大学法学部教授（日本法制史・法文化論専攻）。

主な業績：『法と正義のイコノロジー』（共編著：慶應義塾大学出版会、1997 年）、『法社会史』（共著：山川出版社、2001 年）、『明治日本の法解釈と法律家』（慶應義塾大学法学研究会、2012 年）、『法典とは何か』（共編著：慶應義塾大学出版会、2014 年）ほか。

現在の関心：日本近代の法制史・法社会史・法学教育史・法学史に関わる諸問題。

周　　圓（しゅう・えん）

1981 年生まれ。一橋大学大学院法学研究科博士後期課程修了。博士（法学）。東洋大学法学部法律学科講師（法思想史・西洋法制史専攻）。

主な業績：「丁韙良『万国公法』の翻訳手法——漢訳『万国公法』1 巻を素材として」『一橋法学』10 巻 2 号（2011 年）、「アルベリコ・ジェンティーリの正戦論——『戦争法論』1 巻における「動力因」と「質料因」を中心に」『一橋法学』11 巻 1 号（2012 年）、「アルベリコ・ジェンティーリの正戦論——『戦争法論』2 巻における「形相因」を中心に」『一橋法学』12 巻 3 号（2013 年）、「アルベリコ・ジェンティーリの正戦論——『戦争法論』3 巻における「目的因」を中心に」『一橋法学』15 巻 1 号（2016 年）ほか。

現在の関心：近世国際法史、正戦論、東アジアにおける国際法の受容など。

西田　真之（にしだ・まさゆき）

1984 年生まれ。東京大学大学院法学政治学研究科総合法政専攻博士課程単位取得退学。博士（法学）。明治学院大学法学部専任講師（東アジア近代法史専攻）。

主な業績：「近代中国における妾の法的諸問題をめぐる考察」『東洋文化研究所紀要』166 冊（2014 年）、「法文及びディカー裁判所の判決から見た近代タイにおける妾の法的諸問題をめぐる考察」『東洋文化研究』17 号（2015 年）、「法史学から見た東アジア法系の枠組みについて——一夫一婦容妾制の成立過程をめぐって」『法律科学研究所年報』32 号（2016 年）ほか。

現在の関心：東アジアにおける近代法継受過程の比較研究など。

中野　雅紀（なかの・まさのり）

1963 年生まれ。京都大学大学院法学研究科法政理論専攻公法専攻後期博士課程単位取得。茨城大学教育学部部准教授（法律学）。

主な業績：「人権の基礎付け、類型および審査基準」『公法研究』72 号（2010 年）、「基本権構成要件における手続的パースペクティブと実体的パースペクティブの交錯」ドイツ憲法判例研究会編『講座憲法の規範力 (2) 憲法の規範力と憲法裁判』（信山社、2013 年）、「わが国における「選挙権論」の規範主義的貧困は克服されたのか？」『法学新報』121 巻 5・6 号（2014 年）ほか。

現在の関心：ドイツの基本権論、基本価値、討議理論など。

児玉　圭司（こだま・けいじ）

1977 年生まれ。慶應義塾大学大学院法学研究科後期博士課程単位取得退学。舞鶴工業高等専門学校人文科学部門准教授（日本近代法史専攻）。

主な業績：「明治前期の処遇にみる国事犯」堅田剛編『加害／被害』（国際書院、2013 年）、「明治前期の監獄における規律の導入と展開」『法制史研究』64 号（2015 年）ほか。

現在の関心：明治期における監獄制度の形成過程、明治・大正期における監獄学（刑事政策学）の継受・確立過程など。

坂井　大輔（さかい・だいすけ）

1984 年生まれ。一橋大学大学院法学研究科博士後期課程（日本法制史専攻）。

主な業績：「穂積八束の『公法学』(1)(2・完)」『一橋法学』12 巻 1〜2 号（2013 年）、「穂積八束とルドルフ・ゾーム」『一橋法学』15 巻 1 号（2016 年）、「平野義太郎——マルクス主義と大アジア主義の径庭」小野博司・出口雄一・松本尚子編『戦時体制と法学者　1931〜1952』（国際書院、2016 年）ほか。

現在の関心：戦前期日本の法学史・法思想史。

出口　雄一（でぐち・ゆういち）

1972 年生まれ。慶応義塾大学大学院法学研究科後期博士課程単位取得退学。桐蔭横浜大学法学部教授（日本近現代法史専攻）。

主な業績：「戦時・戦後初期の日本の法学についての覚書 (1)(2・完)——「戦時法」研究の前提として」『桐蔭法学』19 巻 2 号、20 巻 1 号（2013 年）、「六法的思考

──法学部教育の歴史から」桐蔭法学研究会編『法の基層と展開──法学部教育の可能性』（信山社、2014 年）、『戦時体制と法学者 1931〜1952』（共編著：国際書院、2016 年）ほか。

現在の関心：戦時体制・占領管理体制下の法と法学についての実証分析、戦後体制の法的形成過程など。

高橋　裕（たかはし・ひろし）

1969 年生まれ。東京大学大学院法学政治学研究科博士課程単位取得退学。神戸大学大学院法学研究科教授（法社会学専攻）。

主な業績：「司法改革におけるＡＤＲの位置」『法と政治』51 巻 1 号（2000 年）、「消費者信用と裁判所利用」林信夫・佐藤岩夫編『法の生成と民法の体系』（創文社、2006 年）、『エコノリーガル・スタディーズのすすめ』（共編著：有斐閣、2014 年）、「戦後日本における法解釈学と法社会学──川島武宜と来栖三郎における事実と法」『法と社会研究』1 号（2015 年）ほか。

現在の関心：ＡＤＲの機能を中心とした紛争過程論、法律家論、法社会学史など。

索　引

あ

アウグスティヌス（Augustinus of Hippo）
　34
アジア主義 →「大アジア主義」を見よ
吾妻光俊　146-148,154-155,164,167-
　168,173,182,196
J・アダムス（J. Adams）　21
アルマダ海戦　30
アン女王　27
五十嵐清　201-202,205
一木喜徳郎　68-69,76
一夫一婦制　51-52,55-57
一夫一婦容妾制　56
伊藤正己　184,199,201
印紙条令　21
K・A・ウィットフォーゲル（K. A.
　Wittfogel）　134,136
エドワード3世　24
エリザベス1世　26,30,35
大木雅夫　18,201
大村敦志　83-84,192,196
M・オーリウ（M. Hauriou）　88
岡田朝太郎　47-48,52
小河滋次郎　47-48,54,61,96,99-103,106,
　114,116-117
小野清一郎　15-16,120,144-145,149-
　165,167-169,172-173
小原重哉　98,100,115-116

か

お雇い外国人　45,48-50,52,55-56

外交使節論　31
（高等）海事裁判所　10-11,21-31,38-
　41
海事法書　37
解説法学　149,168,182,196
戒能通孝　139,146,182,195-196
風早八十二　129
風見章　149,160
加藤一郎　184,193,198,203
家父長権　73-76,83
川島武宜　17,79,180,183,185,188-189,
　196-197,203-205
O・ギールケ（O. v. Gierke）　131
岸本辰雄　180-181,193-194
木村亀二　110,120-121,156,182
教育刑　13,107-108,110,112-113,120
教育勅語　65
教会裁判所　22
F・クーランジェ（F. Coulanges）　73
T・S・クーン（T. S. Kuhn）　188,190-
　191,205
クリミア戦争　36
H・グロティウス（H. Grotius）　38,43,
　67-68
ゲルマン法　128-130,132,134,138
憲法改正案（草案）　64,76,81,88-89
権利意識 →「法意識」を見よ

皇道仏教　158,163

国体　15-16,110-112,144,148,155-156,
　158,160-165

古事記　128

小山松吉　107,110-111

固有　10-16,18,49,54-55,70,72-73,94-
　95,106,108-112,119-120,131,135,
　143-144,146-148,152,154-157,163-
　165,176

さ

再帰　9-20,39,95,154,160,175-177,187,
　189

酒井直樹　11-12,19

三二年テーゼ　133-134,140

T・ジェファーソン（T. Jefferson）　21

A・ジェンティーリ（A. Gentili）　21-
　22,30-39,42-43

S・ジェンティーリ（S. Gentili）　31

塩野季彦　110-111,120,149,169,172

自己画定　12,14

自己語り/自己言及　15,19-20,145,154,
　160

自己創出　9

自己保存本能　63

七部法典　36

司法統計　187-188,202-204

社会事業　13,100,105,112

社会保障制度改革推進法　64

出獄人保護　13,97-105,115,117

新派刑法理論/新派　13,107-113,120-
　121,150,155-156

末弘厳太郎　15,124,149,168,183-184,

195-196

杉山直治郎　14,146,165-166

スチュアート朝　10,28,30

スペイン擁護論　10,21,29-31,41

R・スメント（R. Smend）　88

スロイス海戦　23-24

生前退位　63

戦後法学　196

戦争法論　30-31,35

た

大アジア主義　14,123-124,129-131,134-
　136,139,141,148,161,167

大東亜共栄圏　14,123,125,134

大東亜共栄体　129,134

大東亜法秩序　128,138,157,162-163

太平洋協会　124,129,135,137-138

大陸会議　21

瀧川政次郎　111,120-121,149

瀧川幸辰　150

田中耕太郎　194

田中英夫　184,193,198-199

笞刑　48-50,54-55,58,61,98

チューダー朝　10,26,28,30

追放刑　104-106,118

津田左右吉　159-160

鶴見祐輔　124

道義　15-16,149-151,153-154,157,160,
　162,164

留岡幸助　96,98,105,114

トルデシリャス条約　32

索引 213

な

中田薫　102,106

日本資本主義発達史講座　123-124,134

日本主義　15,148,150-151,161,163,167

日本法理　15-16,94,110-113,119-120,
128,135,142-144,146-149,151-157,
160-165,167-169,172

野田良之　143,145-146,165,174,200,205

は

K・E・ハウスホーファー（K. E.
Haushofer）　137-138

八紘為宇　15,128,135,138

G・パドゥー（G. Padoux）　12,50-51,53,
59-60

原胤昭　100,103,105-107,117

パリ宣言　36

反西洋　13-14

東アジア　11,45-46,54,56,63

非西洋　12-15,57

平井宜雄　199-200,205

平沼騏一郎　110-111,160

平野義太郎　14,123-124,126-141

J・ビンダー（J. Binder）　157,171

K・ビンディング（K. Binding）　149

船田亨二　143-148,154

不平等条約　45-46,48,52-53,55

普遍　3,10,13,16,18-19,82,85-86,106,
112-113,145-148,155,157-160,162-
165

紛争行動　17-18,177-189

J・O・ヘイリ（J. O. Haley）　17-18,
185-187,192-193,199-201

ヘンリ6世　27

ヘンリ8世　26,28

G・E・ボアソナード（G. E. Boissonade）
12,66

法意識　17,183-185,197-202

法学入門書　177-189

法継受　11,19,21,45-49,52-54,56-57,
100,106,151-153,156,165,198

法制及経済教授要目　194

法典論争/民法典論争　12,16,66-67,69,
76

法理研究会　100-103,105,116-117

細川亀市　13,107-108,111,119-121,149

穂積重遠　83-84,86-89,123,182,195-196

穂積陳重　69,78,96,99-103,105-106,108,
114,116-117

穂積八束　12-13,66-69,72-77,83,88-90

ま

牧健二　149,155

牧野英一　67,69,76-77,79-83,87-89

政尾藤吉　12,49-51,53-54,56,58

正木亮　110-111,120-121

松尾敬一　143-146,165,183,196

松本暉男　183,196

マルクス主義　14,123-124,129-130,132-
136,174,182,196

三浦周行　104-106,108,112,117

三ヶ月章　191-192,198,201-202,204

民法出テヽ忠孝亡フ　12,67,70

無宿　93,97-99,104-106,112

214　索引

H・J・メーン（H. J. Maine）　80,89

妾　52,55-56,60-61

B・メンドーサ（B. de Mendoza）　10,
　30-31,35

や

ユスティニアヌス帝（Justinianus）　75

吉野作造　81

ら

P・ラーバント（P. Labant）　67,74

リカレンス（recurrence）/リカレント
　（recurrent）　16,18

F・リスト（F. Liszt）　150

リチャード2世　25,28,40

臨時法制審議会　109-112,119

六本佳平　190,193,199-200,204

わ

我妻栄　77,79,82,87-88,195,197,199

渡辺洋三　183,185-186,196-197,201

［叢書刊行委員］（※は叢書刊行委員長）

高塩　博＊國學院大學

岩谷十郎　慶應義塾大学

岩波敦子　慶應義塾大学

王　雲海　一橋大学

津野義堂　中央大学

森　征一　常磐大学

山内　進　一橋大学名誉教授

再帰する法文化

法文化（歴史・比較・情報）叢書 ⑭

編者　岩谷十郎

2016 年 12 月 10 日初版第 1 刷発行

・発行者──石井　彰

印刷・製本／新協印刷（株）

© 2016 by Society of the Study
of Legal Culture

（定価＝本体価格 3,600 円＋税）

ISBN978-4-87791-279-6 C3032 Printed in Japan

・発行所

KOKUSAI SHOIN Co., Ltd.
3-32-5, HONGO, BUNKYO-KU, TOKYO, JAPAN

株式会社 **国際書院**
〒113-0033 東京都文京区本郷3-32-6-1001

TEL 03-5684-5803　　FAX 03-5684-2610
Ｅメール：kokusai@aa.bcom.ne.jp
http://www.kokusai-shoin.co.jp

本書の内容の一部あるいは全部を無断で複写複製（コピー）することは法律でみとめられた場合を除き、著作者および出版社の権利の侵害となりますので、その場合にはあらかじめ小社あて許諾を求めてください。

国際政治

五石敬路編

東アジアにおける都市の貧困

87791-214-7　C3031　　　　　A5判　264頁　2,800円

[東京市政調査会都市問題研究叢書⑭] 自立を促す福祉の仕組みを考慮しつつ中国・上海に注目しその貧困と社会保障のあり方を論じ、稼働層と非稼働層の違いに着目しつつ日本、韓国、台湾における貧困問題および社会保障の特徴と有効性について分析する。　　　　　　　　　　　（2010.12）

五石敬路編

東アジアにおける都市の高齢化問題
—その対策と課題

87791-223-9　C3021　　　　　A5判　203頁　2,800円

[東京市政調査会都市問題研究叢書⑮] 高齢化問題にかかわり都市行政、介護の課題、所得分配に及ぼす影響、税法との関連さらに少子高齢化などの対策、中国における戸籍人口・常住人口の高齢化、流動革命と都市「郡祖」現象など事例研究をとおして論ずる。　　　　　　　　　　（2011.12）

五石敬路編

東アジアにおけるソフトエネルギーへの転換

87791-251-2　C3033　　　　　A5判　233頁　3,200円

[東京都市研究所都市問題研究叢書⑯] 新エネルギー問題を共通テーマに、日本からは原発問題から自然エネルギーへの模索を、韓国では温暖化防止の観点から、中国は産業化に伴う環境問題に焦点を当て論じている。　　　　　　　　　（2013.7）

宇野重昭

北東アジア学への道

87791-238-3　C3031　￥4600E　　A5判　395頁　4,600円

[北東アジア学創成シリーズ①] 北東アジアという表現は「地域」に表出される世界史的課題を改めて捉え直そうとする知的作業である。その上で北東アジアの現実的課題を浮き彫りにするきわめて現代的作業なのである。　　　　　（2012.10）

福原裕二

北東アジアと朝鮮半島研究

87791-270-3　C3031　￥4600E　　A5判　267頁　4,600円

[北東アジア学創成シリーズ②] グローバル化した世界状況にあって普遍性を追究する立場から、「朝鮮半島問題」としての韓国・北朝鮮における秩序構想・統一・民族主義を論じ、竹島／独島問題を通して課題解決への展望を模索する。（2015.7）

松村史紀・森川裕二・徐顕芬編

東アジアにおける二つの「戦後」

87791-225-3　C3031　　　　　A5判　285頁　2,800円

[WICCS 1] 総力戦および冷戦という二つの戦後が東アジア地域につくり上げた構造を、アジア太平洋国家としての米・ロ・中・日をはじめとした東アジアの政策変容を追究し国際政治学の原点に立ち返って考察した。　　　　　　（2012.3）

鈴木隆・田中周編

転換期中国の政治と社会集団

87791-253-6　C3031　　　　　A5判　255頁　2,800円

[WICCS 2] エリートと大衆、都市と農村の断層などを抱えながら、中国は劇的変化を続けている。本書ではさまざまな専門領域・問題意識から集団の変化の実態を明らかにしながら、社会の側から国家・社会関係の変容を考察する。　（2013.10）

中兼和津次編

中国経済はどう変わったか
—改革開放以後の経済制度と政策を評価する

87791-255-0　C3033　　　　　A5判　467頁　4,800円

[WICCS 3] 市場制度・多重所有制への転換による高度成長によって、経済制度・政策、社会組織、政治体制はどのような変化をし、そうした政策・制度の新展開をどう評価すればよいのか。本書はその本質に迫る。　　　　　（2014.2）

新保敦子編

中国エスニック・マイノリティの家族
—変容と文化継承をめぐって

87791-259-8　C3036　　　　　A5判　285頁　2,800円

[WICCS 4] 中国におけるモンゴル族、回族、朝鮮族、カザフ族、土族など少数民族における民族文化の伝承あるいは断絶といった実態を教育学の視点から実証的に検証した。アンケート調査、口述史をもとにした調査・研究である。　（2014.6）

国際政治

佐藤幸男編

世界史のなかの太平洋

906319-84-×　C1031　　　　　A5判　290頁　2,800円

[太平洋世界叢書①] 本叢書は、太平洋島嶼民の知的想像力に依拠しながら、太平洋世界における「知のあり方」を描く。第一巻の本書では、16世紀からの400年に亘る西欧列強による植民地支配の歴史を明らかにし、現代的課題を提示する。

(1998.7)

佐藤元彦編

太平洋島嶼のエコノミー

近刊

[太平洋世界叢書②](目次)①太平洋島嶼経済論の展開② MIRAB モデルの持続可能性③植民地経済の構造と自立化④ソロモン諸島における近代化⑤フィジーにおける輸出加工区依存戦略の問題性、その他

春日直樹編

オセアニア・ポストコロニアル

87791-111-1　C1031　　　　　A5判　235頁　2,800円

[太平洋世界叢書③] 本書はオセアニア島嶼地域の「植民地後」の状況をいくつかの視点から浮かび上がらせ、「ポストコロニアル研究」に生産的な議論を喚起する。人類学者、社会学者、文学者、作家が執筆メンバーである。

(2002.5)

小柏葉子編

太平洋島嶼と環境・資源

906319-87-4　C1031　　　　　A5判　233頁　2,800円

[太平洋世界叢書④] 気候変動、資源の乱獲などにより、環境や資源は限りあるものであることが明らかになり、こうした状況に立ち向かう太平洋島嶼の姿を様々な角度から生き生きと描いている。

(1999.11)

佐藤幸男編

太平洋アイデンティティ

87791-127-8　C1031　　　　　A5判　271頁　3,200円

[太平洋世界叢書⑤] フィジーのパシフィクウェイという生き方、ソロモン諸島における近代化のディスコース、現代キリバスでの物質文明の再考そして太平洋と結ぶ沖縄などの考察を通し、南太平洋から未来の海を展望する。

(2003.9)

南山　淳

国際安全保障の系譜学
―現代国際関係理論と権力／知

87791-131-6　C3031　　　　　A5判　299頁　5,800円

[21世紀国際政治学術叢書①] 権力／知概念を導入し、国際関係論という知の体系の内部に構造化されている「見えない権力」を理論的に解明するという方向性を探り、日米同盟の中の沖縄に一章を当て現代国際安全保障の意味を問う。

(2004.5)

岩田拓夫

アフリカの民主化移行と市民社会論
―国民会議研究を通して

87791-137-5　C3031　　　　　A5判　327頁　5,600円

[21世紀国際政治学術叢書②] アフリカ政治における「市民社会」運動を基礎とした「国民会議」の活動を「グローバル市民社会論」などの角度からも検討し、民主化プロセスを問い直し、21世紀アフリカの曙光の兆しを探る。

(2004.9)

池田慎太郎

日米同盟の政治史
―アリソン駐日大使と「1955年体制」

87791-138-3　C3031　　　　　A5判　287頁　5,600円

[21世紀国際政治学術叢書③] アメリカにとっては、55年体制の左右社会党の再統一は保守勢力を結集させる「最大の希望」であった。日米の資料を駆使し、対米依存から抜けきれない日本外交の起源を明らかにする。

(2004.10)

堀　芳枝

内発的民主主義への一考察
―フィリピンの農地改革における政府、NGO、住民組織

87791-141-3　C3031　　　　　A5判　227頁　5,400円

[21世紀国際政治学術叢書④] ラグナ州マバト村の住民組織・NGO が連携を取り、地主の圧力に抗し政府に農地改革の実現を迫る過程を通し伝統の再創造・住民の意識変革など「内発的民主主義」の現実的発展の可能性を探る。

(2005.4)

| 国際政治 | 国際経済 |

阪口 功

地球環境ガバナンスとレジーム発展のプロセス
―ワシントン条約と NGO・国家

87791-152-9 C3031　　　　　　　　A5判　331頁　5,800円

[21世紀国際政治学術叢書⑤] ワシントン条約のアフリカ象の取引規制問題に分析の焦点を当て、レジーム発展における具体的な国際交渉プロセスの過程に「討議アプローチ」を適用した最初の試みの書。　　　　　　　　　　　　　　　(2006.2)

野崎孝弘

越境する近代
―覇権、ヘゲモニー、国際関係論

87791-155-3 C3031　　　　　　　　A5判　257頁　5,000円

[21世紀国際政治学術叢書⑥] 覇権、ヘゲモニー概念の背後にある近代文化の政治現象に及ぼす効果を追跡し、「越境する近代」という視点から、国際関係におけるヘゲモニー概念への批判的検討をおこなう。　　　　　　　　　　　　　　　(2006.4)

玉井雅隆

CSCE 少数民族高等弁務官と平和創造

87791-258-1 C3031　　　　　　　　A5判　327頁　5,600円

[21世紀国際政治学術叢書⑦] 国際社会の平和をめざす欧州安全保障協力機構・少数民族高等弁務官（HCNM）の成立に至る議論の変化、すなわちナショナル・マイノリティに関する規範意識自体の変容をさまざまな論争を通して追究する。　　　　　　　　　　　　　　　(2014.7)

武者小路公秀監修

ディアスポラを越えて
―アジア太平洋の平和と人権

87791-144-8 C1031　　　　　　　　A5判　237頁　2,800円

[アジア太平洋研究センター叢書①] アジア太平洋地域の地域民族交流システムを歴史の流れの中で捉える「ディアスポラ」を中心テーマにし、単一民族という神話から開放された明日の日本の姿をも追究する。　　　　　　　　　　　　　(2005.3)

武者小路公秀監修

アジア太平洋の和解と共存
― 21 世紀の世界秩序へ向けて

87791-178-2 C1031　　　¥3200E　　　A5判　265頁　3,200円

[アジア太平洋研究センター叢書②] 第二次世界大戦の再評価をめぐって、60年前の失敗と教訓を探りだし、戦後の欧州の経験、アジアでの軌跡をたどりつつ21世紀の新世界秩序へ向けて白熱した議論が展開する。　　　　　　　　　　(2007.3)

武者小路公秀監修

ディアスポラと社会変容
―アジア系・アフリカ系移住者と多文化共生の課題

87791-168-3 C1031　　　　　　　　A5判　295頁　3,200円

[アジア太平洋研究センター叢書③] 人種主義の被害を受けながら、移住先の国々でさまざまな貢献をしている何世代にわたるアジア系、アフリカ系移住者たちの不安、願望といった人間としての諸相を明らかにしようとする暗中模索の書である。　　　　　　　(2008.3)

山城秀市

アメリカの政策金融システム

87791-173-7 C3033　　　　　　　　A5判　291頁　5,400円

アメリカの連邦信用計画・政策金融を政府機関および政府系金融機関の活動に焦点を当て、産業政策・経済動向といった歴史的推移の中で分析し、あらためてわが国における政策金融のありかたに示唆を与える。　　　　　　　　　　　　　(2007.9)

坂田幹男

開発経済論の検証

87791-216-1 C1033　　　　　　　　A5判　217頁　2,800円

東アジアのリージョナリズムの展望は、市民社会および民主主義の成熟こそが保障する。戦前この地域に対して「権力的地域統合」を押しつけた経験のある日本はそのモデルを提供する義務がある。　　　　　　　　　　　　　　　(2011.4.)

国際経済	国際社会

大和田滝惠・岡村 堯編

地球温暖化ビジネスのフロンティア

87791-218-5 C1034　　　　　　　A5判　313頁　2,800円

企業の意欲が自らの成長と地球の維持を両立させられるような国際環境の醸成ビジョンを提示する作業を通して、地球温暖化科学、政策化プロセス、国際交渉の視点などの「企業戦略のためのフロンティア」を追究する。 (2011.3.)

立石博高／中塚次郎共編

スペインにおける国家と地域
―ナショナリズムの相克

87791-114-6 C3031　　　　　　　A5判　295頁　3,200円

本書は、地域・民族、地域主義・ナショナリズム、言語の歴史的形成過程を明らかにしながら、カタルーニャ、バスク、ガリシア、アンダルシアを取り上げ、歴史的現在のスペイン研究に一石を投じる。 (2002.6)

ジョン・C・マーハ／本名信行編著

新しい日本観・世界観に向かって

906319-41-6 C1036　　　　　　　A5判　275頁　3,107円

アイヌの言語とその人々、大阪の文化の復活、日本における朝鮮語、ニューカマーが直面する問題、日本とオーストラリアの民族の多様性などの検討を通して、国内での多様性の理解が世界レベルの多様性の理解に繋がることを主張する。 (1994.2)

林　武／古屋野正伍編

都市と技術

906319-62-9 C1036　　　　　　　A5判　241頁　2,718円

「日本の経験」を「都市と技術」との関わりで検討する。技術の基本的な視点を自然や社会との関わり、技術の担い手としての人間の問題として捉え、明治の国民形成期の都市づくり、職人層の活動に注目し、技術移転の課題を考える。 (1995.1)

奥村みさ

文化資本としてのエスニシティ
―シンガポールにおける文化的アイデンティティの模索

87791-198-0 C3036　　　　　　　A5判　347頁　5,400円

英語圏文化および民族の主体性としての文化資本を駆使し経済成長を遂げた多民族都市国家シンガポールは、世界史・アジア史の激変のなかで持続可能な成長を目指して文化的アイデンティティを模索し、苦闘している。 (2009.7)

渋谷　努編

民際力の可能性

87791-243-7 C1036 3200E　　　　　A5判　261頁　3,200円

国家とは異なるアクターとしての民際活動が持つ力、地域社会におけるNPO・NGO、自治体、大学、ソーシャルベンチャー、家族といったアクター間の協力関係を作り出すための問題点と可能性を追求する。 (2013.2)

駒井　洋

移民社会日本の構想

906319-45-9 C1036　　　　　　　A5判　217頁　3,107円

[国際社会学叢書・アジア編①] 多エスニック社会化を日本より早期に経験した欧米諸社会における多文化主義が今日、批判にさらされ、国家の統合も動揺を始めた。本書は国民国家の妥当性を問い、新たな多文化主義の構築を考察する。 (1994.3)

マリア・ロザリオ・ピケロ・バレスカス　角谷多佳子訳

真の農地改革をめざして―フィリピン

906319-58-0 C1036　　　　　　　A5判　197頁　3,107円

[国際社会学叢書・アジア編②] 世界資本主義の構造の下でのフィリピン社会の歴史的従属性と決別することを主張し、社会的正義を追求した計画を実践する政府の強い意志力と受益農民の再分配計画への積極的関与を提唱する。 (1995.5)

国際社会

中村則弘

中国社会主義解体の人間的基礎
—人民公社の崩壊と営利階級の形成

906319-47-5　C1036　　　　　A5判　265頁　3,107円

[国際社会学叢書・アジア編③] 他の国や地域への植民地支配や市場進出、略奪を行わない形で進められてきた自立共生社会中国の社会主義解体過程の歴史的背景を探る。人民公社の崩壊、基層幹部の変質などを調査に基づいて考察する。
（1994.6）

陳　立行

中国の都市空間と社会的ネットワーク

906319-50-5　C1036　　　　　A5判　197頁　3,107円

[国際社会学叢書・アジア編④] 社会主義理念によって都市を再構築することが中国の基本方針であった。支配の手段としての都市空間と社会的ネットワークが、人々の社会関係を如何に変容させていったかを考察する。
（1994.8）

プラサート・ヤムクリンフング　松薗裕子／鈴木規之訳

発展の岐路に立つタイ

906319-54-8　C1036　　　　　A5判　231頁　3,107円

[国際社会学叢書・アジア編⑤] タイ社会学のパイオニアが、「開発と発展」の視点で変動するタイの方向性を理論分析する。工業化の効果、仏教の復活、政治の民主化などを論じ、価値意識や社会構造の変容を明らかにする。
（1995.4）

鈴木規之

第三世界におけるもうひとつの発展理論
—タイ農村の危機と再生の可能性

906319-40-8　C1036　　　　　A5判　223頁　3,107円

[国際社会学叢書・アジア編⑥] 世界システムへの包摂による商品化が社会変動を生じさせ、消費主義の広がり、環境破壊などの中で、「参加と自助」による新しい途を歩み始めた人々の活動を分析し、新たな可能性を探る。
（1993.10）

田巻松雄

フィリピンの権威主義体制と民主化

906319-39-4　C1036　　　　　A5判　303頁　3,689円

[国際社会学叢書・アジア編⑦] 第三世界における、80年代の民主化を促進した条件と意味を解明することは第三世界の政治・社会変動論にとって大きな課題である。本書ではフィリピンを事例として考察する。
（1993.10）

中野裕二

フランス国家とマイノリティ
—共生の「共和制モデル」

906319-72-6　C1036　　　　　A5判　223頁　2,718円

[国際社会学叢書・ヨーロッパ編①] コルシカをはじめとした地域問題、ユダヤ共同体、移民問題など、「国家」に基づく共存の衝突を描く。共和制国家フランスが、冷戦崩壊後の今日、その理念型が問われている。
（1996.12）

畑山敏夫

フランス極右の新展開
—ナショナル・ポピュリズムと新右翼

906319-74-2　C1036　　　　　A5判　251頁　3,200円

[国際社会学叢書・ヨーロッパ編②] 1980年代のフランスでの極右台頭の原因と意味を検証。フランス極右の思想的・運動的な全体像を明らかにして、その現象がフランスの政治的思想的価値原理への挑戦であることを明らかにする。（1997.6）

高橋秀寿

再帰化する近代—ドイツ現代史試論
—市民社会・家族・階級・ネイション

906319-70-X　C1036　　　　　A5判　289頁　3,200円

[国際社会学叢書・ヨーロッパ編③] ドイツ現代社会の歴史的な位置づけを追究する。「緑の現象」、「極右現象」を市民社会、家族、階級、ネイションの四つの領域から分析し、新種の政党・運動を生じさせた社会変動の特性を明らかにする。
（1997.7）

石井由香

エスニック関係と人の国際移動
—現代マレーシアの華人の選択

906319-79-3　C1036　　　　　A5判　251頁　2,800円

[国際社会学叢書・ヨーロッパ編・別巻①] 一定の成果を上げているマレーシアの新経済政策（ブミプトラ政策）の実践課程を、エスニック集団間関係・「人の移動」・国際環境の視点から考察する。
（1999.2）

国際社会　　　　　　　　　　　　国際史　　　　　　　　　　　　　　法

太田晴雄

ニューカマーの子どもと日本の学校

87791-099-9　C3036　　　　　A5判　275頁　3,200円

［国際社会学叢書・ヨーロッパ編・別巻②］外国生まれ、外国育ちの「ニューカマー」の子供たちの自治体における対応策、小・中学校における事例研究を通して教育実態を明らかにしつつ、国際理解教育における諸課題を検討し、多文化教育の可能性を探る。　　　　　　　　　　　（2000.4）

藤本幸二

ドイツ刑事法の啓蒙主義的改革とPoena Extraordinaria

87791-154-5　C3032　　　　　A5判　197頁　4,200円

［21世紀国際史学術叢書①］Poena Extraordinaria と呼ばれる刑事法上の概念が刑事法の啓蒙主義的改革において果たした役割と意義について、カルプツォフの刑事法理論を取り上げつつ、仮説を提示し刑事法近代化前夜に光りを当てる。（2006.3）

遠藤泰弘

オットー・フォン・ギールケの政治思想
—第二帝政期ドイツ政治思想史研究序説

87791-172-0　C3031　　　　　A5判　267頁　5,400円

［21世紀国際史学術叢書②］19ないし20世紀初頭の多元的国家論の源流となったギールケの団体思想、政治思想の解明をとおして、現代国際政治・国内政治において動揺する政治システムに一石を投ずる。　　　　　　　　　　　（2007.12）

権　容奭

岸政権期の「アジア外交」
—「対米自主」と「アジア主義」の逆説

87791-186-7　C3031　　　　　A5判　305頁　5,400円

［21世紀国際史学術叢書③］東南アジア歴訪、日印提携、日中関係、レバノン危機とアラブ・アフリカ外交そして訪欧、在日朝鮮人の「北送」など岸政権の軌跡の政治的深奥を見極めつつ日本の「アジアとの真の和解」を模索する。　（2008.11）

矢崎光圀／野口寛／佐藤節子編

転換期世界と法
—法哲学・社会哲学国際学会連合会第13回世界会議

906319-01-7　C3001　　　　　A5判　267頁　3,500円

転換期世界における法の現代的使命を「高度技術社会における法と倫理」、「新たな法思想に向けて」を柱にして論じ、今日の「法、文化、科学、技術—異文化間の相互理解」を求める。本書は世界、法と正義、文化の深淵を示唆する。　（1989.3）

坂本百大／長尾龍一編

正義と無秩序

906319-12-2　C3032　　　　　A5判　207頁　3,200円

自由から法に至る秩序形成過程を跡づけながら、正義という社会秩序の理念と社会解体への衝動との緊張関係という、社会秩序に内在する基本的ジレンマを追究する。いわば現代法哲学の諸問題の根源を今日、改めて本書は考える。　（1990.3）

水林　彪編著

東アジア法研究の現状と将来
—伝統的法文化と近代法の継受

87791-201-7　C3032　　　　　A5判　287頁　4,800円

日中韓における西欧法継受の歴史研究および法の現状ならびに東アジア共通法の基盤形成に向けての提言を通して「東アジア共通法」を展望しつつ、「東アジアにおける法の継受と創造」の研究、教育が本書のテーマである。　　　（2009.11）

法

後藤　昭編

東アジアにおける市民の
刑事司法参加

87791-215-4　C3032　　　　　　A5判　271頁　4,200円

日・中・韓における「市民の刑事司法参加」を論じた本書は、①制度の生成、②機能、③政治哲学、④法文化としての刑事司法、といった側面から光を当て、各国の違いと共通項を見出し、制度の今後の充実を促す。　　　　　　　　　（2011.2.）

高橋滋／只野雅人編

東アジアにおける公法の過去、
現在、そして未来

87791-226-0　C3032　　　　　　A5判　357頁　3,400円

グローバル化の世界的潮流のなかで、東アジア諸国における法制度の改革、整備作業の急速な進展を受けて、①西洋法の継受の過程、②戦後の経済発展のなかでの制度整備、③将来の公法学のあり方を模索する。　　　　　　　　　（2012.3.）

稲田俊信

商法総制・商行為法講義

906319-61-0　C3032　　　　　　A5判　195頁　2,200円

基本的事項を分かり易く説明し、どのような法的考え方が現代社会にとって有効か、また将来への先導制を有するものであるか、過去はどうであったかを考える。本書は「制度の維持」より「利用者の権利」を中心に叙述されている。　　（1995.5）

山村忠平

監査役制度の生成と発展

906319-73-4　C3032　　　　　　四六判　185頁　2,600円

監査役制度の制度的展開の基礎事情を説明する。監査役制度を商法の枠組みから論述し、背景の社会的要請をも検討し、併せてその延長線上に展望される監査役制度の発展の方向を示唆する。今日見直される監査役制度の新しい理論書。（1997.3）

王　雲海

賄賂はなぜ中国で死罪なのか

87791-241-3　C1032　¥2000E　　A5判　157頁　2,000円

賄賂に関する「罪と罰」を科す中国、日本、アメリカの対応を通して、それぞれの国家・社会の本質を追究する筆致は迫力がある。それは「権力社会」であり、「文化社会」あるいは、「法律社会」と筆者は規定する。　　　　　　　　　（2013.1）

加藤哲実

宗教的心性と法
―イングランド中世の農村と歳市

87791-242-0　C3032　¥5600E　　A5判　357頁　5,600円

法の発生史をたどるとき、法規範の発生そのものに宗教的心性がかかわっていた可能性を思い描きながら、イングランド中世の農村および市場町の慣習と法を通しての共同体および宗教的心性を探る。　　　　　　　　　　　　　　　（2013.2）

菊池肇哉

英米法「約因論」と大陸法
―「カウサ理論」の歴史的交錯

87791-244-4　C3032　¥5200E　　A5判　261頁　5,200円

17世紀初頭に成立した英米法の「約因論」と17世紀以降成立した大陸法の「カウサ理論」における「歴史的比較法」の試みを通して、両者が深い部分で複雑に絡み合っている姿を学問的な「見通し」をもって追究した。　　　　　（2013.3）

小野博司・出口雄一・松本尚子編

戦時体制と法学者
1931〜1952

87791-272-7　C3032　¥5600E　　A5判　415頁　5,600円

公法・私法・刑法・経済法・社会法、それぞれの学問分野を可能な限り取り上げ、戦時日本における「法治主義の解体」の実相に迫り、21世紀の法および法学研究の羅針盤の発見を見通す作業の書である。　　　　　　　　　　　　（2016.3）

出雲　孝

ボワソナードと近世自然法論における所有権論：
所有者が二重売りをした場合に関するグロチウス、プーフェンドルフ、トマジウスおよびヴォルフの学説史

87791-277-2　C3032　\6400E　　A5判　頁　6,400円

国際法の側面、立法の基礎理論の提供、かつ「世界道徳」を内在させる自然法に関し、啓蒙期自然法論とボワソナードの法思想が異なるという通説を近世自然法論における二重売りの問題を通して検証する。　　　　　　　　　　（2016.9）

法

小野田昌彦

法の条件
—法学新講

906319-43-2　C1032　　　　　　A5判　319頁　3,107円

近代市民法の思想的背景から説き起こし、20世紀における法の実態を鮮明にしながら、我が国の現行法制度の構造を浮き彫りにする。法現象の理論的淵源を論理的に追究する思考訓練の方法も示され、各種の国家試験にも有益である。

(1993.12)

山川一陽

新民法のはなし

87791-228-4　C1032　　　　　　A5判　317頁　3,200円

初めて民法を学ぶ人のための入門書。民法が日常生活においてどのように運用され、どのような機能を発揮しているのか。事例を示しながら話しことばで書かれた民法全体を解説する「民法の本」である。

(2012.3)

山川一陽編著

法学入門

906319-49-1　C1032　　　　　　A5判　361頁　3,689円

法の歴史を述べ、日本法の「法の十字路」としての性格を明らかにする。各種の基本法の必須事項を示した上で、実際の裁判がどのように行われるかを解説する。保健関係法を扱った「社会法」、国際私法についても説明が行われる。

(1994.5)

山内　進編

混沌のなかの所有

87791-101-4　C3032　　　　　　A5判　283頁　3,800円

[法文化（歴史・比較・情報）叢書①] 地域や集団の歴史的過去や文化構造を含む概念としての法文化における対立と交流を総合的に考察する。本書は「自己所有権」に基づく近代所有権思想に21世紀的問い掛けをする。

(2000.10)

加藤哲実編

市場の法文化

87791-117-0　C3032　　　　　　A5判　281頁　3,800円

[法文化（歴史・比較・情報）叢書②] 市場あるいは交換や取引の背後にある法文化的背景、法文化的意味を探る本書は、地理的・歴史的な角度から、市場経済、市場社会などの概念が持つ深層の意味理解に向けて果敢な挑戦を試みた。

(2002.2)

森　征一編

法文化としての租税

87791-143-×　C3032　　　　　　A5判　229頁　3,200円

[法文化（歴史・比較・情報）叢書③] 租税を法文化として捉え直し、租税の歴史の深層に入り込むことによって問題の根源を浮上させ、21世紀の租税の姿を描くべく法学としての租税の新しい地平を開拓する。

(2005.3)

森田成満編

法と身体

87791-149-9　C3032　　　　　　A5判　223頁　3,600円

[法文化（歴史・比較・情報）叢書④] 生物進化と法、イスラム法での身体と内面、自己・所有・身体、王の身体・法の身体、犯罪人類学と人種、身体刑と生命刑の連続性と非連続性、清代の医療提供の仕組みなどを論ず。

(2005.9)

津野義堂

コンセンサスの法理

87791-149-2　C3032　　　　　　A5判　239頁　3,600円

[法文化（歴史・比較・情報）叢書⑤] 本書は、キケロー・古典期ローマ法・イギリス契約法・無名契約・引渡しの正当原因・典雅法学・ヘーゲルの契約論・婚姻・所有権におけるコンセンサスの意味を明らかにする。

(2007.5)

林　康史編

ネゴシエイション
—交渉の法文化

87791-190-4　C3032　　　　　　A5判　247頁　3,600円

[法文化（歴史・比較・情報）叢書⑥] 法の実効性を支える法意識・コンセンサスをネゴシエイション・交渉の法文化の視点から捉え直す作業は、法意識・コンセンサスが情報の影響を受けやすいことから情報化時代における意義は大きい。

(2009.6)

法　　　　　　　　　　　　　　　　　　　　　　　　　　　　　教養

佐々木有司編

法の担い手たち

87791-192-8　C3032　　　　　　　A5判　313頁　3,800円

[法文化（歴史・比較・情報）叢書⑦] 法の形成・運用に携わり、これを担う人たちを法文化現象として捉える本書では、地域的・時代的に種々の法文化における多彩な「法の担い手たち」を取り上げ、論じている。　　　　　　　　　　（2009.5）

王雲海編

名誉の原理
―歴史的国際的視点から

87791-207-9　C3032　　　　　　　A5判　269頁　3,600円

[法文化（歴史・比較・情報）叢書⑧]「名誉と不名誉の法的原理」の追究を通して、その裏に潜在している「文化的原理」および世界各地の「精神」を明らかにし、よりよく共存する世界の方途を思想する。　　　　　　　　　　（2010.5）

眞田芳憲編

生と死の法文化

87791-208-6　C3032　　　　　　　A5判　255頁　3,400円

[法文化（歴史・比較・情報）叢書⑨]「いのちの尊厳」をめぐり法文化論的探求をおこなう。いのちをめぐる、歴史の中の、医療技術・いのちの尊厳、家族崩壊の中での、それぞれの「生と死の法文化」を追究する。　　　　　　　　　　（2010.6）

屋敷二郎編

夫婦

87791-234-5　C3032　¥3600E　　　A5判　333頁　3,600円

[法文化（歴史・比較・情報）叢書⑩] 変容する社会、国家を背景に見据えつつ、「夫婦」の法文化を法哲学・法制史学・比較法学・法実務などの多元的な学際的アプローチによって意欲的に探究する。　　　　　　　　　　（2012.8）

堅田　剛編

加害／被害

87791-247-5　C3032　¥3600E　　　A5判　215頁　3,600円

[法文化（歴史・比較・情報）叢書⑪] テーマの「加害／被害」の関係がなぜスラッシュなのか。公害事件など関係の逆転現象さえあるように見える事態がある。いま法的な責任の所在について足場を固める必要性を説く　　　　　　（2013.5）

小柳春一郎編

災害と法

87791-262-8　C3032　　　　　　　A5判　223頁　3,600円

[法文化（歴史・比較・情報）叢書⑫] 災害対応に当たって公的制度のみならず、歴史における災害、災害と民事法、災害と司法制度、国際的文脈での災害などさまざまな角度からの法的研究である。　　　　　　　　　　（2014.11）

林　康史編

貨幣と通貨の法文化

87791-275-8　C3032　¥3600E　　　A5判　384頁　3,600円

[法文化（歴史・比較・情報）叢書⑬] 現代における貨幣制度は経済におけるグローバル化がすすみ、国家とコミュニティーの関係が貨幣制度を介して再考される。本書では貨幣と通貨の構造を理論面、制度面から解明しようとする。　　　（2016.9）

大学セミナー・ハウス編

大学は変わる
―大学教員懇談会15年の軌跡

906319-07-6　C3037　　　　　　　四六判　324頁　2,718円

大学と大学観の変貌を分析し、様々な課題に関する議論を通して新しい大学教育像を模索する。大学改革、一般教育、大学間交流、大学の国際化などを、高等教育関係の法規、省令、臨教審報告等を参照しながら論ずる。　　　　　　（1989.7）